# NESSUN DORMA

## LA CONSULTA DEL DR. FRODO (IV)

# ALEX PIRET

*"How I Learned to Stop Worrying
and Love the Bomb"*

*Nota : una investigación personal y primeras impresiones, implicaciones sexuales, demencia prenuclear, pasividad, grandes expectativas , pérdida y asuntos generales..., de los archivos confidenciales del Dr.*

# ENTREMESES

Son ya pasadas las doce, la medianoche, y siento el alborozo procedente de los *Pollos Hermanos*, imagino a los neerlandeses disfrutando entre carcajadas de su pollo con patatas. Al parecer y teniendo en cuenta la asistencia masiva al local, se diría que es la *staple food* en los Países Bajos. Como el Día del Orgullo Gay en Ámsterdam, San Nicolás, el *Día de los Pelirrojos* o la *Bloemencorso*, entre tulipanes y jacintos, y hasta donde yo sé, ningún ave de corral purificada por el fuego en el que ardemos los católicos.

En esta ocasión me he tomado el atrevimiento de hacer públicas las consultas de mis analizantes manteniendo siempre el anonimato, con la excepción de género y procedencia, que en tiempo de guerra y estadística se dirían imprescindibles para los amantes de las categorías inútiles. La clave está en que cuando nos vemos amenazados globalmente por parte de los poderes fácticos a los que se les ha ido la hoya, las alertas en nuestro tronco encefálico ( donde se origina el instinto de supervivencia) se disparan y ya no hay nada que las controle, salvo quizás una buena serie - otra- de David Simon, o maneras varias de mantener la calma cuando vienen mal dadas.

Deténgase por un minuto antes de seguir adelante e imagine un futuro en que el planeta entero esté bajo el control de sujetos como Ante Pavelic, Enver Oxha, Sadam, Pol Pot o el *demócrata orgánico* antes conocido como el General Francisco Franco. Algunos de los cuales estudiaron en Francia y otros, cuasi analfabetos, descansan plácidamente en el cementerio de Mingorrubio o en el Sacramental de San Isidro, tipos recios entre otros líderes carismáticos mucho más remilgados como un buen gallego, nuestro muy somero Bertiño, Tucho o Alberte, que dirían mis paisanos.

Y dígame ahora si en una situación parecida habría lugar para la esperanza. No quiero decir que vaya a estallar un conflicto nuclear que deje al hemisferio norte y a toda la peña hecha unos zorros, o que las élites vayan a empezar de cero a cuenta de una segunda esclavitud que llamarán trabajo asalariado o encomienda, ni que nuestros líderes electos por voto popular nos hagan comulgar con ruedas de molino, pero a todo esto digo sí que: *de diestro a diestro, el más presto.*

No se trata de cómo defendernos (aunque cualquier hipótesis será bienvenida) de una nube de cenizas grises de uranio 238, porque eso ya lo sabemos, podría ser con una buena fuerza de acción rápida de bajo presupuesto *Lima Foxtrot* para viejos guerreros incapacitados, un cáncer de pulmón, una silicosis o insuficiencia renal y consiguiente muerte, o tratándose de plutonio con los órganos licuados y la piel cayéndose a tiras, entre otras lindezas que ahora mismo le ahorro. Y entre los muertos, que serán todos, maricón el último, y sin tiempo ya para *Lima Foxtrot* o cualquier otra danza concupiscente.

Se trata de saber cómo imaginan mis pacientes el fin del mundo, personal o colectivamente, y de cómo adhieren sus emociones a esta nueva novísima experiencia que hace una pareja inmejorable con el cambio climático. Me pregunto si pensarán en *Sharknado: feeding frenzy,* en *Oh Hell No!* o *El Ataque del Tiburón de Cinco Cabezas,* o en un final apocalíptico al estilo Emmerich *2012,* en un calentamiento global que hará de la tierra un lugar inhabitable, a lo Cristopher Nolan, o indefensos ante un virus pandémico de la variante *12 Monkeys,* o quizás acuciados por lo último en defunción total, ya no por plaga bíblica, sino por una catástrofe discreta en donde lo que nos matará será la inflación y/o deflación, el índice de precios al consumo y la posterior caída de la demanda, junto con la imposibilidad de calentar o enfriar nuestras viviendas cuando el sol ya no esté de nuestra parte. O si habrá aun quien piense que moriremos congelados en una inevitable sexta glaciación o cortados en pequeños trozos por un arma de destrucción masiva muy fea, digamos que ella también con cabeza, tronco y extremidades, fruto del ingenio de los *ingenieros*, unos buenos mozos grandes y musculados en gris pálido, una partida de cabrones que ya podrían haber pensado en manipular su código genético de una manera menos alevosa y evitar que nos convirtiésemos en una panda de matones.

Se trata de que con esta información y una sesuda personal *inquiry* de quien les habla, detectemos cuáles serán las reacciones y compensaciones que habrán de acompañar esos oscuros momentos en donde habremos presentido que el fin está cerca. Y sepa que no habrán de servir los finales convencionales, una paz en Estambul con la aquiescencia de Erdogán o el mulá de turno o cualquier otro experto en jurisprudencia islámica, ni un diagnóstico terminal al uso, o una muerte Kaufman, en donde la parte será el todo y el todo la parte, sino que se tendrá en cuenta solo aquello con lo que preparamos unos nuestro *iftar,* y los judíos su *chólent* o su hígado picado, porque estoy bajo la impresión de que si no acaba con nosotros una puta guerra, el azúcar en sangre o por efecto rebote el ciclamato, el aspartamo, la sacarina o cualquier otro edulcorante no nutritivo o las enfermedades autoinmunes, seremos nosotros y solo nosotros mismos los que acabemos con todo.

Pero antes de continuar le sugiero lea el Vol II de mi *Vida Privada* (lo mismo que las anteriores entregas del Dr. Frodo) que le pondrán al tanto de los antecedentes y de cómo imagina el autor serán o deberían ser las cosas, las malas obviamente, que para las buenas ya nos arreglamos solos. Y ahora mismo se me ocurren, por ejemplo, breves pero repetidos planos cortos, bélicos, nacionalistas, y escaramuzas locales entre obreros, mano de obra barata y migrantes contra burgueses acomodados, ocasionalmente amenizados por momentos de euforia con la luna nueva y los no siempre placenteros momentos de nuestra vida en familia, experiencia, la familiar, de pronóstico reservado que para algunos es una guerra y como el fin de la especie, y para otros una perita en dulce.

Así que antes de empezar con estos entremeses, y aunque no sea preceptivo, le sugiero lea usted los mencionados volúmenes, siempre que se sienta más o menos capaz de acabar un segundo libro después de haber leído uno antes, y todo de seguidilla hasta la última página.

*Querido Doctor,*

*Acabo hoy mismo de cumplir sus requisitos. Leído ese marrón de libro que una página atrás mencionaba y yo colocaba no sin cierto recelo entre otros ejemplares de mi biblioteca, y como verá empiezo ahora con este. Con este del que, para mi sorpresa, soy autora yo también, al menos de sus primeras dos páginas y de aquella manera.*

*Debo decirle, que resulta gracioso que sepa usted de qué va a ir este nuevo libro (el cuarto si hablamos de sus consultas) si tenemos en cuenta que empieza con lo que yo escribo y usted, supongo, desconocía. Pero dejémoslo ahí que me stalkeo, y antes de entrar en materia, créame que debo decir lo suyo empieza a parecerse a una de esas pelis del Kaufman que a los psicos tanto les gustan; lo mismo que su prólogo, que poco tiene que ver con la teoría o técnica de su propia práctica, y que me recuerda a aquél discurso del Profesor Quincy Adams Wastaf en la Facultad de Huxley, en 'Plumas de Caballo', una película hablada o muy hablada y en blanco y negro.*

*El caso es que sí, el futuro me preocupa, wtf! pero no más que otras cuestiones que nos quitan el sueño a las mujeres, como si estirar o no la piel de la cara hasta que las orejas se junten en la nuca, si hacerse un lifting vaginal o una reconstrucción del clítoris ( que lo de ser virgen mola ), o ponerse unos labios grandes como Lucía Ivanova en Sofia, Bulgaria, o unos putos labios carnosos como los de Cañadas, nada de gafas como Elsa, ni nada chafado o recauchutado como aquella cupletista del pasado, Paquita Salas, muy groovy entre los españoles nativos. Cuando pienso en morir, digamos que en el plazo de unos diez años, antes de cumplir los treinta, me gustaría tener en el cajón un aspecto inmejorable, swag, y dejar un cadáver lustroso y con todas las cirugías hechas como Dios manda (sabe acaso por casualidad que Enver Oxha obligaba a escribir el nombre de dios en minúscula).*

*En cuanto a cómo habrá de ser, no pido gran cosa. Que sea rápido e indoloro y con un montón de vasca como yo o parecida, centennials ya sabe, y con algunas Zs incluso, que somos ya mayoría demográfica. En cuanto a los de la guerra ya se podrían haber quedado en casa con sus móviles y menos postureo, que esas cosas no nos pasan a nosotras, mucho más ocupadas en mejorar nuestro aspecto personal y no a hacer picadillo a todos esos viejos a los que les disparan con misiles la tela de lejos. Que para batallas, las de la guerra de los Cien Años y Juana de Arco, una LGBT+ con un par y del cuatrocientos.*

*Adiós, y buena suerte*


Valeria, actriz, influencer y'youtuber'

Estimada Valeria. No sabe lo mucho que me preocupa que mi último libro no le haya gustado. Lo tendré en cuenta para el próximo, de haber uno, que tal como está el patio nos saldrá más en cuenta comprarnos ilegalmente un oso bailarín en Bulgaria. Como ya verá empiezo la temporada hablando como hace lo gente corriente, aunque con ciertas dudas que este tono contemplativo y poco parecido al suyo vaya a desaparecer como Francisco Paesa y la pasta en el verano del 98 (y cualquier parecido con Robert Mulligan y el *score* inolvidable de Michel Legrand es mera coincidencia). Siendo que el profesional soy yo, y usted, he de suponer, ha acabado el bachillerato o estudiado periodismo que es la carrera de los que marcan tendencia, permita le diga que estoy bajo la impresión de que no sabe si acercarse o pegar de lejos, si Tito Trinidad ó Carlos de la Hoya. Ya le digo yo que el cinturón mundial se lo lleva siempre el que pega de cerca, al menos entre los pesos Welter.

De más está decir que si mi prólogo le ha recordado más no sea vagamente a Groucho ( y a Perelman probablemente, aunque a usted ahora mismo no le venga a la mente) es para mí un motivo de agrado, porque el psicoanálisis ha estado siempre más cerca del humor y la serie de culto *Inside N.º9* de Shearsmith y Pemberton, que de curarlo a usted de ninguno de sus males, y menos ocupar el lugar de la medicina tradicional cuyo principal interés es que la gente no se muera de forma intempestiva.

El psicoanálisis no es una terapia ni una cura, es en el mejor de los casos un síntoma, resultado del esfuerzo que algunos hicimos en el pasado para que usted lo pase mal pero de una manera organizada. En cuanto a lo de Kaufman, que no es guionista de mi cuadra, me temo merece una consulta aparte y sin descuento. Hay cineastas todavía que no han aprendido nada de Scorsese y Spielberg, o han hecho del psicoanálisis una práctica habitual como el golf o el acoso sexual a las estrellas de Holywood, a todas menos a Angelina o Carrie-Anne Moss, a las que no hay quien les tosa, o que hayan nacido ellos solos psicoanalizados pero con muy mala sombra.

Que el futuro es incierto es un tópico como tantos otros. Lo ha sido siempre, no necesitamos remontarnos a los griegos o a los romanos, basta con pensar en Roosevelt, Tito Stalin y Churchill en Yalta, Crimea, en dondel el *cheburek* se come ahora con salsa rusa, y en la invasión de Checoslovaquia sin ir más lejos, pero el asunto no está en nuestras manos. Motivo por el que me congratulo que usted piense más en su aspecto personal con la intención seguro que de buscarse un buen apaño, que de todas las soluciones esa es la que nos asegura un tetracampeonato digamos, y basta ver las páginas del Hola, y digo *ver* porque de leerlas es probable que sus neuronas occipitales caigan al suelo hechas añicos.

Me hace pensar y bien que se dé usted un plazo de diez años (unos dos más por cierto que el que tuvieron las últimas víctimas de Chernóbil) ya sabe, para acabar su contrato con el seguro médico, que antes los abuelos pensaba vivir hasta los noventa o más y terminar *mishegas*, que gallina vieja hace buen caldo, decían. Y habrá notado, Valeria, esta nueva manera de empatizar con mis pacientes, que al parecer cuando digo analizantes nadie sabe de qué leches hablo. No, *leches* no está en el Diccionario de Psicoanálisis de Laplanche y Pontalis, como adivino estará pensando, de estar en alguno estaría en el de *El Yoyas* o en el de Ramoncín y Ruiz-Mateos, con mucho menos aparato conceptual y ninguno de ellos ilustrados.

Parece muy segura en eso de no querer un futuro como el de nuestros antepasados, y no digo *sapiens* o neandertales, sino los abuelos que vivieron bajo regímenes autoritarios, comunistas obviamente, que el fascismo ha sido siempre mucho más *fashion- conscious*. Qué quiere que le diga. De quedarnos con un autoritarismo, blando como el que tenemos ahora en democracia o duro como el de antes, hay sujetos, y no los sospechosos habituales, que se inclinan por el autoritarismo de antes, el derecho a la vivienda, cero desempleo, trabajos no competitivos y cartillas de racionamiento, e impuestos ninguno.

Me gusta mucho también que recuerde a Hoxha, que Enver ha gozado siempre de mi simpatía, igual que la mayoría de los nombres y patronímicos albaneses. Porque si ha seguido usted mi seminarios y/o escritos sabrá que en el psicoanálisis, lengua muerta aunque esta más viva que el latín en el corazón mismo de las palabras, es proverbial decir que al final lo que todos buscan o buscamos es un amo, sea para administrar por vía oral o de exclusivo uso tópico. Y razón no le falta cuando dice que mil veces mejor dejar que la guerra la hagan los otros y uno quedarse en casa con su teléfono y su tableta, regla que es hoy por lo menos uno de los Diez Mandamientos en las Tablas de la Ley, y que han descubierto los Zetas no hace mucho sin saber muy bien a qué conduce ni ser capaces de identificar cuáles serán las consecuencias a corto o largo plazo.

Así que *consejos vendo y para mí no tengo*, salvo que parece estar usted en la senda correcta, la que dictan los tiempos, la ética de no involucrase, prevención que muchos obsoletos de la generación X no tuvimos en cuenta. Aplíquese entonces en mejorar su aspecto y deje a los invasores e invadidos, de izquierda, de derecha o nacionalistas, que se den de hostias. Lo que no me ha quedado muy claro es el asunto del género, si trans o hetera o simplemente homo, que eso ha nadie le importa, pero los psico-argonautas del Pacífico si tenemos en cuenta por aquello de que si no vamos con cuidado y juntamos el potasio o el cesio con el agua la cosa no funciona. Y si no lo tiene claro y el problema es elegir, póngase usted a la cola.

En cualquier caso sería motivo suficiente para una nueva consulta, esta vez sí que no tendría más remedio que nos veamos personalmente con toda la intención de ajustar mis tarifas, un diez a la baja digamos, como el precio mayorista del gas con el de la luz, que ya me dirá usted porque tienen que estar vinculados, y si tendrá eso algo que ver con que los pacientes como los votantes no se enteren de nada. Y si le sirve de ayuda yo le diría que de tener que elegir entre un bolso de Chanel, *'Diamonds for ever'*, por ejemplo, y un Hermes yo me quedaría con el segundo, lo mismo que si piensa que este va a ser un ( IV ) volumen negativo y pesimista tenga por seguro que se equivoca, lo mío es contar las cosas tal como las veo, no hacer política, ni estar en ella y no hacerla o cobrar por lo que escribo, y que le ofrezco en calidad de *ex dono*.

*Podría darme algunos consejos para sobrevivir en una situación de crisis permanente. Porque cuando habla usted de democracia tengo la sensación de que lo hace irónicamente, si tenemos en cuenta que convivimos con una guerra que nos amenaza a todos, que si no nos mata a base de bien con misiles de largo alcance o lluvia radiactiva, nos dejarán hechos unos zorros con la inflación y la subida disparatada de servicios que deberían cubrir nuestras necesidades básicas. Que la única diferencia entre vivir en democracia o bajo regímenes autoritarios está en las formas. Y si en el primer caso uno creía poder hacer lo que quisiese, en el segundo no te hacían perder el tiempo y se lo daban a uno hecho.*

*Anna, por email*

Me congratulo, Anna, ver como en cada nueva edición me encuentro con pacientes mejor preparados, lo que nos resulta a los psicólogos no oficialmente acreditados muy estimulante. *Crisis permanente* no cabe duda que es un buen concepto, en lo que toca al nombre y al adjetivo, pero algunos de nosotros estamos ya inmersos en el esfuerzo de articular discursos que nos gustaría pensar puedan ser diferentes. Y si lo de crisis se ha convertido ya una enfermedad crónica o persistente, lo de permanente no agrega al paisaje en blanco y negro nada que no se conozca ni deja de ser un hábito recurrente; en cuanto a permanente, que es conocido antónimo de crisis, no hay discusión ninguna en tanto que ha estado siempre entre nosotros, y al personal mucho me temo lo tiene alobado.

No le voy a negar que lo de democracia empieza a sonar ya a chota y por lo visto piensa seguir dándonos la chapa. En cuanto a la guerra y la subida de precios es sobrealimentar al empresario que está hoy más contento que un cerdo con una manta, regenerando el antiguo vínculo existente entre los conflictos armados y el aparente antagonismo de poder hacer en ocasiones dramáticas más dinero que en tiempos de paz y progreso. Y si contamos los muertos en uno u otro caso la verdad no tenemos muy claro cómo salen las cuentas. En cuanto a los motivos y la relación entre causa y efecto imagino que todo el proceso mental que acompaña el cálculo es irrelevante, y en este campo da lo mismo morir a machetazos o en un campo de refugiados, en una balsa en el Mediterráneo, en el desierto del Sàhara camino a Libia o Argelia, en la ruta de "La Bestia", en Tapachula o en el desierto de Sonora, para aquellos que sueñan con vivir en un gran país, como decía Reagan (o Karl Weathers), porque en tiempos de paz o de guerra los fiambres están siempre garantizados.

Pero si lo que quiere son consejos, aquí van algunos:

Dedíquese a pensar en sus propios problemas, que seguro los tiene y de todas clases, de ingresos, conductuales, por no mencionar sus problemas de pareja en el caso de que tenga una, o si está más solo que Kundera, los que genera el vivir con uno mismo y no morir en el intento. Olvídese qué harán Z de zafar o zalamero y P de picha-brava, parco o pérfido, durante los próximos meses o años. Porque a la hora de acostarse con su pareja o su adúltera de genero imagino no quiere encontrarse a Zeta en la cama junto a su chorbo, o a Putin que va siempre a caballo como en un western, yaciendo entre ambos como un buen agente de la FSB que era. Así que relájese y piense solo en *Saló*, por ejemplo, y en los extraños placeres frustrados que hoy divierten a las nuevas generaciones a una de las cuales imagino usted pertenece.

Si le va la marcha alístese allí donde se encuentre más gusto, si en las milicias sirias pro-rusas o pro-cualquier cosa, o hágase con la ciudadanía rusa y pida asistir en un primer curso de *formación patriótica* en Moscú, y mejor aún si dispone de los inmejorables antecedentes del patriotismo catalán inmersivo no académico; o en última instancia y de ir muy tirado podría formar parte de los nuevos grupos euro-fascistas de extrema derecha en connivencia probablemente con los primeros.

Si la guerra no es lo suyo pero elige no mantenerse al margen de las emociones fuertes, piense en formar parte de la Juventudes Socialistas o del Pepe, siglas sin patronímico del marido infértil de María y Pater Putativus de quien usted ya sabe. La política le garantizará estar del lado de los buenos cristianos, que con un sueldo de diputado y los gastos pagados de los que disfrutan los representantes populares no pasará necesidades, y mucho menos se pondrá en riesgo de perder la vida. Que los políticos son y han sido siempre de bastones de paseo y de fumar en pipa. Y si lo suyo no es la derecha convencional, podría entrar a formar parte del Partido Comunista de China, algo ligero como asesor extranjero en bases ideológicas, y al final de su curso de 30.000 RMB en la Universidad de Pekín, marcarse una tesis en capitalismo nacionalista para zetas pro-comunistas con clara tendencia hacia las marcas.

Dicho esto le quedará aún otras opciones, por lo general desaconsejadas entre los profesionales de mi oficio. Podría dedicar buena parte de su tiempo, el que le deje libre un oficio autónomo no muy cualificado, como la fontanería , la instalación de aparatos de aire acondicionado, conducir grandes camiones en Europa o formar parte de la tripulación de un barco metanero, a pensar en el Todo, que diría el Khenpo de Simeone, ya sabe, la Liga de Fútbol Profesional, la Eurocopa, la copa del Rey o la Champions League de la UEFA. Porque de todas las artes liberadoras, el budismo es la única que nos ayuda a superar el sufrimiento y en ocasiones la muerte.

Y sin salir del ámbito voluntarioso, tenga por seguro que no le recomendaría el sexo (que está en camino de hacerse obsoleto), ni el comer mucho por aquello de que *ni al estómago eches grasa, ni tengas a la suegra en casa,* ni muy poco, que *a falta de polla, pan y cebolla,* porque de veganos, reticentes y vegetarianos intermitentes tenemos ya suficientes. Una buena opción parecería situarse en el medio, en un punto equidistante, y no hablar mucho en cualquier caso, que *el poco comer y el poco parlar, nunca a nadie le ha hecho daño.*

O puede hacerse usted *rara* como Rosa Belmonte, que de todas las gracias es la más agraciada, y le dará a usted la posibilidad de situarse por encima del bien y del mal y buscar en el humor y la distancia el buen gusto de poder hablar de todo y no involucrarse en nada, que es el nirvana de la gente inteligente que no tiene ningún problema o *francamente querida, me importa un bledo, give a shit,* o le importa un carajo el saberse marginada.

*Sr. Frodo*

*Puede le parezca una tontería pero he estado leyendo ciertas cosas y me ha dado por preguntarle si tampoco nosotros sabemos vivir en libertad y empezamos a experimentar una vaga sensación como de necesitar a alguien que nos diga qué hacer todo el tiempo.*

*Silvia, por email*

Precisamente de eso se trata. Si estamos o no preparados para *vivir en libertad*, como se decía cuando se disolvió la URSS en diciembre del 91, o desde noviembre del 89, fecha en que cayó el muro, cuando la verdad, querida Silvia, nunca lo hemos estado. Preparados para *vivir en libertad*, quiero decir. Apotegma del que nunca he estado convencido. ¿Que no sabe qué es un apotegma? Échele usted la culpa a Catón y a la Academia. Pero le diré que hay quien piensa que es solo una sentencia, otros un personaje de García Márquez o una fantasía filosófica, cuando en realidad no es ninguna de las tres cosas. El tema, si no irrelevante, es capcioso ( y si no sabe lo que es capcioso puede mirarlo en su teléfono inteligente). Libertad es otro de esos conceptos que nos dan gratis cuando compramos alguna cosa. Si por cincuenta puntos en artículos de limpieza una tijera de cocina, por treinta una ensaladera pintado a mano. La libertad es un falso regalo que el que nos lo da sabe que no necesitamos o del que haremos un uso frívolo, mínimo o insustancial.

Si la cosa va de amos, no podríamos estar más de acuerdo, Silvia, tenemos un amo en la pareja, otro sino otros en el trabajo, y nos lo dicen cuando compramos o adoptamos un perro. En política en cambio es siempre el perro el que manda, y en la pareja el marido o señor de la casa, se decía antes, aunque muchos son los que lo ponen en duda, porque hoy a la mujer no hay quien le tosa.

Antes, durante los totalitarismos clásicos no cabe duda que el amo era omnipotente y estaba en todas partes, era ubicuo entre los antiguos y lo sigue siendo en algunas sectas modernas. Unos años más tarde, más de dos mil supongo, se convirtió en un espacio de poder difuso y, parafraseando a von Donnersnmarck, estaba en *los otros*, lo que es un auténtico acierto en la manera de enunciarlo. Sabemos que mandaba el Partido y la Stasi, por ejemplo, pero de una manera mucho más rudimentaria, en cambio que sean *los otros* los amos, hace de la experiencia en su conjunto algo mucho más preocupante.

En democracia vivir en libertad se diría que está al alcance del más tonto, y son los listos los que se hacen un lío con la retórica y el pensamiento crítico, valores hoy en desuso. Pero en cualquier caso dependerá de si usted llama democracia a lo que tienen los rusos y sus satélites, o a lo que tienen los ingleses y los franceses con sus bonitas repúblicas ilustradas y monarquías, constitucionales o puestas por escrito, que eso a la peña se la pela. O lo que tienen los escandinavos y la de los nuevos alemanes con su conciencia de culpa, siendo los primeros quizás los únicos que de verdad tengan algo parecido y que después de impuestos lo queman todo en tragos. Y será en realidad que los segundos lo único que tienen es el nombre (libertad, *Freiheit*) y han olvidado es el verbo (*dar Leben*).

Piense usted lo que quiera, de eso se trate al fin de cuentas, ojo en cambio a donde hace usted la trampa, si en su PIME o en la gran empresa, porque uno de los primeros principios de tan ilusorio e indefinible concepto, es que usted reciba lo que es estrictamente necesario para su supervivencia, y que los libres se quedan con la parte más grande, y esto lo inventaron los economistas aliados del poder (otro concepto de la

misma naturaleza) y mucho antes también los griegos.
Pero si quiere saber lo que opino déjeme decirle:

No se puede vivir en libertad si uno no tiene pelas, y si
las tiene, dependerá siempre cuáles sean sus aspiraciones,
y si lo que quiere es comerse un confite o altramuz de
Instituto (Jeffrey hubiese dicho chochito) es más probable
que termine colgado de una sábana en su celda de la MCC,
antigua residencia del Chapo antes de mudarse a la
*"supermax"* de Rikers Island, o el mismo Polanski, si quiere
usted una perspectiva diferente, o Harvy Weinstein, un
dagor pero que muy feo y vilipendiado, antes productor
independiente y propietario de Miramax, y ahora lo único
que produce son lipoproteínas de baja densidad o LDL. Y
no digo nada de otros mucho más cercanos, nuestros
propios agujeros negros del universo *me too,* que
conservan aún y a duras penas sus viejos estándares y
fingen una ingenuidad muy infantil, como de ¿Domingo,
has roto tú el jarrón de la abuela?

Y si se da por satisfecho con una cueva de tres por tres
y ser un ermitaño con caché en la Península de Formentor,
por ejemplo, la misma en la que Vargas y tantos otros hace
tiempo escribieron sus bobadas, pero en una suite y en
régimen de pensión completa a cargo de las familias
oligarcas de la zona, permita que le diga que eso no es
libertad, ni vivir tampoco, es una mierda pinchada en un
palo. No obstante si se encuentra usted a gusto en una
osera situada en una península aislada, disfrute sin
reparos, pero no sin antes informar a la ABT o cualquier
otra autoridad en la fiscalización y control de bosques.

Incluso en los grandes dechados democráticos, en
USA sin ir más lejos, la libertad es de hecho un valor en
alza, un privilegio de primera mano de los que con
dieciséis compran una AR-15 semiautomática en
Walmart; o del que abre su propia empresa en menos
de una semana y ya rendirá cuentas luego; del que goza
de su libertad a cada instante, del desayuno a la cena
(aunque si vive en Kentucky sabrá que el sexo anal no

está legalizado ), y va a trabajar en un coche más grande que los apartamentos que tenemos en España las clases trabajadoras, hasta que un policía paleto de Georgia o Alabama le mete en el cuerpo los mismos dieciséis de los que hablábamos antes, pero en plomo.

Y si se tratase de África, de Burundi, Liberia ( le aseguro la lista es larga), son lugares en donde puede pasar el día tocándose los huevos en plena libertad hasta que lo pilla un niño soldado de trece o catorce años añitos escolarizado y le da a elegir si quiere conservar la mano derecha o la izquierda antes de cortársela, aunque al final el cabrón le corte siempre la misma, la que tiene usted para aliviarse, o las dos si tiene un mal día.

Todo es tan relativo, Silvia, en materia de libertades personales, que lo mejor es ni siquiera planteárselo. O si luchar y morir por la libertad tiene algún sentido, es una paradoja que tendríamos que replantearnos, o esperar a que Z lo haga por nosotros. A título informativo sepa que en algunos países de nuestro entorno y en Europa Central y del Este, sino la mayoría más o menos la mitad de la gente, echan en falta a Paco, y a Tito y a Enver, a Rákosi, a Zhivkov, a Ceaucescu, a Pattakos o a Iósif Stalin, porque en esos tiempo vivían más tranquilos y sabían de dónde venían los tiros. Y si hablamos de jóvenes, por supuesto todos tienen sus ideas, pero están siempre en otro rango, después de sus McDonald`s y wifi gratis. Fíjese en los chinos, que se hacen adultos cuando dejan de ser jóvenes y lo han inventado todo antes que nosotros, ellos saben perfectamente cuál es el precio de la libertad en el mercado de valores, pero no suelen hablar del tema siempre que les dejen hacer sus negocios. Así que déjese de joder, Silvia, y a sus labores, las de antes o las de ahora, y si alguien en redes le pregunta qué opina al respecto que sean ellos los que respondan: *no sabe, no contesta....*

*Dr. Frodo*

*Será que el sexo en plan obsceno o caótico, o de aquí te pillo y aquí te mato, o más de cortejo y obsequios muy cursis, como el de mi madre, que una cosa es mi madre y a ti te encontré en redes, en Pepe Porn o en Xpaja o Follamigos, será lo que toca para los tiempos que vienen, de inflación y guerras accidentales. Quiero decir el sexo como terapia y trastorno al mismo tiempo. Como sustitutivo del psicoanálisis como se hacía antes en otros países más desarrollados. Una especie, me atrevería a decir, de promiscuidad bochornosa, en lugar del matrimonio, de la pareja incluso o de buscarse la vida entre sus mismos colegas, por vía vaginal o por penetración al uso, el sexo a todas horas y de cualquier modo, por delante o por detrás, y no digo por los lados, porque sinceramente no lo veo salvo que tenga uno sus fantasías con el sacro o la cresta ilíaca (con los huesos de la cadera). El sexo como substituto de su clase de yoga, o de correr por las montañas, tirarse en parapente o con un wingsuit, de los deportes aquellos en los que uno no se lleva un duro. O el sexo todo el tiempo, como en Cuba, o en los países del Este, entre cola y cola para comprar plátanos, con la cartilla y durante el comunismo, de todas las maneras de perder la libertad la más gratificante.*


*Luciano, de Guarromán*

Para la cuenta que me trae ya podría ser usted de Humilladeros o La Mojonera, estimado Luciano, lugares todos ellos como muy vernáculos en tanto parecen anticipar cómo piensan sus habitantes. Qué otra cosa, digo yo, puede ser el sexo sino obsceno. Y si alguien le dijo antes, el cura del pueblo en el catecismo, su consejero espiritual, su tía la soltera o lo leyó usted por su cuenta en el Génesis 1:31 o en el Sermón de la Montaña, en particular Mateo 5: 27-28, que la cosa iba de moral y los Diez Mandamientos sepa que se equivoca, tanto usted como sus beatos asesores a la hora de elegir lecturas. Y tenga muy en cuenta antes de seguir leyendo, que en esta licenciatura todos ateos, ni siquiera agnósticos que es lo que la buena educación por lo general nos propone. Creo entender se refiere usted al sexo en todas sus variantes, gamas de intensidad y recursos, como remedio tanto a la subida de los precios, en especial el de la gasolina, porque el mejor sexo - y no se me ocurre otra cosa - suele estar por lo general a una buena distancia del lugar en el que uno se encuentra y al que no se llega andando. Porque si hablamos de sus opciones las más comunes, la luz por ejemplo, ya debe saber puede hacerlo usted a oscuras que por definición no es malo, aunque hoy muchos piensen lo contrario, o con velas que es mucho más romántico, entre otros motivos porque los genitales femeninos se encuentran situados en un lugar harto obvio por todos conocido.

De tratarse de utilizarlo como medicina preventiva o terapia al temor incipiente a una gran guerra desencadenada por el este, lugar en le que, si se me permite, se folla más que en el oeste aunque con menos parafernalia, podríamos considerarlo una posibilidad interesante. Eso sí, sin perder de vista que los soldados de los malos, rusos o aliados, no piensen en otra cosa que comer como Dios manda (hablo de su Dios ortodoxo, no del nuestro que es frugal sobre todas las cosas) y en echarse un casquete con la primera que pillen; y de ser civiles reclutados y buenos practicantes del Islam le aseguro piensan lo mismo, quizás después o antes de dar un par de vueltas en los autos chocadores, atracción que a la vista está carecen en Afganistán o en las montañas del Cáucaso. Motivo por el cual le sugiero tenga usted bien amarrada a su presa, sin importarle quién sea el enemigo, bien atada por los pies a un árbol o con una anilla por la nariz como tenían los gitanos en Bulgaria a sus osos pardos danzarines. (véase Witold Szarblowski).

En cambio si lo que propone es el folleteo a gran escala y a cuenta de lo que han subido el tomate, los berros, la cabeza de ajo o el aceite de oliva, honestamente no veo la relación salvo que usted se prepare el suyo con ensalada, lo que sería una aberración sabiendo que el sexo entre los lechosos y otros pringados ha estado siempre vinculado no precisamente a las dietas sanas sino a los desvíos, el consumo de fluidos o la coprofagia sin ir más lejos. Y ya le digo que hay y hubo conocidas autoridades sobre el tema, Eisenstein, Pier Paolo y el pobre Marqués, perseguido hasta el catre por la mojigatería, el Rey, la Revolución y el Imperio, por lo que, Luciano, no debería preocuparle ni a usted ni a la peña mas faltona y malquedada de su municipio, compartir ciertas poco presentables aficiones.

Esto en términos vulgares, pero de estar usted interesado en sugerencias más profesionales, diría que incluso personales en este caso, le diré que no comparto para nada sus aspiraciones. Y ante la posibilidad de un conflicto internacional que involucre armas de calibre pesado, drones y misiles de largo alcance con varias cabezas atómicas, lo que haría un servidor es largarse, como se hacía antes con las dictaduras, de poder hacerlo y estar a tiempo. O en los tiempo del Caudillo, siendo usted vecino de la zona Republicana o Nacional, que tanto monta, monta tanto, dejar España a fin de cuentas, vieja zorra, para los más tarugos, ceporros y bucéfalos y buscar la felicidad en París que está como quien dice a tiro de piedra, porque los franceses son buenos anfitriones de estar usted alfabetizado, y de no estarlo puede ocuparse como se ha hecho históricamente del servicio doméstico de sus ilustres, el mismo Lacan y otros parecidos. París tiene eso, amor por las letras y una buena monta, y el saber distinguir desde lejos a aquellos más y menos dotados y para lo que sirven.

Ahora si se trata de dedicarse a follar o a hacer el amor, permítame la expresión, porque han subido los precios, no le voy a decir que no sea una buena manera de ocupar el tiempo sin gastarse una libra. Pero en ningún caso es una buena resistencia, un cero como una casa en lucha de clases, que el cero es un número par y como poco adecuado, y la gente no tienen hoy muy claro qué carajos es eso, porque ahora se llevan otros conceptos. En cualquier caso, uno piensa humildemente, la solución estaría mucho más en el contra-consumo y la bajada dramática de la demanda, y guardarse hasta la última gota de energía productiva para un día pasar a cuchillo a demócratas asalariados de lujo y otras especies reproductoras, y no mover el culo de la silla como el panchai lama y ocuparse solo de encontrar las reencarnaciones de los otros lama (los dalái) que no es tarea fácil, en particular ahora que tienen que joderse con los chinos ocupando sus territorios de alta montaña. Pero no me va a a negar usted que disponen ahora de mucho más tiempo para rezar, plantar sus banderas o darle caña a sus cilindros de oración y otros chirimbolos que, si usted lo desea, envían con AliExpress a todo el mundo. En cuanto a follar siempre se ha sabido que los monjes y novicios de la escuela Gelug no le dedican mucho tiempo, por no decir ninguno, a tan vulgar actividad, otra cosa es se regalen una jalada (al ganso) ocasionalmente.

El sexo no resuelve nada, Luciano, sino más bien crea problemas de todas clases. Y si no me cree, fíjese en la política, y en la cantidad de senadores, MPs, alcaldes y regidores, entre ricos y muy ricos y pobres muy pobres, y en el mundo del cine (usted ya se sabe los nombres) y no digo presidentes o primeros ministros que suelen estar ocupados en asuntos mucho más gozosos y menos físicos que tienen una relación directa con el placer que produce el poder, que entre todas las formas de disfrutar se coloca fácilmente en el primer lugar, imagino que casi a la par que conducir con un permiso Clase A, camiones y coches de bomberos, dragones rojos, plateados o dorados.

Si fuese que tiene usted el poder en casa, en su domicilio habitual, cosa que por el espíritu de su comunicado parece bastante improbable, ya habrá experimentado algo si se quiere remotamente parecido. Y si lo que tiene es poder en la oficina, ahí ya se acerca peligrosamente al poder en todos los sentidos, aunque más no sea figurativamente. Y qué decir si con tanto poder y en un período fértil de la parienta, se encuentra usted con trillizos a los que habrá de ponerle nombre, como diría Gill, Plácido, José y Luciano o Athos, Porthos y Aramis, no digamos ya el aciago momento en que le toque comprar pañales, papillas Nutribén o juguetes para el cochecito, y toda clase de objetos, móviles, mordedores o juguetes blanditos y todo multiplicados por tres, número impar donde los haya, o buscarse a alguien que se ocupe de ellos cuando los padres estén trabajando o tele trabajando, que los niños cuanto más lejos mejor, dicho sea sin connotaciones ni la más mínima pérdida o menoscabo de afecto por parte de los progenitores y todo digamos con un guerra nuclear lo que se dice a la vuelta de la esquina, o no, que ambas cosas son igual de probables.

Y esto me recuerda a cierto pollo de gaviota caminando terca y obstinadamente en la playa ya casi desierta detrás de su madre, una señora blanca muy blanca y elegante, como el Buda de la Luz Infinita, la que era evidente estaba a por otra cosa, seguramente pillar ella primero sus entremeses que no otra cosa, porque follar, lo que se dice follar las gaviotas no follan, salvo para tener sus crías, como las mayorías de las especies. Y me pregunto si lo pilla, Luciano, el mensaje.

*Querido doctor,*

*Me he enterado de lo de Anna, una de las anteriores analizantes y me inclino a pensar que más que en el sexo la solución pueda estar en la sobre-alimentación, la mala alimentación o en culturas alternativas como las veganas… o será que digo esto porque no me como un rosco, venga de amante o marido con derecho a roce, y no de manera estructural, se dice, como ocurre entre las familias reales…y lo digo hoy que es setiembre 8 del 22, día uno del fallecimiento.*

*Virginia, por email*

Anna, Anna…??, tengo más de una en mis archivos. Aunque sospecho se refiere usted a algún otro de mis pacientes. Que yo recuerde la Anna de hace unas páginas estaba más preocupada por las formas, y la eventualidad de una guerra, diría ella, que nos deje a todos echos unos zorros. De todo modos permita que le diga algo en relación a su caso. Mucho sorprende que en los tiempos que corren alguien piense en comer en exceso, o lo que usted llama sobre-alimentarse, aunque comer mal y de bolsa, me refiero a los ganchitos, cortezas, cheetos y gusanitos entraría en los parámetros deseables. Porque nada más afín a una guerra estúpida e inútil por hacernos con una libertad a medias que se vende muy cara que una ingesta desordenada de productos estériles que no se encuentran ni por casualidad en la naturaleza, salvo, claro está, que esté usted pensando con mucha más suspicacia e ingenio que un servidor, porque naturaleza después de una guerra es probable no quede ninguna. No estoy, en cambio, tan seguro ya de cual sería la relación entre veganos y aspirantes a las dietas saludables sectarias con un conflicto mundial en toda su dimensión o parte de ella, la parte de la parte contratante de la parte contratada, o un terremoto, por ejemplo, como el de Lisboa que provocó una crisis de fe de tal magnitud en toda Europa, siendo que preocuparse por el consumo de productos de origen animal o *fruto de su explotación* (reglas veganas) cuando existe el peligro potencial de que caiga un pedazo de misil del tamaño de una vieja aspiradora marca Alamy en el techo de su casa en la playa o en su modesto apartamento de cincuenta metros cuadrados en el que apenas caben usted y su anciana madre.

Lo que no me cabe duda alguna es que ante la inminencia de una conflicto nuclear, la escasez de productos de primera necesidad y el tener que alimentarse de plásticos reciclados tal como recomienda PepsiCo y Frito-Lay Inc, alguien piense en sentarse a cenar en la mesa formalmente su pavo con puré de patatas, gravy y cornbread, su pastel de carne con guisantes, como en *No mires Arriba.* O atiborrarnos de las cosas que más nos gustan aquí en nuestro propio y muy vernáculo fin del mundo, sea jamón de Gijuelo, pulpo a feira, percebes o las angulas de Iparralde con guindillas, que con la que se viene, sea una guerra viejo estilo o su sustituto mediático con desplazamientos de población masivos y el abandono de los mayores, o la incapacidad de comprar nada por no tener un duro. Hay quien diría que de ser así nada mejor que echarse al coleto una enorme variedad de productos que en circunstancias normales comería solo en Navidades, cuando sus pocos ahorros de aquí a nada tenga que metérselos usted por el agujero del culo. Y si encuentra este lenguaje algo inadecuado o *un-profesional*, permita que le diga que como la mayoría de analizantes se equivoca, que el lenguaje soez y malsonante como el insulto son ambos o los tres lengua franca en tiempo de guerra o insolvencia económica.

Comer mucho, mal o bien, según las reglas del kosher y los preceptos del Antiguo Testamento o la mucha más nutritiva dieta del islam, no parece sea más indicado ante la inminencia de un enfrentamiento global entre dos que termine por involucrar a todo el mundo, como le gustaría a Z. No será que las guerras que uno tiene o se monta por el motivo que sea, con razón o sin ella, debería resolver cada uno la suya. Lo mismo podría decirse de atiborrarse en plan barato, mientras comer caro es un protocolo de clase y buena cuna, o de cuna meneada, que diría Rosa, y es lo que hacen al final los ganadores sin importarle los caídos, fusilados, gaseados, desintegrados o muertos por inanición como en el caso de la Hambruna ucraniana, pro-rusa, semi-rusa, de sabores, o mixta entre rusos pro-rusos y reaccionarios de extrema derecha antisemita, porque hoy, como usted debe saber, los hay de todas clases y en todas partes, en los países que invaden y en los que son invadidos.

En materia de esos roscas o roscos que usted menciona, querida Virginia, nombre que viene del popular virgo o himen, de sexo o su ausencia o completa desaparición y que más que una patología es una tendencia, con tantos miedos, falsos remedios e inseguridades, me obliga a volver a darle la chapa a usted y a quien me lea, porque el sexo descontraído, sus carencias y patologías ha sido de siempre uno de mis temas preferidos. Dice entonces que no se come uno, un rosco, bollo o pastelito, y entiendo que usa la metáfora a conciencia queriendo asimilarla a lo que usted cree es la dulzura del sexo, otro viejo estereotipo, por cierto. Motivo por el que me veo en la necesidad de darle un aliciente ya que al parecer se proclama usted soltera, sin mancha ni compromiso, aliciente que una vez convertido en palabras vendría a decir algo así como que el sexo del que usted carece, estimada Virginia, no es para nada dulce o acaramelado aunque a la peña le guste más que a un tonto chupar un clavo.

Más aún tengo la sincera sospecha de que no solo no es un remedio o preventivo contra la guerra, cualquier guerra, sino algo igual de estresante y de su misma naturaleza, como lo han sido de siempre los hijos bastardos, infanticidios, violaciones, adopciones ilegales y toda clase de atentados contra el genero débil (risas). De todos modos quédese tranquila, querida amiga, que viendo como está el paño, los más probable es que la guerra o la pobreza no le traigan nada peor a lo que ya tiene. Y hago extensivo esto a más de uno o una, y que a las malas muy malas siempre me tendrá a su lado, dicho, claro está, figurativamente, como al payaso que le de usted pa el pelo.

*Dr. Frodo,*

*Demencia dice usted, pasividad, implicaciones sexuales y no sé qué otras cosas, y pienso se se refiere usted a la pasividad, por ejemplo, como la de los polacos viendo pasar a los judíos en camiones con gas hasta los campos de exterminio en Polonia como en los desfiles de los días de fiesta, y los de los trabajadores migrantes ucranianos que venían a hacer sus pinitos con los nazis, y cosas por el estilo. Hoy ha muerto la Reina de Inglaterra y quedamos a la espera de una nueva temporada, o más de una, de The Crown, y lo primero que me ha venido a la cabeza es que ha dado su último aliento en Balmoral, Escocia, entre referéndum y referéndum de un deseo de soberanía que viene de muy lejos, de Jacobo I, si no me equivoco, y me ha dado por pensar si cuando le llegue la última hora al nuestro, su sobrino, habría de hacer la muerte en Lérida o Girona, en la Cataluña profunda, qué diablos pasaría. Y mucho me temo que este luctuoso y triste suceso a la mayoría de la gente corriente y a los pouseurs de la izquierda elegante (si es que queda alguno) les importa muy poco, salvo a los medios que van to locos y se dedicarán durante días y días (diez según protocolo) a darnos la chapa, pero no usted Doctor, tenga intención de machacarnos con lo mismo, porque estoy convencido que resulta imposible decir algo nuevo u original sobre el tema, salvo "The Queen is dead, God save the King." Supongo será como un tiempo muerto, un impasse, unas pequeñas vacaciones de la guerra en Ucrania y la espada de Damocles que dice Zelenski pende sobre nuestras europeas cabezas, una tregua a la recesión e inminente deflación, y todos locos y/o pasivos, pensando en la poca cosa que somos, y las estrellas de la tele y de la radio instalados ya en algún hotel en Picadilly Street, cerca de Palacio, y la aristocracia más cutre y cruda tomando ya su posición en "Hola" y la Reina, nuestra Reina Leticia, teniendo que elegir entre tres o cuatro modelos diferentes, probablemente de los modistos de la Casa Real y definitivamente en negro y en alguno de sus tonos más funerarios*

*Nicolás, migrante, por email*

Estimado Nicolás, migrante, concepto que en realidad no dice mucho, por que los hay de diferentes lugares y linaje, y no es lo mismo uno que viene de Siria u otro que viene del Yemen o Sierra Leona. En calidad de respuesta permita que le cite un artículo que ha escrito un respetable colega de mi misma Escuela, y me tome el atrevimiento al final de apostillar unos comentarios personales, y no por eso declarar que estoy de acuerdo con casi todo lo que mi apreciado colega dice...

*"Ha muerto Isabel II, y qué? God save the King!*

*Si muero como la Reina, lenta y sutilmente, y no echando el bofe en la planta de Medicina Interna del Ramón y Cajal, y al final con veinte kilos menos, seguro que haré un buen cadáver. Los salmos para Isabel II me han llevado a mí, que ando escaso de imaginación y aptitudes para la ficción narrativa, me han llevado, decía, a pensar lejos de la opinión corriente y aquello de que se ha muerto un mito y marcará un hito y el final del siglo veinte, que con su carisma y aplomo ha dado ejemplo a todas las casas reinantes, la de los Borbones, la Barnadotte, la Nassau, Schleswig-Sonderburg o la de la Vaca ñata u Holando-Argentina, pensamientos que, como imaginará, me habrán de llevar a terrenos más cenagosos.*

*Lejos de toda la cháchara sobre el tema algo me obliga a sacar un par de conclusiones banales al margen de las de la mayoría, que por algún motivo son todas coincidentes, que la Reina tralala... que la Reina tralali... que era esa clase de personas que si están a tu favor o en contra no se les nota, y utilizan esa misma discreción para cuando toca ser colonialistas o racistas, en casa con la familia, o con las tribus de las Islas Salomón, con los súbditos de Tuvalu o de las Granadinas.*

*Que a la fallecida lo mismo le daban las churras que las merinas, los churros que las porras, o los resultados de la Futbol League, pero mucho le hubiese jodido saber que el Manchester - mito de la clase obrera industrial inglesa - jugase con la Real Sociedad y perdiese 0 -1 el mismo día de su muerte, a sabiendas de que en toda la plantilla había un solo, uno solo, británico de casta.*

*Que siempre le ha importado un pito la ordalía de canadienses o australianos, escoceses, irlandeses o galeses, que esa gentuza prefiere a sus ministros o a gobiernos republicanos, mientras unos y otros les sigan enviando sus mejores maltas, su bacon, los tejidos de Gales, o cuidando los jardines en Balmoral y manteniendo sus territorios de caza limpios y cinegéticos. Porque si eres monarca de quince países, que ya son unos cuantos, qué más da un par menos, y en especial uno que no es país siquiera y ha estado jodiendo la marrana desde La liga Nacional Escocesa. Y hago aquí un inciso solo para preguntarme que harían los Borbones si nuestro rey muriese, Dios no quiera, por ejemplo, en tierras catalanas, si la gente pondría flores en el Palacio Real Mayor de Barcelona y haría colas en silencio como en Balmoral, o iría primero a Talamanca en la comarca de El Bages a decir y repetir sus propias boludeces.*

*Porque si hay que darle la mano a morenos coloniales y a todo el Sinn Féin en corrillo, y hacerlo sin perder la sonrisa y como toda bandera o manifiesto llevar un vestido de costura inglesa rojo sangre o uno negro, según las normas aceptadas de Hartnell o Ian Thomas (descansen en paz) y los estetas de Palacio, y decir algo breve en línea con Simon Armitage o alguno de los poetas laureados de su gusto, por cojones que se hace. Y me pregunto qué pasaría si la fortuna nos deparara un linaje* analfabeto o daltónico, por ejemplo, algo que los incapacitara por defecto a hablar a través de sus estúpidos códigos de colores y tonalidades, que algunas incluso se inventaron en ciertas ocasiones. Y yo mismo me contesto, nada, no pasaría nada, porque los colores, como los poemas, son para que los lean o los vean otros.

Porque deberíamos saber que las reinas o reyes de hoy no son como las de antes, y basta ya de sangrías, laceraciones, desmembramientos u otras torturas elaboradas contra los pobres magnicidas. Y si les mataban a algún pariente ellos iban a la guerra o se quedaba en el molde, mientras que en los tiempos que corren la mayoría juegan la carta mala y se guardan un as en la manga. Las guerras e invasiones ya no son cosas de la Corona sino que hoy las provocan los dictadores o presidentes democráticos electos por amplias mayorías, aunque todo sea mentira, y esto es los que nos hace peores. Porque no le quepa duda, mejor un buen monarca absoluto que un primer ministro, dictador o presidente al que se le va completamente la olla. Y no doy nombres.

Y pienso si se ha preguntado usted alguna vez si tan contenida y longeva monarca es de nuestras especie o de alguna otra, una de cazadores predadores altamente cualificados procedente de una galaxia lejana. O por qué jodida razón hay peña que se muere con cuarenta añitos y toda la línea ascendente de Isabel se ha ido muriendo entre los noventa y con más de cien años, estaba prescrito acaso en su partida de nacimiento o en los papeles del juzgado hacerlo antes.

O por qué motivo hay que inclinarse o tiene que poner uno cara de gilipollas cuando ahora su hijo Carlos III le da la mano y siente usted para sus adentros como que ha tocado la mano incorrupta de San Silvan o San Vicente de Paul, cuando Isabel ni siquiera te miraba o no parecía que lo hiciese. Y ya le digo yo que este será probablemente el primero y el último de los actos políticos del nuevo monarca.

Y a título de resumen me pregunto también, si todo esto lo digo o escribo yo porque soy raro, o si por el contrario hay un montón de gente que piensa lo mismo pero son vulnerables y les da gusto el verse arrastrados y descabezados por el mito, como ocurrió antes con el de Franco (que para monarca no daba la talla) y con la chusma que lo adoraba; y después con el de Diana, que murió lo que se dice muy muerta en un Mercedes S280 y con un un árabe sunita, Dodi Al-Fayed, que le tiraba los tejos, y bajo un puente, el Pont de l'Alma, ese sí que mitológico para los amantes de las letras como el que les habla.

Y me pregunto si siendo rey o reina uno tiene carta blanca para que su primogénito se beneficie a menores en compañía de un judío asqueroso, que dicen algunos, y millonario a secas, y lo digo por lo de judío y no por lo de la pasta, o que su nieto, el príncipe Harry, blanco caucásico y anglicano, se case con una mulata por amor y tenga que irse a vivir humildemente en un casa con perros y grandes jardines en Montecito, California.

O no será que las nuevas monarquías tienen, han tenido siempre, una relación estructural con los suyos y con sus súbditos, con los paletos, siervos y otras castas menores como nosotros, y por qué entre ellas todavía hay quien se casa por amor o dinero o muere por su patria y cosas igual de facinerosas y de muy mal gusto. Acaso no tiene el pueblo el mismo derecho que las casas reinantes a mantener una relación estructural con quien quiera, con la familia, cuñados y otros parientes, o con la empresa para la que trabaja, y a no tener que ir por ahí arrastrando las ubres y fingiendo que los demás les importan.

Yo también quiero ser rey y poner a mi hijo el primero en la línea sucesoria, Alexandre I, comer sándwiches de pepino de Almería o mermelada de naranja amarga de Sevilla, hacer la compra en Fortnum & Mason y no tener que ir a Mercadona o a Carrefour, porque los franceses son republicanos y se han olvidado ya hace tiempo de sus reyes y nos ofrecen una canasta familiar con productos de primera necesidad a solo treinta euros del reinado de Carlos, y a nadie se le ha ocurrido aquello de María Antonieta, si no hay pan que coman tortas, nosotros decimos tortas, cuando en realidad deberíamos decir croissants, brioches o pan de leche tostado.

A pesar de todo debo decir que a mi Isabel me gustaba, por aquello de Abba y Dancing Queen (y los derechos de autor de los suecos ya provectos se han disparado), y lo mismo con los beneficios de los proveedores reales que están haciendo caja con los mugs, banderas y cucharitas con la cara de la exánime, "my darling mama", y de aquí a nada y más rápido que un gordo en patinete con la imagen del narizotas.

Me gustaba su cara de póker, una mano ganadora allí donde las haya, y apenas con un trío, por su sentido del humor, inglés sobre todas las cosas, que los franceses por ejemplo, no tienen mucho, y porque no le gustaba el ajo como a Victoria Beckham, y porque siempre llevaba su merienda en el bolso y quería a los animales al punto de compartir el té de las cuatro con un oso, y de hacer falta estar dispuesta a tirarse de un helicóptero en marcha, cosa que a otros reyes y reyezuelos de países lejanos les pareció un ejemplo sublime de audacia, teniendo en cuenta que cuando ocurrió superaba ya los ochenta años, y los muy espesos de la casa Saúd se lo creyeron.

Y debo decir también que es probable que Carlos me guste aún más porque dese el principio se quedó con la fea, porque suele llevar las manos hinchadas como los pobres, y muy en especial los trabajadores manuales, y porque no se hablaba un inglés así desde los tiempos victorianos, y porque es tangible y no noli me tangere como su fallecida madre. Y para terminar, alguien me podría decir por qué los medios en casa, que monarcas tenemos pero Borbones, nos repiten las cosas todo el tiempo, una y mil veces y en todas las cadenas, públicas y *privadas, salvo claro las catalanas que hoy día no hacen otra cosa que hablar de su Diada, y no de: The Queen is dead, God save the King!, que es lo que toca."*

Esto, Nicolás, es lo que mi amigo dice, y no me negará que el cabrón esta iluminado, proyectado al firmamento en un rayo de luz como Isabel en aquél vagón de la Elizabeth Line, Shenfield/Reading. No obstante hay cosas en las que no estaría muy de acuerdo, que psicoanalistas monárquicos los ha habido siempre, al menos en tiempos del imperio, la monarquía austrohúngara y su decadencia. Aunque reyes judíos, se podría decir que desde Salomón no ha habido muchos, y los psicoanalistas son o han sido descaradamente pro-gentiles o mercenarios liberales y mantenido con las casas reales alemanas o argentinas (risas) pocas relaciones, y a la fecha se puede decir que apenas existen (reyes o reinas y psicoanalistas), porque los usuarios de las monarquías y los de las democracias han cambiado el psicoanálisis, junto con la lectura y el cine, por las apps telefónicas.

Es decir que en ningún caso deberíamos contaminar el torpor de las casas reales con apreciaciones psicológicas procedentes de nuestra pequeña psicología de andar por casa. O dicho en otras palabras, nuestras miserias y vulgaridades, que entre los reyes y sus linajes no suele haber suicidios, ni gente que coma con las manos, utilice a diario escarbadientes o hagan bocadillos con lo que pillen, queso chedar, chope, longaniza o cabeza de jabalí, que imagino de haberla conocido esta última sería muy de su agrado, lo mismo que conducir coches de ser GMs descapotados u otros pequeños y vintage. Y sí ha habido en cambio vesánicos (como les gustaría decir a ellos) o chiflados y esquizofrénicos en la familia, no han tenido duda alguna los familiares en encerrarlos en apartadas instalaciones no especialmente lujosas, mientras que nosotros los tenemos en casa todo el tiempo, de la noche a la mañana, o en Residencias que ellos no podrían imaginar siquiera en sus peores pesadillas

Sepa, Nicolás, que uno puede decir lo que quiera sobre la realeza pero en realidad no sabe nada, salvo lo que ha leído en "Hola" o en la bibliografía autorizada y ha visto en una serie de sobra conocida. Porque todo en Palacio se mantiene en el más oscuro secreto, y lo que se hace público, aunque usted no se lo crea, es lo más irrelevante, picoteo para adictos a las filigranas de los Windsor entre otras casas reinantes.

Y le diré aún más, y ruego lea usted esto al margen de sugerencias profesionales, cuando escucho a la aristocracia, inglesa, alemana o luxemburguesa, a sus miembros más ceñidos, digo en sentido metafórico, me pasa lo mismo que cuando oigo hablar a los alemanes de hoy, habituales turistas de nuestras playas. Siento lo mismo que cuando escucho a Hans Albers y otros actores nazis admirados por Goebbels, a Christoph Waltz en *Malditos bastardos,* o en otro sentido a Kretschmann, el buen capitán de la Wehrmacht en *El Pianista,* o a Hermann Fegelein en *El hundimiento,* o cuando escucho a cualquiera de los oficiales de las SS en las películas de la Segunda Guerra. Reflexión de segunda línea que debería hacerle pensar, Nicolás, por qué razón se le atribuye a la *perfomance* lingüística tan desmedida importancia, no será que las monarquías todas hablan como hablan para marcar distancias con la plebe sin necesidad digamos de amedrentarla o exterminarla según le convenga, tal como ocurría en el pasado. Porque cuando esta, la plebe, habla otra lengua diferente a las de sus vecinos, y los ejemplos son incontables, pero puede pensar usted en vascos, catalanes y castellanos, kosovares y albaneses, serbios, eslovenos, macedonios, o bosnios dialectales, lo que esta hace es matarse unos a otros a la mínima de cambio, y si tal extremo no le pareciese posible, des-fraternizar, si me permite, alimentar los peores instintos y el odio entre los que somos o creemos ser diferentes. Que de eso va y no de otra cosa, y sepa que el futuro como no seamos cuidadosos no nos depara nada diferente.

*Doc,*

*Vale, impresiones, las mías tiene que ver con la indiferencia. Y estoy pensando que indiferente somos todos, y en todos incluyo a los políticos en general (antes pensaba que los escandinavos eran la excepción, pero con lo que he visto últimamente en las series ha cambiado mi manera de interpretar las cosas ). La verdad es que cuando he estado allí como turista me han resultado indescifrables y superfluos, no parece la clase de gente, me refiero a los suecos y daneses, no digamos los noruegos, que se preocupen por los demás, de hecho los veo mucho más compatibles con las nuevas derechas alemanas, y el nacimiento de una ideología muy peligrosa que aparece en los cuarenta con la crisis económica, la hiper-inflación de la República de Weimar. Y me pregunto cual es la relación de su cháchara y aparente mala conciencia con el alcoholismo como hábito social (de los escandinavos y muy en especial de los suecos), ya nada que ver con el beber de los franceses que lo hacen tímidamente o de los mismos españoles que lo hacen en plan chabacano. Me impresiona como indiferente la actitud de los que viven en paz frente a las guerras, o la de los que no les llega el dinero para hacer la compra o pagar los alquileres, y me atrevería a decir que la de algunos padres a los que poco les importa sus hijos, no digamos ya la indiferencia de algunos centralistas -por utilizar el eufemismo- a los antagonismos que impera siempre entre nacionalidades.*

*Así que muy mal, Dr., mis impresiones no pueden ser peores y no doy un duro por el futuro, aunque estoy bajo la impresión de que habrá que vivirlo no guste o no, aunque no acabe de llegar nunca y tendremos que conformarnos con estar siempre en medio, como el jueves en la semana, entre buenos y malos sabiendo exactamente quiénes son unos y quiénes los otros, o tomando posiciones y seguir para siempre des-*

*encontrándonos, como ha sido habitual en la historia, en la historia universal, en el medio social en el que nos movemos (o quedamos inmóviles) y en el sentimentalismo caótico, la indiferencia o pasividad que mostramos en casa.*

*Luis, por email*

Si no entiendo mal su consulta se limita a interrogarse sobre el concepto de *indiferencia* aplicado prácticamente a todo. Es cierto que termina usted como inflándolo y haciendo de él un juicio universal, tal como dice en su última línea. Podría decir que estoy de acuerdo con todo, comportamiento muy poco terapéutico si tenemos en cuenta que es usted el paciente y yo el tipo que sabe por lo que usted está pasando. De acuerdo, pero no en todo, y salvo por algunos detalles. Y es en los detalles, como ya habrá oído antes, en donde hay que buscar la verdad, concepto también que no ayuda en nada a la terapia, pero que nos acerca sin rigor y peligrosamente a la posición que algunos terminaremos adoptando.

Sé de buena fuente que la gente lo es, indiferente quiero decir, y que le importa poco la suerte que corran los soldados ucranianos, los civiles, o los reclutas rusos (víctimas a las que no se le suele tener en cuenta, y le recuerdo que en el sitio de Leningrado murieron más de veinte millones y defendiéndonos a todos de los alemanes). Y eso, por si no se había dado cuenta nos divide en dos flancos: los que están con los rusos porque piensan que rusos somos todos, por defecto, y los que creen que en realidad somos los ucranianos, cuando lo aceptable sería pensar que no todos somos buenos o malos, sino que los hay de las dos clases y en ambos bandos. La verdad, debería saber, Luis, está en los detalles (históricos) pero no entraremos en ellos, porque como sabemos desde Lacan, la verdad toda no se puede decir, mientras las mentiras más grandes y los falsos juicios están siempre presentes, se sobre-representan o se sobreactúan todo el tiempo, sin asumir nunca quiénes somos.

La indiferencia más que negligencia, es un delito, podríamos estar de acuerdo, pero es lo que nos mantienen vivos superficialmente, es pura supervivencia y en el escalón más bajo, es como cuando uno se esconde para que no lo vean, y sospecho que comparte con este acto de cobardía los mismos sentimientos. La realidad es que lo hacemos porque sabemos, aunque nunca lo digamos, que eventualmente siempre nos puede tocar a nosotros, y acudimos a ella de manera inconsciente para ponernos a salvo, conscientes de que cuando nos toque, los indiferentes serán en esa ocasión los otros.

En cuanto a la política, hacia la que no solemos ser indiferentes o al menos eso creemos, es la ilusión que en nosotros produce para que sigamos con la falsa teoría del voto y una democracia muy *à la mode* que no es sino falsa. Para que una vez producido este (el voto) y cuando el resultado en las urnas se hace realidad, sigamos pensando que aquellos por los que hemos votado representan la voluntad popular, la nuestra para ser exactos. Es por este mismo motivo y cuando comprobamos que la realidad de las cosas apenas cambia, es que desarrollamos al final, da igual si perdemos o ganamos, la indiferencia como muestra de ignorancia o partidismo (dicen ellos, los políticos o los votantes incluso cuando no son de los nuestros) cuando en realidad lo que estamos haciendo es dar la espalda a un *deu ex machina* siempre inoportuno y negar la ilusión de que podemos cambiar las cosas poniendo un papel impreso en una caja de cartón o en una de metacrilato.

Lo mismo ocurre en el entorno laboral, social o familiar, espacios hacia los que si no somos indiferentes manejamos con muy poca dexteridad y muchas veces con el lenguaje equivocado. Tan erróneamente que después de tantas frustraciones y desencuentros optamos por elegir una misma actitud de indiferencia aunque encubierta bajo una ligera capa de sumisión, aceptación, o afecto, según los casos, afecto, por ejemplo el del entorno familiar no siempre sincero, pero del que ya se ocupan de adecentar los protocolos vigentes.

Y supongo que sí, que tendría razón si dijese que esto está adoptando como una forma filosófica, y no me gusta nada. La filosofía es algo que ocurría antes, un problema del lenguaje en el diecinueve y en el veinte, una especie de afasia que ocupaba el lugar que hoy ocupa la terapia. Y si antes todos enfermos pero filosóficos, hoy las cosas han cambiado a un cincuenta por ciento, y todos igual de locos pero terapéuticos al menos, susceptibles o intermitentes.

La gente es indiferente a si buena parte de la especie muere de muerte violenta, sin recibir atención alguna o terapéuticamente, o si muere de inanición simple, que es lo mismo que decir de no tener que llevarse a la boca, o porque se la abandona geo o humanitariamente; la gente es indiferente a las guerras no importa su naturaleza siempre que no suceda en el patio o en el jardín paisajista de su casa; es indiferente a si usted pierde peso o lo gana siempre que mantenga el suyo en el lugar adecuado de la balanza; es indiferente al tiempo que usted pasa trabajando siempre que se traduzca favorablemente en ingresos; es indiferente al dolor ajeno, porque ojos que no ven o dolor que no se siente, y que se jodan los buenos y los que sufren, que hoy les toca a ellos y mañana a nosotros, y tengo la incómoda sensación de estar repitiéndome; la gente es indiferente a la de los perros asilvestrados y sin dueño, o a la de los osos bailarines en Bulgaria; al comunismo en Cuba o en Corea del Norte, que son más bien motivo de gracia; es indiferente al destino de su mujer cuando se separa, o viceversa; al cambio climático, siempre que pueda poner el aire acondicionado y no tener que dejarse el pellejo para pagar la factura; a que suba la gasolina o el diesel siempre que puede pagarlos o pueda comprarse al final, cuando la guerra se acabe, el último Tesla, la gente es indiferente a esto y lo otro y a muchas cosas (y lo convoco, estimado Luis, a que rellene usted mismo los espacios en blanco).

Motivos todos por el que los indiferentes han inventado la religión, unos, para hacerse con los nutrientes imprescindibles y poder presumir de una moral a la altura de las circunstancias; otros, el comunismo, para hacerse con los medios de producción y salir ganador en la lucha de clases; otros además del ateísmo la razón práctica para que parezca que detrás de todo ese egoísmo, *self-soothing* o *self - comforting* hay algo; y los más asilvestrados, las expresiones populares en su conjunto y la chabacanería que pivotan siempre alrededor de los intereses más mezquinos, que por lo general son los de uno mismo. O peor aún elaborar, razonar dentro de nuestra propia ignorancia y sin haber leído antes ni un puto libro ni pedido consulta, aunque más no sea por este tan versátil y pésimo medio que utilizamos ahora mismo y en este preciso momento, o incluso me atrevería a decir a través de la palabra escrita. Mejor la oralidad, estimado Luis, con la que yo sabría inocularle a escasos dos o tres metros de mi persona y en mi consulta.

Digamos, Luis, que la suerte está echada, poca esperanza nos queda, que la realidad la han inventado siempre otros, la iglesia, los poderes laicos o los filósofos, curiosos sujetos que creen solo los que ellos proclaman. En cuanto a nosotros, pobres indigentes intelectuales, de no serlo viviríamos acongojados, y le sugiero elija usted entre estos sinónimos... afligidos, angustiados o transidos, que decían antes los viejos españoles.

*Dr Frodo,*

*Ya lo dijo David Chase y Alabama 3 :*
*You woke up this morning...*
*Thing`s aint`been the same*
*Since the Blues walked into town...*

*Vale, se trata de un fragmento de la banda sonora de Los Soprano, serie con la que nos ha faltado tiempo para identificarnos. Mi pregunta qué es lo que pasa que somos muchos los que nos alineamos sin esfuerzo con los malos, cuando se diría que deberíamos hacer lo contrario. Y pasa con los hombres y las mujeres, en especial con los jóvenes. Creo que los mayores no suelen mirar estas series, les pilla despistados, ajenos a la lingua franca de los mafiosos italoamericanos y a los barrios residenciales de Nueva Yersey. Será que los jóvenes de hoy serán los malotes de mañana por simple desobediencia y porque hemos hecho de la rebeldía y el hecho de ignorar los consejos de nuestros padres un hábito. Que si ellos son los auténticos neandertales, caderas anchas, extremidades cortas, tipos buenos y omnívoros y con un precario lenguaje articulado o simplemente despistados, un subgénero que todo lo hacía mal y no se enteraba de nada que terminará por extinguirse como ya lo hicieron antes, nosotros somos los sapiens, genéricamente humanos, de aspecto agradable y dotados de pensamiento abstracto, capaces de aprender estructuras formales y lenguajes informáticos complejos, veganos o vegetarianos, colonos de una época que todavía habrá de llegar y en la que por fin dejaremos hablar a nuestros peores instintos. Nada de neomorfos, ni androides buenos, todos sintéticos muy malos como el "David" de Covenant con fondo musical de "Los dioses entrando al Valhalla", de Wagner... año 1 de una nueva era en que las máquinas y sus nexos hagan pagar a la vieja humanidad pre-*

*pretecnológica y filosentimental por todo el daño que nos
ha hecho.*



*Igor, Plasencia*

Qué leches le pasa, Igor, que hasta su nombre me
suena a falso, a engaño. Es usted ruso de la capital y
cierro los ojos y veo la elegante estatua de Lenin en la
Plaza de Moscu, o ucraniano de Kiev, ciudad sino
exactamente rusa sí rusificada es usted real o producto
de la imaginación de los *paletos salvajes* (la mafia local)
de Plasencia, provincia de Cáceres, tierra de visigodos y
sarracenos, de Pizarro y Alonso de Mendoza. Ha puesto
usted a Los Soprano, la paleogenética y a Ridley Scott en
la misma coctelera, lo ha agitado enérgicamente y se lo
ha tomado después de un trago. Y se pone a soltar por
esa boquita suya la pesadilla de un futuro
supertecnológico en el que habrán sobrevivido solo las
nuevas generaciones conectadas a redes por un puerto
doble USB en el agujero del orto, eso si agujero y orto no
hacen los dos juntos una inaceptable redundancia.

La verdad, estoy ahora mismo un poco cabreado
pensando en qué lugar quedamos los viejos
neandertales y nuestro lenguaje articulado hecho de
palabras y/o de conceptos, como es el caso de los
nipones. Pensando si después de escribir algunos de
nosotros más de veinte o treinta libros en el Word de
los cojones ahora resulta que ya no quedará gente o
gentuza que los lea, y más aún si los leen es seguro
sacarán las conclusiones equivocadas o conclusiones
ninguna, entre otras cosas porque enganchados están al
medio que no al mensaje, como en su momento dijo
McLuhan (conocido neandertal por cierto) queriendo
decir no lo que hoy los chicos interpretan, sino que
mucho más que de la información lo que nos llega es la
forma (el medio) por el que se transmite.

Pero ahora dirá usted que lee, que es un lector asiduo, novela quiero decir y otros contenidos autorizados, las revistas semanales, los suplementos dominicales, las pestañas de Google en letras de colores, los mensajes de sus chats, los superventas de las mesas de novedades... cosa que no tendría motivo para poner en duda, de lo que sí dudaría es de la narrativa que seguro usted conoce, la que, no conduce a ningún lado, salvo a la pasividad y el estrés de tener que gestionar respuestas en un plazo acelerado y dentro de un espacio en donde es imposible que se produzca interacción alguna, o en donde la que se produce es solo ruido, como en una comunicación (técnicamente) fallida.

Imagino en mi tormento un lugar incluso en donde descansarán amontonados todos esos fiambres literarios entre los que me incluyo, mientras el mundo será dirigido o teledirigido (como decíamos antes) o por inducción magnética por pelotudos como Zuck, Jeff Bezos o Elon, subidos todos a sus máquinas voladoras y seguidos de cerca por una tropilla de sectarios *sapiens* mansos y complacientes convencidos de que las cosas son como se las han contado.

Una mierda en lata, Igor, nunca mejor dicho, siendo lata el hardware y mierda el soft con el que nos han impregnado sin tener en cuenta nuestros auténticos deseos que nada tienen que ver con comprarlo todo en red, volar a Marte en turista en un vuelo sin escalas más largo aun que un JFK-Changi (Singapur) o un JFK-AKL (Aeropuerto Internacional de Auckland) no digamos tener que colonizar el planeta rojo junto a un montón de pirados oriundos de su mismo college, o vivir en un metaverso en lugar de un piso con tres dormitorios y dos baños y que no esté más lejos del centro que Moscú de la Rusia oriental, y para más nombres piense en Lena o Magadan que están las dos lo que se dice a tomar por culo.

Y le digo más, estimado Igor, sabe donde estarían hace cincuenta años esos judíos y neoliberales vestidos religiosamente de negro y apareciendo en nuestras pantallas de vez en cuando, como Osho visitando a sus *sannyasis* en Oregón, pero vestido como una tarta de nata montada o un hermoso merengue de barba blanca. Estarían los nerds y raritos trabajando con válvulas y cilindros magnéticos y luego con transistores, y ya unos hombrecitos para el primer IBM y por un salario mediocre, otros para el Servicio Postal y no inventándose un aparato de calculo con relés y electromecánico que se recalentaba y volviendo a casa para el Día de Acción de Gracias, y otros y para el *Pesach* con la familia judía. Mientras que hoy, en lugar de ponerlos en su lugar como hubiese hecho el canadiense, se les santifica como al último Beato Carlo Acutis, de Monza, y se tiene la sensación que con sus circuitos integrados y ecuaciones el mundo está arreglado y la peña más feliz que el ya muy popular boliviano de mi amigo Alex, respetable profesional como uno mismo.

No, querido Igor, las cosas habrán de cambiar pero no tan rápido ni exactamente en la dirección que usted pronostica. Y permita que le recuerde la estatua de Lenin, de Shchúsev, si no me equivoco, sigue allí de pie en La Plaza de Moscú, la Plaza Roja, señalando a Finlandia, y los pobres finlandeses al día de hoy, entre trago y trago de vodka ruso, atándose los machos ante la amenaza silenciosa de Putin, que a punto está, dicen las malas lenguas, de atacar en plan nuclear a las ciudades más importantes de la UE y alrededores.

En cuanto a la llegada de una nueva especie, Igor, en plan *neocon* a una Estación Espacial desde la que colonizar nuevos planetas cerca de Saturno o recolonizar el nuestro, si no no nos queda más remedio, manejar el tiempo como una dimensión física, establecer los nuevos códigos para el futuro de acuerdo con el "estándar oro" de Cristopher Nolan es algo que, sinceramente Igor, me parece algo así como cagar más grande que el agujero del culo, si me permite la expresión, disfunción que todo habrá de decirse me resulta familiar pensando en el entorno familiar de cierto amigo al que por prudencia no menciono.

Para terminar, Igor, que esto ya está empezando a aburrir a los lectores, pertenezcan ya a las viejas o nuevas especies, me gustaría saber, porque consejos no tengo para tan endiablados y pueriles planes de conquista y visión del futuro, si no tendrá usted alguna relación de parentesco con el muy conocido Igor o Igoryochik (Igorcito), de los Shteyngart de Moscú y aquello de hablando de ciencia ficción *los marcianos han llegado ya a la tierra y somos nosotros, y la lengua que hablan es es la gran y poderosa lengua rusa*... Y si no lo convence debería saber, por poco que le guste, hay algunos que creen ( y no digo creemos) *que hasta las galaxias más lejanas deben convertirse al socialismo si quieren vivir tranquilas*... y sin la amenaza de usted ya sabe quien, que *Fleabag* y la muy respetable Phoebe Walter-Bridge, de masturbarse lo hizo con Obama y no con el puñetero ruso.

*Doc,*

*Y lo de prenuclear, qué sino, ¿una guerra de trincheras?, es que existe alguna otra forma de expectancy desde el 87 y el cuarto reactor. O lo de morir a cuenta de una desagradable arma bacteriológica a gran escala o en plan atómico, o víctimas de una pandemia de las más serias, algo como una variante del ébola o la peste negra o la gripe de Hong Kong, y todo ese tiempo con unas expectativas que no podrían ser peores. Le confieso que prefiero hincharme a comer y a tener sexo indiscriminadamente con el primero que pille. Porque según he visto en el cine y las series, lo más importante entre la soldadesca antes que la vuelen en mil pedazos con un misil o una mina antipersona, es hincar el diente en algo más compacto y que antes haya estado vivo, como un pollo o un marrano, y no chupar de una bolsita de plástico con una boquilla más dura, antes o después de hacerse una paja, un fino trabajo con la derecha, la mano del gatillo, con una vieja revista pornográfica ilegal del Medio Oriente de aquellas que hacían o reeditaban en el Líbano o el porno de lujo para peluquerías. La verdad, Doctor, prefiero hacerlo ahora que puedo antes que esperar a que una mierda de guerra me estalle en las manos.*

*Eva, al desnudo*

Es probable, Eva, que tenga usted razón en todo. Qué mejor que comer lo que a uno le gusta y echarse un polvo al menos una vez a la semana. Desconozco cuales son sus preferencias en materia de alimentos en general, grasos o no, con o sin gluten como se lleva ahora, con avena o leche de vaca, y de ser vaca digamos si Frisona o Pasiega, si el pan integral o el centeno o blanco de molde. Y vea que no hago referencia a cuestiones de gusto personal en relación al sexo, porque tanto usted como yo estamos bien informados, y sabemos que la gente tiene gustos muy diversos, y la mayoría estereotipados, tonos diferentes, blancos o negros, caucásicos, arios o indoeuropeos, no digamos ya homo, bi, poli, neutral o lo que a usted le venga en mente, todas las variaciones que nuestra mente calenturienta puede llegar a imaginar, como hacérselo a un tiempo con homos, neutrals, asiáticos, negros y blanquitos, o alternativamente y de uno en uno, lo que entraría en la opción conservadora. Sepa usted, Eva, que algunos, y somos muchos, nos conformamos con lo que tenemos y una vez al mes y de manera convencional entre dos géneros, masculino/femenino o con sublimarlo y convertirlo en otra cosa como los sentimientos, que en ocasiones son un obstáculo para el sexo, incluso para el más formal y respetuoso de las tradiciones.

Estamos de acuerdo también en que a la soldadesca, en especial los ejércitos regulares, y un poco menos los reclutados contra su voluntad, las reclutaciones forzosas y los reservistas entrados en años, al menos los primeros cuando están en el frente o en la retaguardia, lo único en que de verdad pensaban no era en salvar su patria (los últimos reclutas patriotas fueron digamos los ingleses y durante la primera guerra contra los alemanes y las muchas potencias beligerantes), concepto ambiguo ese el de patria, sino que lo que tenían en la cabeza todo el tiempo era comer caliente y mojar el churro. Y lo mismo con los fundamentalistas, grandes folladores irregulares estos a la par que creyentes, o al menos lo parecen, y que van con alarmante frecuencia muy calientes, aunque con su dieta de arroz con cordero, kebabs y tortas afganas (pan sin levadura) en grandes cantidades, y con tales nutrientes se puede decir que van de sobra alimentados.

Y también coincido con usted, Eva, en que los sunitas suelen ir pero que muy calientes aunque una vez casados se la montan con la mujer, objeto de uso tradicional en el Islam, como los pantalones holgados, el turbante y el sombrero, y hacer con ellas lo que les sale de los huevos, casarse por cuatro semanas o dos meses o cambiarla por dos o tres de quince cuando las primeras se hacen mayores o digamos mayorcitas.

Lo que parece no tiene usted en cuenta es qué habrá de pasar con aquellos que desgraciadamente sean reclutados sin que nadie tome en cuenta las analíticas precedentes en donde figura dramáticamente una cifras escandalosas en materia de colesterol y azúcar en sangre, por no citar otras referencias como los triglicéridos o el recuento de plaquetas *vade retro,* o el aspecto lamentable de nuestro hígado graso.

En cuanto a la sexualidad, no es materia que preocupe mucho a los mayores, salvo que se les vaya la olla, pero no le digo nada de aquellos que hace dos días eran apenas adolescentes y hoy se la tienen que machacar mientras las balas silban por encima de sus cabezas y esperando la caída de un misil enemigo en el rincón íntimo que los pobres desgraciados eligieron para aliviarse. Los mismos pobres civiles sin mucha formación castrense que hace apenas dos días tenían otros planes y ahora se ven en medio de un territorio hostil jugándose el pellejo con una guerra que no tiene nada que ver con ninguno de ellos. Guerras políticas o militares a secas o impulsadas por la vileza y la impetuosidad ignorante de un cabrón que se ha hecho con el poder de hacerle la puñeta a su país y a algunos de sus países vecinos, y todo para mostrar que la tiene más grande que otros colegas de su misma liga, y ya conoce usted los nombres propios de los que aquí se sugieren sin hacer aspavientos, porque guerra lo que se dice guerra, hoy, finales de septiembre del 2022, hay solo una que tengamos en cuenta y colaterales muchos.

Prenucleares todos de alguna manera, ya sabe Eva, los somos todos, consciente o inconscientemente, porque hay muertes masivas y globales, tan grandes que hasta la propia muerte a uno le parece insignificante. Porque si alguna vez nos toca morir en grandes grupos -y de ahí lo de *expentancy* (vocablo inglés que no veo por qué habría de hacerle daño a nadie) como fenómeno social y apocalipsis 2.0 será la primera vez probablemente que tengamos la extraña sensación no solo de que formamos parte de una misma especie, sino de la única capaz de aniquilarse a sí misma por motivos perfectamente frívolos.

De todo modos, si usted en realidad no me plantea ninguna duda o consulta propiamente dicha, sino que se limita a dejar constancia como si una gran guerra o conflicto global fuese ya un hecho inevitable, y que de ser así se dedicaría a comer como una marrana y pillar cacho, que imagino es la lengua con la que usted concurre, no hay nada que yo pueda añadir salvo quizás que uno tiene derecho a hacer lo que le venga en ganas en vísperas de una muerte anunciada.

*Querido Doctor,*

*Tengo miedo, miedo a morir, miedo a la muerte. Ignoro si es miedo a morir en plan metafórico, sin una perra para pagar el alquiler y tener que vivir bajo un puente o en el paso subterráneo de la Plaza de España, frente a la Casa Gallardo, de todos los lugares mi preferido, no poder responder con las obligaciones del buen ciudadano, pagar impuestos, la luz, el gas y esas cosas. O si en realidad es miedo a morir de verdad, ya sabe, desintegrado o contaminado por un cabeza nuclear perdida y por una guerra que nos ha pillado a todos haciendo la siesta, una que al menos yo personalmente, lo juro, no he desatado. Aunque pensándolo bien, acaso no empezó la Gran Guerra con la muerte de Francisco Fernando, heredero de la corona austrohúngara y una pequeña Browning M1910 en manos de un joven ultranacionalista bosnio y una declaración de guerra contra Serbia para armarse después la de dios es cristo. Podría, Dr., comentar algo al respecto, si entra esto dentro de lo normal o debería ver las cosas de otra manera, y de ser así si tiene algún consejo para darme. Desde ya le quedo muy agradecido.*

*Gabriel, Madrid*

Me aburro, Gabriel, me aburro. Haber si va a pensar que usted es el único. Diría que todos tememos a la muerte aunque haya quien la desee. Y el temor y el deseo a veces se mezclen formando una pareja extravagante y muy poco deseable. Desear lo que se teme es como enamorarse de Hannibal Lecter, como echar un pulso de dedos con Edmundo Rivero y que el cirujano traumatólogo en el hospital sea el Dr Giggles. De todos modos hablar de la propia muerte o la de los otros, son experiencias diferentes. Si la muerte del otro (del desconocido) es secundaria y anecdótica y se mezcla confusamente con una amplia gama de sentimientos negativos que refuerzan la idea de que los supervivientes se sientan aún más vivos. Eso sí, sin llegar a saber nunca si tal cosa - estar vivo - es una dato estadístico o clínico o tiene algo que ver con nuestra capacidad para generar algo diferente, imaginativo, creativo o inédito, cualquiera cosa que sea algo un poco más relevante que un simple informe forense, si se ha tratado de una muerte violenta, que es el tema que nos ocupa, suponiendo que haya alguna forma de muerte que no lo sea.

Personalmente, y después de mi segunda ecografía del hombro derecho, sus músculos y tendones, cosa que para serle sincero no me preocupa en exceso, que de una tendinitis que yo sepa no se ha muerto nunca nadie, estoy expectante de un estudio de médula ósea que suele darle al personal más de una sorpresa. Y es en este sentido que hoy, veinticinco de septiembre del 2022, intentaré, estimado Gabriel, darle una respuesta a una o a ambas de las cuestiones que me plantea.

Si hablamos de muerte metafórica tal como usted la diagnostica me atrevo a decirle que muertes de esas las sufrimos todos y más de una vez en la vida, y en ocasiones una vez a la semana o cada día ( y eso me recuerda a Gary Shteyngart cuando de Leningrado emigró con sus padres a Estados Unidos, a Queens, por ser más preciso). Se muere uno de vergüenza, de orgullo malherido, de obesidad o delgadez extrema o porque se le cae el pelo, se muere después de un divorcio o por tener que sufrir los brotes psicóticos de una pareja mal avenida, por tener que planchar uno mismo sus camisas, por el maltrato del que uno es víctima en la oficina, por no tener un techo bajo el que dormir, por tener que vivir con una pensión no contributiva o no saber conducir vehículos de cuatro ruedas motorizados (los carros de caballo y sulkis no dan puntos) y tener que esperar a la Sarfa, sin ir más lejos, el día precisamente en que habrán de diagnosticarte un cáncer de huesos o una enfermedad autoinmune después de haber esperado más de dos meses por una cita con el hematólogo, y que esta (la Sarfa, que no la enfermedad) llegue como suele ser habitual en ella con cuarenta minutos de retraso.

Y es eso, la incongruencia y la paradoja resultante de mezclar a partes iguales la vida o la muerte (la de uno mismo que no la del otro) con todo clase de anécdotas superficiales que habrán de adoptar un papel de enorme relevancia en aquellos momentos en los que te estás jugando el tipo. Esto, que se diría obsceno e insultante viene de antes, de Aquiles y la mitología griega y el hecho de que le dejen hecho una piltrafa solo con una flecha en el talón, en el tendón que lleva su nombre. Y de ayer mismo también y *"El Colgajo"* de Philippe Lançon, y la anécdota siniestra de un día funesto para el Consejo de Redacción del Charlie Hebdo, en París, el 7 de enero del 2015 en la Rue Nicolas-Appert 10 del onceavo distrito, algo que el propio Lançon ni nosotros jamás podremos entender en su disparatada magnitud, en la crueldad caprichosa de dos jóvenes yihadistas de un grupo de apoyo de Lille convertidos en el cruel azote del destino, si me permite la cursilería.

Hay muertes y casi muertes y el dolor que estas ocasionan no es fortuito, pero no son la muerte verdadera aunque a veces se le parezcan mucho. Todos hemos sentido en algún momento la muerte alegórica o figurada llamar a nuestra puerta sin motivo, y nos hemos preguntado qué hace la parca, figura siempre sobredimensionada e igual de ostentosa, utilizando como mozo de cuadra o ayuda de cámara a elementos anónimos superfluos e insignificantes aunque tengan el poder de cambiar el destino en menos de dos minutos (en recuerdo de Lançon, que si una vez estuvo casi muerto y transfigurado, hoy se puede decir que está más vivo que nunca).

Y luego está la muerte con mayúscula, dice el estereotipo, aquella que cuando llega deja a la peña con cara de haber perdido la billetera con todas las tarjetas de crédito y los pins que uno había anotado prudentemente en una tarjeta de visita, no suya, sino la de un colega en Sydney. La muerte te deja con cara de: ¿yo qué hice?, lo mismo que las enfermedades terminales, y pensando que hace apenas unos minutos desgracias como esas les ocurrían siempre a los desconocidos, y en los peores momentos a los amigos más cercanos y a los miembros mayores de la familia, de aquella que lleva nuestra misma sangre como suele decirse o consanguínea, que no la familia política, por lo general convenientemente adherida a categorías mucho menos dramáticas.

Va a ser que no, Gabriel, que ese privilegio también lo compartimos. Y la mejor actitud ante la muerte, la de verdad no la otra, es una mezcla de resignación y sangre fría y el esfuerzo descomunal de aparentar que aquello de morirse o desaparecer para siempre como en un número de David Copperfield no va contigo, padre, marido e hijo para siempre. Y es uno el que lo decide, inmortal como Juan Sánchez Villalobos Ramírez (Sean Connery) en *The Highlanders,* o perecedero como el polonio, que nos garantiza por cierto una muerte lenta y dolorosa y vida al menos durante unos pocos días.

Sepa entonces que si usted tiene miedo a morirse, de uno u otro modo, y mucho me temo que le ocurrirá a usted y a todos nosotros oportunamente y de las dos maneras, ya le digo que no hay mucho que hacer al respecto, porque el miedo a la muerte está en nuestra naturaleza, y si no lo está es algo inherente a la obsolescencia divina o secular (en el caso de ser ateo) de su equipo de supervivencia en nuestro planeta, que no *el de los judíos* de Shteyngart. En cuanto a aquello que la desencadena, a título personal o en cantidades abrumadores, como la paranoia de un ruso bajito o el tiro al blanco de un joven serbiobosnio nacionalista de diecinueve años, que usted ya conoce y se llamaba Gavrilo, como usted Gabriel y no Danilo. No obstante, llama la atención querido amigo, que no se haya usted dado cuenta de semejante despropósito hasta hoy día.

*Dr. Frodo,*

*No sé como decirlo. Tengo la sensación de que algo importante va a cambiar, si no ha cambiado ya. Y no me refiero a la guerra que estamos pagando entre todos con el precio de la luz, el diesel y la subida del índice de precios al consumo y los de la bolsa de la compra. Y me explico, no es la guerra en el campo de batalla y en las provincias ocupadas, los falsos referendos que improvisan tanto en Rusia como en Cataluña, y de un modo u otro ya todos tenemos todos asumidos. Ni siquiera el hecho factible de que esta se convierta en nuclear con armas específicas, pocos megatones confinados a espacios reducidos, aunque medio llenos de reclutas, campesinos pobres y abuelos seniles, que la mitad de los ucranianos de Ucrania se han largado buscando al menos por aproximación sus países preferidos de la UE, en lugar de recrearlos en casa tan cerca de la frontera rusa, a sabiendas de que Putin y aliados quieren una ellos también pero para ellos solos. Y esto porque ya ha ocurrido antes (la atomización del enemigo) al menos en una ocasión o dos que yo recuerde, y disponemos de sencillos protocolos internacionales para enfrentarnos a la tensión política y la descoyuntura diplomática que empieza y termina cerrando embajadas y con el consumidor boicoteando los productos rusos con denominación de origen, tales como el Vodka, los rusos migrantes en Levante y las gachas de alforfón. Lo que me preocupa es la inercia, Doctor, y el interés mezquino de los pocos que están detrás de todo, a veces, sino siempre, movilizados por su ambición desmedida y otros por una gran variedad de síntomas bastante desagradables, brotes psicóticos de todo tipo, casos de doble personalidad, bipolares o paranoicos diagnosticados como Kim Kardashian o Lady Marcos de Manila, por no mencionar otros muchos que la lista, como usted sabe, sería interminable. Lo que me quita el sueño, Dr., es precisamente eso, que nuestro futuro y el de nuestros hijos que anticipo mediocre esté en manos de una panda de tarados y comemierdas que han perdido el juicio.*

*Luisa, por email*

El juicio y el sentido del humor debería decir, Luisa, que de ambos atributos van muy mal servidos nuestros modestos políticos. Pero eso, Luisa no debería preocuparle, porque visto desde fuera y de lejos, que es como hay que verlos, porque de cerca producen rechazo y desagrado, igual que una de esas escenas con poco guion del Sr. Damher con sus víctimas. La mezquindad y la mala fe siempre viene como suplemento en la administración pública y ya lo tenemos asumido. Tarados los hay de muchas clases y los peores son aquellos que ocupan oficina pública a cuenta de nuestros votos que como siempre nunca sabemos bien a quien se los damos. Es una verdad histórica, aunque muchas veces sea todo mentira, categorías estas, la verdad y la mentira, minuciosamente ignoradas por nuestros burócratas y autócratas de lujo, cuando no han hecho con ellas una auténtica escabechina, pasándose por el forro y el filo de la espada a Platón y a Aristóteles. El tiempo no suele darles la razón, de acuerdo, pero eso a los que les ha tocado soportarlos los deja fríos, indiferentes, y a los que vinieron luego elucubrando sobre si los nuevos políticos de reemplazo que nos han tocado en suerte no serán más de lo mismo.

No le voy a negar que en caso de atomizarse, convertirse en polvo o en sus partes más pequeñas o átomos, o nuclearizarse, ambos excesos que si no son lo mismo sí son atribuibles a una misma persona, persona con P de Putin, como ya habrá adivinado, más de uno se vería sorprendido, aterrorizado y le faltaría tiempo para cambiar sus ventanas de madera por unas de PVC o

aluminio, cargarse el huerto en el jardín del patio
trasero que quién se va a atrever a comer tomates,
lechugas y pimientos expuestos a radiaciones y a nubes
de ceniza que recorren Europa como Ryanair o Vueling,
y en muy raras ocasiones Aeroflot, que se ha quedado
en tiempos de la guerra fría. Artefactos irresponsables
estos últimos que suelen volar a nueve mil metros por
encima de las nubes y por los que nadie con dos dedos
de frente daría un duro.

Pero no se extrañe, Luisa, que habrá quien lo festeje
por lo de poner fin a las cosas, de una manera u otra,
con la esperanza de que por fin bajen los precios de los
productos de supermercado, la luz y el gas que muchos
le compran a los rusos, y en general que bajen lo precios
de todo, que todo está relacionado como en la *Teoría del
Todo* de la física teórica. Aunque mucho me temo que
una vez subidos los precios, estos ya nunca bajan. Y
usted dirá por qué a los capitalistas que hemos
engendrado les cuesta dios y la madre sacrificar aunque
solo sea una pequeña parte de sus beneficios, y los
filántropos en las instituciones se han ido ya hace
tiempo al hoyo con la caída en Europa, de la
socialdemocracia y las nuevas tendencias de derecha
*poltergeist,* populista, absurda e indecente. Y no lo
extrañe que lo festejen también los amantes de las
soluciones expeditivas, sin olvidar a La Legión, de
Millán Astray, amantes declarados de la muerte,
sentencia inscripta legalmente en sus himnos y dicho
por ellos mismos, un ejercicio habitual entre sus
Rituales Cotidianos, como los recogidos por Mason
Currey, *Rituales bla, bla...de los artistas.* Sin olvidar a
aquellos que piensan como Pirro que de ganar los rusos,
todos estaremos a largo plazo condenados, y de
vencerlo estaríamos irremediablemente arrepentidos y
por motivos que seguro nadie tendrá demasiado claros,
que Roma se jodió por ganar siempre y de puro éxito.

Y porque en el caso de ocurrir, la nuclearización política, económica y humanitaria de Ucrania, dejará a todas nuestras instituciones europeas vacías de significado, ocupadas en cerrar embajadas, implantar nuevas sanciones económicas, boicotear el Beluga Reserve o el esturión fresco y ahumado, las Matrioskas y la *memorabilia* stalinista, no necesariamente el grano si al final no está contaminado, o el gas que circula por la Nord Stream 1 y 2, y poner cara de exequias o circunstancias en los discursos de las Asambleas y Consejos en Bruselas y sus oficinas correspondientes, y en París, en el Instituto de Estudios de la Seguridad de la Unión Europea. Debería saber, Luisa, que las guerras y las burocracias están íntimamente ligadas y tardarán menos que mi madre en doblar la ropa recién lavada, en darnos a los pobres y a las clases medias por saco, término que habría de incluirse sin demora en el Diccionario Psicoanalítico, si no lo han hecho ya y para siempre.

Entiendo, Luisa, que usted califica todo esto de anecdótico o histórico, que de alguna manera vienen a ser lo mismo, ¿no le parece?, y lo que en realidad le preocupa es la deriva en la que nos vemos todos arrastrados por las fuertes corrientes oscuras de la tierra de Mordor, cuando lo que hay de verdadero/falso en todo este embrollo, está impreso en la naturaleza humana, nos guste o no le guste a usted, porque, como decían los Rolling Stones, no siempre conseguimos lo que queremos, o mejor: *you can`t always get what you want.*

No se olvide tampoco que algunos estamos, no importa cómo, dónde o por qué, contra la muerte, en respuesta a la pregunta hecha por un periodista en estos términos: ¿Qué opina usted de la muerte? Pregunta a la que, estoy convencido, de que Putin daría exactamente la misma respuesta que Woody Allen, salvando las distancias. Y si me permite, Luisa, un segundo apenas de conducta presencial en esta breve exposición, yo también estoy en contra de semejante exabrupto, y al mismo tiempo convencido de que forma parte del paquete que nos venden desde el momento en que ponemos pie en nuestro bonito planeta.

*Dr. Frodo,*

*Entiendo que eso de pre-nuclear dementia es uno de sus diagnósticos, nuevos diagnósticos, debo decir, porque confieso lo he buscado en los papeles y no he visto nada semejante por ningún lado. Debo decir que usted ya sabe que experiencias con la bomba tuvimos solo unas pocas, la de Hiroshima y la de Nagasaki, las pruebas de los americanos en el atolón Bikini en las Marshall o las de los franceses (casi 200) en Mururoa y Fangataufa en el Pacífico sur. Es decir, que las cabezas nucleares las tiraron siempre los buenos, en el primer caso para terminar con la guerra que se estaba ya saliendo de madre, y contra los japoneses que entonces eran considerados como algo diferente, una nacionalidad oblicua rayana en la locura, aunque muchos los vean ahora normalizados. Y en el segundo por los franceses, por su afán de erudición, incluso en asuntos nucleares. No tenemos referentes, pero si uno se fija en los japos verá que ellos tienen un actitud diferente ante prácticamente todo y no se ajustan a derecho; lo mismo con los pobres nativos de la región que siempre han sido pequeñas comunidades isleñas bien conocidas por su actitud pasiva frente a los acontecimientos.*

*El caso, Dr., es que yo y algunas de mis amigas (treinta y pico de años la mayoría) empezamos a experimentar los primeros. Síntomas pocos relevantes si usted quiere pero que yo asocio al miedo a un holocausto nuclear, a la bomba, que eso de ir montado sobre una de esas como en Dr. Strangelove ya no es asunto de risa, en mi caso cosas como poner la lavadora hasta cuatro veces a la semana sin necesidad, lo mismo que ducharme con frecuencia y como dice usted de los españoles, los sábados por la mañana, hacerle a mis hijos bifes rusos, una especie de hamburguesa empanada que mi madre decía era una receta eslava, lugar al que ella y mi padre estuvieron a punto de emigrar en la posguerra. He puesto a mis dos hijos que tienen uno siete y la otra nueve añitos solo, a ver películas como 1983 El Día después, en donde a los vecinos de Kansas les dieron pa el pelo, o la misma Threads y la BBC (que mencionaba Shteyngart) en donde los supervivientes tuvieron que alimentarse con ovejas crudas. Pelis que incluyen un acontecimiento en este orden, en especial The Road, de la novela de Cormac McCarthty, y con Viggo Mortensen, él también muy poco prenuclear y calladito, como Mads Mikkelsen en Valhalla Rising. Tengo también una reglas muy raras, abundantes e irregulares y una sensación de inquietud permanente, sed y una especie de ansia que me lleva a vivir mi vida de manera acelerada y siempre atemorizada, y sé que hay gente como muy rayada, y algunos han vuelto a inventar la guerra de Cuba, por no mencionar las fake news de ahora que hacen junto con la posverdad el caldo de cultivo perfecto para que seamos nosotros un día cualquiera los que "pongamos la guerra", que diría Manu Leguineche.*

*Podría decirme Dr. si esto que siento tiene que ver con las amenazas de Putin, que el cabrón del ruso rodeado y deprimido decida un día poner fin al asunto y convertir a la Ucrania nacionalista y países simpatizantes en polvo y cenizas.*


*Mónica, desde Roma, por email*

*Ciao* Mónica, y no sabe usted lo mucho que nos gusta Italia a los psicoanalistas. Quizás sea por su *fascino* natural, la lengua y la cultura que la subyace, por Fellini, Pasolini, Maradona, y por que no hay nada más grecolatino que un napolitano. Aunque estoy bajo la impresión de que usted no es italiana, sino y con toda seguridad argentina de ascendencia napolitana, una entre los tanos que han vuelto inesperadamente y después de años a visitar a los abuelos en Trecasa o San

Gennaro. Y eso, Mónica, no la hace ni una pizca diferente. Pero vayamos al asunto que nos ocupa y a su consulta.

Tengo un amigo que es algo así como entre Muddy Waters y Mao Tse Tung, físicamente y en color blanco, y usted dirá qué tiene que ver eso con lo que nos ocupa; o podría decirle que mi hijo esta mas flaco hoy con catorce años cumplidos que Johnny Winters en 1981 en un *gig* con Dr. John, y que andaría ya por los cincuenta, pero sepa usted que no. Nada tiene que ver el extraño mestizaje de mi híbrido amigo con la posibilidad de un pequeño o gran holocausto a orillas del Báltico o el Mar Negro que acabe con las nuevas repúblicas nacionales, antes todas convenientemente rusas y no molestaban a nadie, o con las prósperas socialdemocracias escandinavas que tantos nos gustaban a los pijos progres. Sin embargo estoy más o menos convencido que es eso precisamente lo que ocurre en la relación del mal con sus síntomas. Si la neurastenia de Putin es capaz de desencadenar un incidente nuclear por hacerse con cuatro regiones mediocres al este y sur de Ucrania, antes pro-rusas y hoy vaya usted a saber qué, y asegurarse un camino desmilitarizado hasta la península de Crimea y una salida a un mar que no sea el mar de Barents; o un Z obsesivo compulsivo hablando de su púber nacionalismo y el eslavo de la Academia Nacional de Ciencias de Ucrania, pero nunca de cubrir su presidencia democrática con un manto de armiño como los reyes de antes, quizás una de sus verdaderas intenciones, como Milosevic al final de su mandato, junto con salvar el sueldo, y de heroísmo lo justo. Si las cosas son así de decepcionantes, le aseguro resulta difícil de creer que si entre la gente corriente esto sea un trastorno de conducta, entre los poderosos sea otra cosa, no digamos ya una invasión en toda regla o un patriotismo heroico.

Ha pensado alguna vez, Mónica, si la política de verdad se interesa por nosotros, por nuestro bienestar, salud mental y física, no hablemos ya de las guerras que siempre tiran a dar a cualquiera que se ponga delante. Y si la enfermedad que nuestros responsables políticos sufren tiene alguna relación con los síntomas, los suyos, Mónica, o los de tanta gente que están hoy muy preocupados y no cagan como toca, sino a lo sumo una vez a la semana o con diarrea y heces flojas. Y si ellos, los que mandan están enfermos, los que se mueren o quedan mutilados y contaminados somos siempre nosotros. O debería decir ustedes, porque los psicoanalistas sabemos bien lo que ha de ocurrir y solemos poner pies en polvorosa, con destino a Canadá o a Nueva Zelanda y abrir allí consulta, que locos los hay en todas partes, aunque nadie dice que allí los haya pero seguro los habrá en un futuro inmediato, pero al menos estos nacionalistas blandos no tienen ni tendrán en su arsenal cabezas nucleares.

Entiendo Mónica que considere absurdos a sus síntomas, ya sabe, lo de la lavadora, el ansia y los bifes rusos, pero eso no debería preocuparle, mientras no se le ocurra a usted hacer con su samoyedo o husky siberiano la picada, o lavar con el programa más largo y con centrifugado a la abuela ya muy entrada en años que ha quedado pequeña, muy pequeña como un terrier ruso. O que eduque a sus hijos a partir de pelis apocalípticas que no tiene nada malo, siempre y cuando no elija usted las equivocadas. Y siempre que no se le ocurra un día y después de una educación frustrada con una madre histérica y un buen padre inmaduro, pasar de destripar a animales muertos en la carretera a hacer lo mismo con más de una docena de jóvenes negros o pertenecientes a grupos étnicos minoritarios y por motivos no estrictamente raciales. Que de raza le viene al galgo y si el *Caníbal de Milwaukee* era capaz de racionalizar conductas estaba más loco que una cabra. Y le ruego haga extensivo este mismo razonamiento a los ilustres personajes de los que hablamos.

Si está usted asustada o aterrorizada por un posible holocausto nuclear del que no hay indicios objetivos, dicen los media, sin pensar que en la mayoría de los casos no los ha habido nunca, es perfectamente saludable y ajustado a las circunstancias. Que sude usted con frecuencia o se le adelante la regla o se muestre intolerante con los optimistas y negacionistas que están convencidos de que cosas así no ocurren nunca, mientras que usted se diría está en el grupo de los que piensan que los finales son consecuentes con lo que la mayoría pensamos. Y es posible de que Putin pierda la guerra y le diga a su pueblo lo contrario, se retire a su dacha palaciega por un par de semanas y deje instrucciones para que se decreten varias días de fiesta, una dádiva en rublos para los familiares de los que perdieron la vida en la intervención y se organice un festival desde el este de Ucrania hasta Norilsk, con bailes tradicionales y algo local para picar entre los muchos entremeses rusos, blinis, marinados varios, arenques, pan blanco con mantequilla y caviar rojo, al estilo Stalin (Putin), y cuidado con los homónimos.

Las crisis nacionales e internacionales si no son las mismas se le parecen mucho (Jared Diamond), aunque a la peña le resulte absurdo. Todo como muy holístico e inclusivo, dicen los críticos autorizados, la ambición de hacer pasar la parte por el todo. Aunque si le soy sincero a mí no me parece inexacto. Me lo creo en parte, solo un poco, porque si la terapia puede tener efectos positivos sobre usted y las amigas que menciona en su mensaje, sepa que sobre presidentes y primeros ministros no tiene efecto ninguno.

Mi consejo es entonces, tenga o sufra usted, Mónica, los síntomas que le vengan en ganas, vinculados o no, sin ninguna relación aparente con las fechorías y entuertos que fraguan los poderes internacionales y la familia en casa. Forme usted un grupo de resistencia simbólica no contra el pueblo ruso, que tal como están las cosas vive en el extranjero o va pedo desde las ocho de la mañana, sino contra sus jerarquías y mafias, y hágalo empezando por sus amigas y siguiendo por las compañeras de trabajo y familiares; cierre a cal y canto las ventanas y ponga usted mantas y sábanas en las ranuras debajo de las puertas por donde podrían colarse los aires tóxicos; ponga velas a su santa preferida, Nazaria Ignacia, por ejemplo, o a los santos rusos ortodoxos como San Cirilo o La Santa Rus; o si lo prefiere, cómprese quesos franceses caros y una botella de un Rivera del Duero, pan de centeno con nueces, lo que más le guste, y no el de las grandes superficies, y siéntese a esperar el último día o el día después y asuma de una vez por todas que su (debería decir nuestro) pequeño cerebro -que no el *sechel* o "el voluminoso cerebro judío" - no tiene respuestas ni teoría que explique problemas de estas magnitudes (y pienso ahora en el Sr. Diamond).

Bianca, una vieja amiga, le cuento Mónica por si usted encuentra en esta anécdota las correspondencias o vínculos, me trajo de París lo que ella llamaba un queso o *tête de boeuf*, pero que en realidad era otra cosa, una gelatina inquietante y como muy contaminante, que de habérsela dado al ruso estaría hoy sufriendo en sus partes bajas una colitis ulcerosa. Me lo comí entero con un gran esfuerzo, por respeto a los protocolos del obsequio, que si un papú, argonauta o un guajajara te agasaja con el cerebro salteado de un jesuita o de cualquier otra devoción, no estaría bien visto rechazarlo. Y uno piensa si mi amiga Bianca es propicia a ingestas tan exóticas e irregulares, y si no será *la tête de bouef* y cosas parecidas los valores indiscutibles de una dieta de supervivencia postnuclear a la que habremos de adherirnos en un futuro inmediato, según usted anticipa.

Aproveche, Mónica, ahora que todavía puede y coma lo que más le gusta, explayase a conveniencia, atienda al pariente y olvídese de la lavadora y los bifes rusos, o si se le adelanta o retrasa la regla no le de importancia, pero siga usted con las pelis de catástrofes pero le recomiendo no vea usted el documental de *Chernóbil* ni lea nada sobre Zaporiyia, que no son pelis ni obras de ficción, sino la realidad misma. Y por si fuera de alguna utilidad habré de decirle que a mí personalmente me ha sentado como un tiro en un pie, y no me refiero a las amenazas y tonterías dementes del ruso, sino a la imposible *tête de boeuf,* que no se lo comería ni el perro de un ciego, y me pregunto qué le habrá gustado a Bianca de tan bizarra elaboración, pero habré de decirle que he dado buena cuenta de él aunque solo sea por motivos estrictamente formales y por la buena educación con la que siempre he adornado a mi persona.

*Estimado Dr. Frodo,*

*Ya le digo que me tiene muy caliente esto de la guerra y las amenazas nucleares. Con los problemas que tengo en casa, los precios del super, el del diesel de calefacción, la distribución desigual de la riqueza, ya sabe, la incapacidad de llegar a fin de mes con nuestras pensiones, sueldos o emolumentos. Me quiere explicar por qué leches tenemos que estar hablando, preocupándonos y perdiendo el sueño por las desventuras entre rusos y ucranianos. Me podría decir a quién carajo le importan, como si fuesen los enredos entre Tebas y Rubiales (que bien podrían haber sido Edipo y Creonte) o entre la Liga y la Federación, los infortunios del amor y las cosas de la red con Tamara Falcó, o que mueran ciento y pico de personas en un partido entre entre el Arema FC y el Persebaya Surabaya ?, cuando antes pensábamos que a los indonesios se les iba la bola solo con los islamistas de Ulama y el Partido Nacional contra los miembros del PKI, y al PKI con ellos. Recuerde aquellas célebres documentos de Joshua Oppenheimer (El Acto de Matar, Jagal en indonesio), los escuadrones de la muerte, el ejército indonesio, Suharto y Anwar Congo y amigos, enamorados de la muerte y hágase cargo de la ausencia absoluta de remordimientos y la marcada diferencia en estilo, que los indonesios lo puto flipan como en el cine.*

*Y le pregunto también, tienen derecho los belicosos a hacerle la puñeta a la mayoría de los países europeos, no digamos ya a los pobres ucranianos (que no pertenecen a la UE y razones habrán), los reclutas forzosos y los desgraciados que están en las botas de segunda manos de las tropas rusas de remplazo. Tienen derecho a hacer lo que les salga de los huevos, los rusos a subir el precio del gas y hacer la guerra con los suministros del petroleo, o los ucranianos a poner en tela de juicio nuestra más profunda tesitura moral y reclamar ayudas, cuando en tiempos de paz a los que sufren les suelen dar por culo y ayuda en armas ninguna.*

*Qué debemos hacer, Dr, pasar página y olvidarnos del tema, de los cabrones de la Federación o de los ucranianos sablistas que han anidado en los rincones oscuros de nuestra mala conciencia, y seguir con nuestras propias hambrunas, que algunas tenemos, nuestras carencias y patéticas escalas, porque pequeños e invisibles lo somos casi todos y nos queda apenas esperanza de que las cosas mejoren algún día.*

*O deberíamos tomar partido por uno o por otro y hacer defensa de los valores abstractos como la libertad, la nacionalidad, la lengua y los territorios, o apoyar a aquellos que reclaman lo que dicen que es suyo, aunque se lo hayan quitado antes a algún otro.*


*Dyango desencadenado, por email*


Entiendo, Dyango, que lo del nombre es por Tarantino y lo desencadenado por Jamie Foxx, y confío en que su patronímico no es Gómez Romero o Putin, el de Vladímir Vladimirovich. Para serle sincero no tengo del todo claro su posición. Motivo del que deduzco procede, sino toda parte de su frustración y resentimiento hacia unos u otros, y lo que podríamos llamar su *pérdida* en particular. Aquello de no saber si es mejor quedarse, estar o largarse en una fuga sin fin. Para su tranquilidad le diré que no saber que pensar es un rasgo habitual de nuestra conducta social y personal. Que la mayoría no entiende qué posición adoptar por estar escasos o huérfanos de información. Y todo depende al final si usted lee la prensa en papel o los diarios digitales, si ve las noticias en la primera o en la sexta, o prefiere las más cursis de la Cinco o las más bien *flambés* de la Cuatro, que doy por hecho no lee usted *The Times* o *Le monde Diplomatique*, como la inmensa mayoría de nuestra población alfabetizada o debería decir más o menos leída.

El caso está sobreactuado y es flagrante pero si necesita aún de mi refrendo para tomar partido por unos u otros es que está usted en el camino correcto, y para ayudarlo en tan difícil camino le diré un par de cosas en relación a los eslavos, unos y otros: no importa a que grupo pertenezca usted, la Liga o la Federación, el chovinismo ruso o la perspicacia ucraniana... no se fie jamás de las apariencias y verifique.

Y no me refiero a que consulte usted las referencias o a los oráculos de Delfos u Olimpia, sino que le dedique usted al asunto apenas unos minutos de su tiempo libre en la intimidad, lejos de su tableta y teléfono y fíjese, por ejemplo, en la inclinación de cabeza o las orejas de su perro cuando menciona en voz alta una u otra de estas nacionalidades, teniendo muy en cuenta el no infringir el estatuto de objetividad, por ejemplo, subiendo la voz en uno u otro caso o adoptando un tono mas grave o agudo según sus intenciones. De ser así el experimento podrá considerarse fallido y hará evidente lo ignorante que es nuestro sujeto de estudio en relación a la sutileza extrema y el lenguaje corporal de nuestros buenos amigos de cuatro patas.

Estoy muy de acuerdo con usted en eso de a quién le importa Edipo y Creonte o Tebas y Rubiales, las aventuras amorosas y con la lengua de Cervantes y el metalenguaje de Tamara Falcó y la Liga Indonesia de fútbol, que en Indonesia, créame Dyango, el fútbol es algo más, igual que el Barca es más que un Club. Y esto requiere de su parte solo un pequeño esfuerzo de abstención, y no es algo que le vaya a cambiar la vida en un *tris tras*, por utilizar la onomatopeya que no es siempre del gusto de mis analizantes, los cuales derivan muchas veces entre la animalidad simpática y la humanidad intermitente, calificativos radicales que espero sepan disculpar.

Sabido es que los rusos o los ucranianos tienen derecho a hacer lo que le salga de los huevos con su cuerpo, como las mujeres con el suyo, no importa cómo y a quién vayan a involucrar con sus decisiones. Nadie discute el derecho de Trump a llevar un rubio subido, el sauvage del President, el negro azabache Platero de Berlusconi o los zapatos con alzas Bertulli de Sarkozy y Aznar, entre otras cosas porque eso del libre albedrío y la política internacional van juntas de la mano. Y si no vea usted el Nuevo Orden Mundial, cuando se definieron los cambios territoriales en Europa después de la Segunda Guerra Mundial y la hipocresía de la Comunidad Internacional, y descubrirá que todo es papel mojado, Dyango, un caos, y de caos en caos, tiro porque me toca. Y permita que le recuerde al pasar, no a Handke que se ha llevado el Nobel y era simpatizante de Eslovo y de Mira Maruja, sino el hecho de que en Sebrenica no queda hoy un musulmán.

Somos una Comunidad Internacional, no lo somos o lo somos solo cuando conviene, somos una especie o no lo somos, y de ser así por qué motivos unos se comportan como *osos bailarines* y otros como auténticos animales (y aquí la gente pensaría en los rusos, como si no hubiese habido Fiódors y Nicoláis). O por oposición, somos en cambio bonachones y pacifistas y *K suicidials* como los daneses, filántropos como los suecos lo eran, o somos como los de los Balcanes, que si no es a tiros no resuelven nada y solo están a gusto con sus paranoias. Y si usted se pregunta, Dyango, si somos buenos o malos, o somos todos una jodida pandilla de farsantes incoherentes y veleidosos, taimados y ambiciosos, me temo es algo que tendrá que resolver por sus propios medios, pero de tener en cuenta mis preferencias le diré sinceramente que me inclino por la segunda, como ya se habrá dado cuenta.

Así que por este simple motivo le diré que apuesto por el sofá con *chaise longue* y tumbarme a la bartola, pensar un poco en estos asuntos aunque menos aún en nuestras propias miserias porque eso sería desencadenante de trastornos más graves que los que ocasione el hecho de que los rusos o los ucranianos ganen la guerra o invasión. Relájese y piense ahora en sus trastornos, por ejemplo si es usted joven muy joven, ya madura o sexagenaria, disfrute en cualquier caso a tope del tiempo que le queda en este erial y concéntrese en superar por ejemplo sus adiciones estúpidas a las cosas de papá Z, Z de Zuckerberg, que no del otro Z, u otros Zetas como Zellweger o Zeta-Jones, Zidane o Ibrahimovic, Zlatan, y haga lo que pueda con su TCD, sin ir más lejos con su trastorno dismórfico corporal y los siete minutos de gloria que un pop-pelotudo como Warhol hubo en su momento de presagiar y decir que a todos más tarde o más temprano nos habrá de tocar. Y a mí cuándo, me gustaría preguntar.

En cuanto a la esperanza métasela usted por donde le quepa, que esperanza es sinónimo de esperar y tiene como muy mala prensa y es desalentador cuando no aterrador, como llenar la página en blanco en el Hotel Overlook (el hotel de montaña en *El Resplandor*) o estar a punto de firmar los papeles de un futuro certificado de defunción en la consulta de tu oncólogo de la Seguridad Social.

Y si quiere saber qué pienso sobre los valores abstractos que menciona al final de su correo, solo tiene que leer *in extenso* que no en diagonal cualquier página de algunos de mis libros o debería decir los libros del Dr. Frodo *on my watch*, que si no lo ayudan a usted por mí lo hacen todo, y son por definición de no-autoayuda, siendo esta una muy peculiar inercia o sinergia desde la que uno (el autor) contempla los frustrados intentos del otro por sobrevivir sin perder la cara mientras le regala sus frivolidades médicas, si ese fuese el caso. Y a título de nota al pie o compensación un mensaje de verdad: el que nace para monje, del cielo le cae el hábito, y la terapia solo para los que se la puedan pagar, si no tiene usted una mucama o una doméstica filipina que hable un poco de *espanyol*, como se decía en tiempos de "la carga del hombre blanco" en el archipiélago, se jode.

Y sobre la cuestión del territorio, de si es suyo o del otro o de su propietario original, piense por ejemplo en la tribus de Israel y si habrían de asentarse en Canáan o en otro lugar del levante mediterráneo. O si quiere en Daniel Day-Lewis y *Pozos de ambición* (Texas) si prefiere la versión más corta, o Upton Sinclair si prefiere la larga. La tierra es del Señor y de la Iglesia Pentecostalista o del Sr. Daniel Plainview, del que la tiene más gorda o del creyente integral, del que reza y se bautiza, o del malo que da el último golpe y se acabó, como Tyson o Sugar Ray, o es del que quedó sobre la lona escuchando pajaritos, cosa sobre la que habré de dudar. Y esto que parece una simple cuestión de geografía política local no es otra cosa, estimado Dyango, que la historia de la humanidad en su versión *casolana*.

*Dr. Frodo,*

*Pongo las noticias y es como si la viese venir. La guerra nuclear quiero decir. ¿No le sucede a usted lo mismo? Soy padre de familia, dos chicas por cierto, de 12 y 10 y mi querida esposa que va ya para los cincuenta, y me siento responsable por ellas. Motivo por el que he decidido construir un refugio en la casa del abuelo en un pueblo de Zamora que va para los noventa, y según me ha dicho en sus propias palabras no le importa morir o vivir un poco más, porque a ciertas edades una cosa de otra apenas se puede distinguir, y a él le da lo mismo que lo maten hoy o mañana, los rusos o los norcoreanos o las fuerzas americanas de intervención. He decidido, decía, construir un refugio de cuatro por seis, una cama grande para la señora y para mí y dos literas, el resto sera un espacio higiénico para cubrir de manera minimalista las necesidades básicas, un pequeño armario para tres juegos de uniformes de algodón (mi mujer los prefiere en rojo bermellón, yo en negro integrista al estilo del Estado Islámico), lo mismo para las niñas que imagino estarán muy simpáticas vestidas de combate como si fueran pequeñas yihadistas al este de Siria o en Irak. Las paredes estarían provistas de estanterías metálicas de Ikea sobre las que habremos de almacenar, no libros sino los enlatados tradicionales que todos conocemos. La lista no la hemos confeccionado aún, pero a título de anticipo podría decirle que habrá lentejas, cocido y caldo gallego, guisantes, judía planas, garbanzos, corazones de alcachofa que tanto le gustan a Fabiola, mi mujer, empanada gallega, callos con garbanzos, fabada asturiana... cosas así, pan sueco o de trigo gallego que dura un montón, melocotones en almíbar que me gustan a mí... agua por supuesto, antibióticos, analgésicos y todos los diazepanes o Valium cinco que pueda pillar, de esos que a veces la gente se guarda en un cajón para suicidarse en caso de que la vayan a torturar o pille una enfermedad incapacitante. Ya que lo menciono, sugeriría usted otro medicamento, hay quien dice que con un* montón de aspirinas o paracetamol podría valer igual. Puede que le parezca estúpido, Dr., seguro que no está usted convencido de que nada de esto vaya a suceder, que los rusos ni el coreano que está más loco que un gato dentro de una caja de cartón, o los japos que han estado rayados desde el Periodo Edo vayan a soltar a los perros de la guerra así sin más. Permita que le recuerde que la primera guerra mundial empezó así, que el Kaiser se lo dijo al archiduque, y luego vino otro y se la declaró a no se sabe bien quién y este a su vez a otro pirado, y por motivos que nadie tiene demasiado claros.

Y después están los Balcanes, no me joda usted, hermanos y enemigos, tumoraciones y excrecencias de la vieja Yugoslavia y el ansia de ser diferente a tus vecinos por motivos dudosos un poco repugnantes y no querer vivir en múltiples o diferentes países uno después del otro como le ha sucedido a algunos y muchos, como es sabido, han sido austro-húngaros, italianos, yugoslavos, eslovenos, comunitarios... aunque no necesariamente en este orden, y resulta que ahora todos quieren su propia lengua o minilengua - su mini-me de Austin Powers - su bandera de colorines, sus dinares, kunas croatas o marcos bosnioherzegobinos... pero permita le diga que entre un serbio y un italiano hay menos parecido que entre Renato Carosone y una momia peruana.

Dígame, Dr., que le parece esto que tengo planeado hacer, y si no fuese lo correcto cual sería la conducta a seguir frente a una dispersa e imprevisible amenaza nuclear. Cuál debería ser, y si vale la pena sobrevivir en un mundo fragmentado, acosado por nacionalismos y populismos obtusos que nos esperan como el terror al final de la escalera, en la 1408 o en la 132, y que habrá perdido todo el sentido y la razón.


Oscar José, por email

Verá Oscar José, y no sé por qué su nombre me trae reminiscencias de Sarajevo ( y mi nido de amor en el Hollyday Inn con mi primera y última serbia de Belgrado sin pelos en la lengua, los tenía en otro lugar o lugares) y del archiduque del bigote imperial también, aunque no sabría decirle por qué. Será por los nombres compuestos o por su comportamiento imperialista zamorano - y daría lo mismo si fuese catalán - como he oído probablemente lo fuese Colón, y su afinidad con la cosa austrohúngara. Entendería mejor que estuviese usted preocupado por las elecciones municipales en su país, las futuras generales y la pinta cutre y naftalina de la extrema derecha castiza que pulula por allí, o la social democracia que ustedes creen tener y vaya a desaparecer, una vez más, y por más de un decenio dejándolos a usted y a su mujer ( hablar de sus hijas sería susceptible de penalización) en bragas. Pero esta otra muy suya *prety prety* prematura ansiedad con el Armagedón le confieso me hace pensar un poco. Tampoco entiendo bien que le preocupe a usted si los rusos hacen volar por los aires con sus armas tácticas y de catorce kilotones a un país filoeuropeísta que todavía no está en la Unión, mientras no saquen de sus silos las cabezas de cuarenta, los cabezones digamos, da igual si las saca el ruso o el abuelo Baiden, de Scranton, Pensilvania.

Ya sabe, Oscar José, no se crea usted todo lo que oye o lo que ve. Porque a la fecha todos vienen aquí, o mejor dicho, van a Bruselas, a pillar sus euros, dos para mí y uno para Ucrania o Serbia, Albania o Montenegro, si no me quedo corto. Porque hay quien utiliza las matemáticas en su propio beneficio, y la cosa puede llegar a ser mucho más dramática, uno para la patria y diez para mí, y flagrantes son los casos de gestión delictiva del dinero público, pero al menos a nadie se le ha ocurrido aún hacernos volar por los aires o desintegrarnos.

Y si me pide usted que recuerde al archiduque Francisco Fernando, como usted Oscar José, y a Gavrilo Princip, por mi parte le digo que hablando de nombres y cosas así, ya sabrá usted que los islandeses por ejemplo no pueden decidir con libertad los nombres de sus hijos sino que tienen que elegir dentro de una lista que les proporciona la administración, y permita le recuerde, aunque no tenga ni ton ni son, que Navokov se llamaba también Vladímir Vladimirovich, como el ruso que tanto nos preocupa hoy. Y que si el primero, el lepidóptero, se la montó con una menor, Lola como en Lola Melnick o Marois, el pequeño, compacto e imberbe cabrón nos ha secuestrado a todos en su mundo de ficción patológica y nos tiene bien cogidos por los testículos o zigotos.

Lo del refugio no es nada nuevo, Oscar José, y de aquí a nada y si la guerra dura más aún y no acaba antes de que este libro vea la luz, se convertirá al final en sustituto de su apartamento en la playa. Y créame que hay muchos en existencia hoy que guardan con el refugio mencionado por usted un curioso por no decir enrarecido parecido, sin mencionar ese inexplicable poder de anticipación, y porque las playas han sido más de una vez lugares funestos, recuerde usted Omaha, Gold o Juno Beach o las playas de Kupari en Croacia.

No pienso entrar en detalles en materia de almacenaje, o estaría de acuerdo con las estanterías de Ikea u otros muebles auxiliares esenciales, a lo que yo añadiría algunos objetos de Miguel Milá, devoto él también del diseño nórdico, en cuanto a los precios de uno y la otra mejor corramos un tupido vuelo. El mejor diseño industrial y de interiorismo, Oscar José, es el que se vende barato. El surtido también habrá de variar, dependiendo de si usted es de Aragón, gallego, vasco o de Extremadura, porque sabido es que en el Corredor de la muerte los condenados tienen derecho a elegir su último menú, siempre con clara tendencia a las pizzas de Domino`s y Burger King, y en Atlanta probablemente

Arby`s o Wendy`s en Indiana. Y fíjese bien que no hablo
de comida basura, que tal cosa estaría más en la linea de
Pepe Rodríguez o Jordi Cruz, y no por lo de las grasas
saturadas sino por los pésimos modales y la actitud.

En cuanto a las motivaciones, me aburro, Oscar José,
he hablado mucho sobre el tema y la peña muestra ya
señas de cansarse. Nacionalidades y lenguas y otros
objetos incómodos sobre los que uno no se puede
sentar y sentirse bien, diría Milá. Las lenguas y
nacionalidades son como los bancos incómodos en los
paseos y edificios públicos en especial los de la Bauhaus
o los de Calatrava, y en lo que a mi respecta una sola
lámpara de Milá, encendida o apagada, vale para
cualquier situación.

Que qué me parece su comportamiento, pregunta
usted, le diría que hay más sordidez en nuestra
hipócrita y corrupta sociedad, en donde las peores
imágenes en internet son las que subyugan al personal y
tienen más *likes*, maten a alguien *live* y en tiempo real
con un pica hielo o cierren al vacío o pongan a un par de
gatitos en el microondas, que ninguna bomba que vaya
a poner por ahí. Y le diría aún más, siempre por
supuesto que no vayan a ponerla cerca de su casa en su
pueblo Zamora, si no recuerdo mal, pero para el caso
daría igual que fuese Cambados o Lalín, como que hay
Dios. Así que relájese pero no del todo, siga con sus
preparativos y asegúrese que al final le queda a usted
un refugio de lo más cu cu, no sea que esta sea su última
propiedad.

*Dr. Frodo,*

*Estoy deprimido hace ya un tiempo. Si no recuerdo mal desde que vía la última de Ben Affleck y Ana de Armas, "Aguas profundas". Haber si uno va a tener que pasar a cuchillo a los amigos con derecho a roce de su mujer para tener la cama caliente y meterla donde le gusta y en plan segundón. Si antes las cosas eran mas sencillas y había cornudos de a pie, hoy a los cornudos les toca trabajar y en ocasiones poner un pie fuera de la ley mientras la parienta espera sentada en la escalera del jardín con cara de no haber roto un plato.*

*No es mi caso ahora mismo, la peña femenina está por un cambio de sexo antes que acometer una traición viejuna, el pluriamor es tendencia y no se esperan muertos ni en la cocina ni el salón, ni con disparos de armas de fuego ni con un hueso de jamón. Mis dudas oscilan entre si alistarme como voluntario en un grupo armado, Fuerzas Radicales de Apoyo a Z (o FRAZ) a la producción televisiva en general y contra las grandes plataformas, los Grupos Armados contra Institutos (o GAI) o contra la Yvy League, los Mininos Negros de Bolsonaro (o los de Lula) depende si uno roba o prevarica con la de izquierda o con la mano que se limpia el culo), o formar parte del Islam para dummies (o ID), reemplazo descafeinado del ISIS ( o Islam para Soretes Indisciplinados y Sucios). Ya sabe, elija usted, Dr. cualquiera de las muchas y parecidas modalidades que se ven hoy, y no para matar a mi señora esposa que es ejemplar en materia de adulterios o conductas irregulares con cohabitación, sino para darle matarile a cualquier otro al que se le dispare la sinrazón, sea hombre o mujer, desde los Chechenos inc. (para fascistas de ocasión y mamporreros) u otra todavía no registradas como la FHUA (Fuerzas Humanas del Último Advenimiento), o si sentarme tranquilamente en mi sillón y no hacer nada, no dar golpe, salirme del gobierno por votación de la membresía y quedarme piola en la chaise longue esperando las generosas transferencias de la*

*Generalitat, para más inri y casualmente, la ideología del Junts pel sí, entre otras minorías vergonzantes y concupiscentes, diría usted.*

*El negro Ferrara, por email*

Me hace gracia, Ferrara, que siendo usted mayor de cuarenta, si no me equivoco, o al menos esa impresión me da, me plantee una cosa así. Y me refiero a lo del adulterio, que las historias de las militancias errantes van por si solas. Podría entender que en Argentina le saquen a uno el facón sólo por mirar de reojo a la missue, porque eso viene del tango y del malevaje, pero a lo sumo si me habla usted de los años sesenta y no más. Hoy nadie se come un rosco en plan ilegal, prefiere el hombre el divorcio, siempre que den los números, y las transferencias a nivel quirúrgico o psicológico comunitario y de organización o directamente la insubordinación a la mujer.

Y si se trata de militancia, de elegir entre el pacifismo soez o la inacción o de tomar las armas en cualquiera sea la dirección, las reglas a seguir serían otras. Permítame que miremos de cerca las diferentes opciones, y no necesariamente las que usted y en plan jocoso, acaba de plantear. Si quiere usted apoyar a los ucranianos, haya usted, que los nacionalistas ucranianos no son necesariamente lo que parecen ser ni lo que son, sino algo entre las dos, buenos por invadidos y potencialmente malos por comparación. Que uno no es bueno, querido Ferrara, por definición o por que le falle a uno el farol, que con un trío uno no le gana a un póker de dieces aunque no represente para nada la voluntad popular. En cuanto al hecho no del todo irrelevante de que Z sea un cómico, aunque de segunda fila, lo que es de agradecer, porque solo con imaginar a un país gobernado por Ricky Gervais o Louis C. K, le entran a uno ganas de salir corriendo, dependiendo de quién sea el elegido, en una u otra dirección. Si los cómicos se metiesen todos en política que sería del humor, no digamos de la política, y no quiera usted saber si los políticos de ayer se convierten en los cómicos de hoy y de mañana. Y que le digo del FRAZ o las Fuerzas Radicales de Apoyo a Z, se ha preguntado acaso si Z es un patriota, sustantivo ambiguo u *oublié*, o es un cómico oportunista que se ha puesto como serio en el momento menos oportuno y que no le hace ninguna gracia al ruso porque bien sabido es que los agentes de la KGB no aprendieron nunca a reír.

Si Pensamos en Brasil y dese una perspectiva ligera da lo mismo Lula que Bolsonaro, porque tratándose del continente verde el país suele ir sobrado de idiosincrasia y personalidad social, y políticos o militares desde la Operación Cóndor les da a los brasucas más o menos igual, y ya sea el uno u el otro tienen en realidad muy poco que hacer. Un gran país, un país naturalmente sobredimensionado en donde los brasileños, negros, blancos, alemanes, gallegos, libaneses o japoneses, se comen a sus políticos como cada sábado su feijoada con arroz blanco y limón.

Los grupos armados de USA especializados en matar adolescentes con acné en los institutos del imperio, que en nuestros estados laico tirar al pato, que no a chicos de las High Schools, es una atracción más, y allí imagino se lo dan a uno como regalo promocional cuando se compra sin licencia un fusil de asalto, un AR-15 de poder ser.

Tratándose del Islam el asunto toma otro cariz. Digamos que está más o menos justificado si a usted le gustan las brochetas de cordero o las albóndigas de kabul, los mahshi (verduras rellenas de carne y arroz) o las berenjenas curadas, o si ha leido el Corán en su totalidad, ejercicio que se sepa, los suscriptos al EI, al ISIS o a los Hermanos Musulmanes no han hecho jamás.

Que en el Islam, como entre los judíos, los que leen son solo y básicamente dos, el rabino y el *imam*, y los otros, a los que les va la mandanga terrorista o las ayudas sociales al inmigrante del Ministerio de Aliá y de Integración, o la simple idea de disponer de un lugar donde ir aunque esté en Medio Oriente y rodeado de antisemitas, les va más Hustler, Escort o Mayfair a todo color. Un lugar al que poder largarse sin más y no tener que aguantar todo el tiempo que los llamen moishes, bolcheviques culturales, prepucios, judíos de mierda o judeonegratas, si vienen de Nigeria o Etiopía.

En cuanto a las Fuerzas Humanas del Último Advenimiento, he de decirle que me ha gustado un poco más, no digamos el paralelismo o deriva que usted hace hacia el nacional socialismo cristiano de derechas castellano o catalán, y el hecho que parece haberle pasado inadvertido, estimado Ferrara que tanto el uno como el otro tienen una raíz religiosa o clerical. Y si el primero daría la impresión de creer en Dios y la humanidad en su faceta espiritual, el segundo va mucho más del poder notarial, el dinero, la cuestión patrimonial y de sucesión, aunque adopte el aspecto a veces de un acontecimiento religioso. Ambos se parecen, y mucho, pero no va a encontrar usted, Ferrara, nadie dispuesto a disertar sobre tan tedioso símil.

*Dr. Frodo,*

*Me pregunto si seguirá "Master Chef Celebrities". Y qué pasará con "Sálvame", "First Dates" o "Pesadilla en el Paraíso", después de la guerra. Y si ganasen los rusos y todo la fina burocracia en el Consejo de Europa con cara de preocupación pero secretamente respirando aliviados ante la nueva perspectiva de una bajada de precios en el comercio del petróleo y del gas; o si los ucranianos consiguiesen echar al invasor aunque se quedaran con un país hecho trizas y abandonado por buena parte de su población, en especial la oposición del Servidor el Pueblo, (el partido de Zelinski) y esperando ahora una multimillonaria ayuda a fondo perdido para reconstruir su democracia parvenue. Será que la vida habrá de continuar como si no hubiese sucedido nada y todos felices comiendo perdices, o por el contrario en terapia con un nuevo rango en su condición de TEPTs.*

*Luca, por email*

Nada, querido Luca, *como si no hubiese sucedido nada* (lo dice usted), apenas un pequeño solecismo en el discurso gramático que escribe la historia. ¿Le suena bien? Podría ensayar otras frases más afortunadas y menos rotundas, partiendo de la aceptación de que solecismo es un vocablo que no todo el mundo conoce, ni falta que hace. En cualquier caso, seguiré intentándolo mientras nadie se de cuenta. Después de todo si Fellini lo único que ha hecho es filmarse a sí mismo y a su mundo, que le voy a decir a usted, Luca, que con ese nombre parece italiano, y si no lo fuese a partir de este momento lo será usted, al menos, en este contexto, italiano por decreto.

Los italianos han inventado la frivolidad, por decirlo de alguna manera, y nadie le pude negar que Paolo Vasili o Silvio Berlusconi son dignos herederos, y en otro orden de cosas lo son también Fellini y Sorrentino.

Y no olvide usted que el asset (activo) de la KGB (*Picadilly*) que envenenó a Georgi Markov con ricino en la punta del paraguas era italiano también. No vaya a ser, Luca, que entre el drama y la estupidez (el humor) haya cada vez más una distancia más corta.

Claro que sí Luca, todo seguirá más o menos igual, por poco que nos guste. Y los ucranianos se comerán el marrón ellos solitos, y no habríamos de esperar menos, porque donde se ha visto que un partido político se llame de tan poco convincente e infausta manera. Y si son los rusos los que ganan, los oligarcas eslavos recuperarán lo que han perdido y con creces, y el pueblo, los machacas y los pobres de siempre quedarán para el casting, por ejemplo, el de las películas de Balavánov, Alekséi. Y si no me cree fíjese usted en *Cargo 200* o *Me too*. No, Luca, nada más estúpido que morir sin saber exactamente porqué, si estaba en los estatutos del Partido o si fue concomitante y no por mayoría, o si formaba parte del espíritu de la ley cuyos portavoces rara vez mueren o dejen sus puestos, como pasa aquí con el Supremo. No saber porqué ni tampoco quien disparó, si un reemplazo de diecinueve años sin estudios en la retaguardia y por orden de Dvórnikov o si cayó del cielo como una maldición.

Así que relájese, Luca, piense que de una u otra manera y en ningún caso nadie le habrá de preguntar ni habrá de tomar partido, que eso lo han hecho los mitos griegos y hace ya un montón de años. En cuanto a si encuentra esto absurdo (estúpido) y de muy mal gusto, o sobrecogedor y muy dramático, eso dependerá exclusivamente de usted, pero piense que cuando le toque a su persona, a algunos de sus amigos u ocurra en su entorno familiar, habrá de ser fiel a la decisión que haya tomado hoy.

*Dr. Frodo,*

*Llevo ya meses pensando en Roger Lewis y Peter Sellers. Por un lado en cómo el Sr. Lewis puede escribir un libro de más de seiscientas o setecientas páginas, habiendo escrito antes otro de más o menos la misma extensión pero sobre Anthony Burgess, que seguramente nunca esperó escribiesen tanto sobre él. O no exactamente sobre él sino sobre una híbrido singular entre el autor y él mismo o sobre los dos, que por mucho que busque usted un parecido no lo encontrará, ni entre Sellers y Burguess o entre Lewis con ninguno de los dos. Y no contenta con esto, voy y sueño por las noches con aquel delirante Slim Pickens (Major Kong) cabalgando la bomba como si estuviese en un rodeo en el Houston Livestock Show and Rodeo.*

*To go goonie, digo yo, pero no como seguro usted pueda imaginar: no, no hablo de goonie de Los Goonies y Richard Donner, sino goonie de The Goon Show, BBC Home Service, circa 1951, de Peter Sellers y Stanley Kubrick, comedia / bélico 1964. No le parece, Dr., que si la guerra o su sola amenaza podría ser suficiente para rayarse, perder la distancia que se hace imprescindible mantener con la realidad, en particular con la realidad que vivimos hoy que nos deja como pendejos y perplejos e incrédulos sobre lo que pueda suceder, sino sobre lo que está sucediendo ya. Y me pregunto si el humor, el de Sellers en especial, con esa cuota de melancolía y mala vena, o si deberíamos inclinarnos por algo mucho menos estoico e inseguro que montarse sobre 14 kilotones de demencia desatada, y quedarse con El Sentido de la Vida y el Brian de Graham Chapman y Monty Python, en donde el humor gana por puntos y por knock out al drama, a la muerte y al dolor. Y le recuerdo a John Cleese y las "cenizas" del mismo Chapman en aquella inolvidable entrevista en Live at Aspen de HBO... por no mencionar el Chapman`s Memorial Service, porque life, is a piece of shit, yes, but always have a bright side. Espero entienda lo*

*que le quiero decir, aunque estoy segura de que no ser así
encontrará usted algo que añadir.*

*Anna, por email*

Anna, es usted la leche, Anna con dos enes, como en
*annoy*, *bunny* o *canny*, ñaque o ñoño. Me congratulo y
me siento muy dichoso de tener lectores y analizantes
tan ilustrados como usted. Tanto que a veces pienso que
esta pregunta la podría haber escrito -que no escroto -
yo mismo. Lewis, Sellers, Monty Phyton, Burgess, *The
Goon Show*... los tiene a todos o a casi todos, aunque le
falte quizás la figurita de Messi, con dos eses, la más
difícil, carencia simbólica que podría haber
determinado el curso político de un país. Y no contenta
con esto me habla usted de esa magnífica hibridación
que a veces tiene lugar en las biografías de autor, las
muy largas y buenas en especial, en donde el biógrafo lo
dice todo y el biografiado no tiene nada que decir entre
otras cosas porque ya está fiambre.

Yo soy de los Phyton también, como podría no serlo,
de todo lo que han hecho y de lo que no han hecho
también. Es la pareja perfecta, una cultura muy poco
española muy de oxbridge y un ojo certero para el
ridículo, el ridículo que está en todas partes incluso en
aquellas en las que no debería estar.

Entiendo que no me formula usted ninguna pregunta
ni parece vaya necesitada de consejo. Más bien me
inclinaría por pensar que lo que busca, querida Anna, es
reafirmarse en opiniones que tiene ya fundamentadas, y
en este caso en particular contar con mi aprobación, de
la que, créame, no parece ir usted muy necesitada, ni
tampoco tiene esta condición ningún valor pecuniario o
de negocio que pueda interesar.

Y si me pregunta si el humor, negro, blanco o marrón
Antonio Banderas (que es como en actor está

catalogado en la Academia), antes que el drama, por supuesto que sí ( y no se imagina la cantidad de pacientes cuyo planteo van en esta misma dirección). Lo único que le ruego encarecidamente es asegurarse que las cenizas que vaya a tirar accidentalmente al suelo, esconderlas bajo la alfombra o aspirarlas con su aspiradora para coche Cecotec, no sean las verdaderas del difunto sino las de su chimenea, chimney o *llar de foc.* Lo contrario mucho me temo podría ser interpretado como un acto inexplicable de maldad y una muy retorcida afectividad.

To *go goonie*, dice usted, y le aseguro no podría encontrar referencia más acertada, que antes del 52 la risas radiales no iban todavía de Peter Sellers, Spike Milligan o Harry Secombe, sino de programas no patrocinados (la publicidad era vista como intrusiva) y el vodevil simplón, y la comedia británica no había desembarcado aún en la costa de los Estados Unidos y Groucho Marx. Y antes aún, y si uno tenía la mala suerte de haber nacido en Viena, Praga o en cualquier lugar de la Europa del Este tenía que conformarse con leer y con el buen soldado Svecjk, menudo peñazo, y diría yo que poco más, salvo quizás el chimpancé que hacía el saludo fascista en Berlín, teniendo en cuenta que los alemanes por definición carecen de este sentido, el del humor, por mucho que vayan holgados en otros como el del olfato y la vista, en especial si se trata de discriminar y ejercer de antisemitas viscerales y genocidas.

Y si lo que quiere es saber es si yo soy más de Peter Sellers que de John Clesse, Terry Gilliam, Palin o Jones, sepa que me decanto sin duda hacia estos últimos, que el primero siempre estaba como al límite de su punto de saturación, y en cierta forma ya no sería capaz nunca más de superar su inestabilidad ni egocentrismo. Condición esta última que denota la incapacidad que tiene uno de gestionar su personalidad, y de sufrirla o verse afectada por ella uno debería considerar seriamente y sin demora la posibilidad de cambiar de modelo de negocio.

No le quepa duda alguna Anna que en el caso de que, una de dos, este conflicto al que parece hacer usted mención (el de Ucrania) se cronificase o terminase en un disparate de dimensiones enormes o en un muy acotado holocausto nuclear no estaría dispuesto a perder mi sentido del humor. Lo mismo que si me pilla una bala perdida o me cae una maldición, me come un oso polar en *Fortitude* o muero lentamente por falta de coagulación a cuenta de una leve o no tan leve trombocitopenia, como mi buen amigo y autor Alex con el que me identifico, o por un caso agudo de polonio puesto en mi Earl Grey por la Asamble Nacional Catalana u Omnium Cultural, que diría él, o por un malentendido absurdo con el ricino y en el puente de Waterloo como Georgi Markov, que por cierto acabo de mencionar en una consulta anterior. Le juro sobre la tumba de mi *mamá,* dicho sea con acento de Carlos III, que siempre habré de mirar el lado luminoso y sarcástico de la vida, y no solo por elección sino porque del otro lado no hay nada salvo la oscuridad... el lado oscuro de la luna, el de la Fuerza, el del líder supremo Snoke o el emperador Palpatine ( aunque bien podría haberse tratado de Aero Palpa o Palpa a secas, una región en Lima, Perú, el Palpa de Nepal o el de Sally Green) que lados oscuros, querida Anna, tenemos para vender y regalar, y todo más negro que el sobaco de un mono. Y esto es más o menos todo lo que yo, como usted decía, podría añadir.

*Dr. Frodo,*

*Hay quienes piensan que el sexo pueda ser una buena alternativa cuando las cosas van muy mal. Lo adoptaron los cubanos después de la revolución, o más concretamente cuando el comunismo tropical se hace disfuncional. O los rusos durante el estalinismo, cuando la peña susurraba en lugar de hablar (Orlando Figes) y a la hora de preguntarle a la piba si ya ha follado hoy, hacían lo mismo, no sea que los gemidos y la cantata toda pudiera ser interpretado por los vecinos y la furiosa contra bolchevique como lo que podría considerarse un ejemplo de comportamiento burgués. Y si lo del sexo le parece, Dr., muy sabido ya lo tiene usted, qué diría si la chusma en lugar de hacer la dieta del cucurucho se dedicase a comer, y eso me recuerda a Markus Husklepp aquél retorcido y desagradable personaje de "Fortitude", que alimenta primorosamente a Shirley, su novia entradita en kilos, y - como no está en mi ánimo hacer un spoiler - ya se ve al empezar, y por motivos que uno no termina de entender. Sexo o pitanza, Dr., ¿que recomienda usted ?, o si optaría por una conducta más idílica e intelectual, y dedicar el tiempo pre o post bélico o nuclear a reflexionar sobre la esencia de las cosas y no sobre sus consecuencias o porqués.*

*Atentamente, Armando, por email*

Armando, sorete blando, Arturo sorete duro, y esta rima infantil era todo lo que había de sexo en el sesenta y dos, al menos en mi triste vagabundeo por los caminos de la pornografía sueca o danesa a todo color. Imágenes fijas impecablemente reproducidas, tanto que despertaba el deseo de verlas de muy cerca con intención de descubrir los secretos que se mantenían ocultos para los pajilleros a tan temprana edad. Y por qué le digo esto, se preguntará usted, se lo digo solo para que se haga una ligera idea de cuando empezó el sexo por primera vez y me atrevería a decir que en algunos lugares en el subdesarrollo fue bastante antes que el *flower power* o Woodstock. Y si en la derecha conservadora el sexo secreto y ligeramente corrupto siempre había estado allí, oculto bajo la apariencia de la pompa y la falsa sofisticación, para las clases medias bajas empezaría de verdad con los frentes de izquierda, los maoístas en una medida menor y con los rusos (y los cubanos) a todo vapor. Pero en ambos casos nunca se trata del sexo como paliativo frente a la amenaza de una guerra poco piadosa o un conflicto armado de cierta dimensión, no digamos ya un holocausto nuclear, sino como sustituto de la escasez, el racionamiento y una dieta de salchichas polacas de importación, vodka y pan negro de centeno.

Por lo que, Armando, ya le digo que sí, que el sexo podría ser la solución perfecta para tomar distancia con la realidad, siempre y cuando el sexo al que usted se refiere acompañe los mejores protocolos que se espera ajusten nuestra conducta sexual y se mantenga a distancia prudente de las patologías presentes en los encuentros íntimos, de los malos hábitos o sustitutos de la sexualidad que suelen diezmar a sus sujetos y que están entre las patologías más populares, como el juego de rol, la *perfomance* y las perversiones al uso con las cuales le aseguro la gente inteligente se está empezando a aburrir. En cierto sentido podría decir que sí, Armando, pero en otro definitivamente no, y como usted ya sabe bien según leo, el sexo como solución de problemas empieza a ser tedioso para mí, cuando lo bueno debería ser utilizarlo como una maniobra de reanimación, una coartada psicológica o un ejercicio de franqueza con tu pareja o partenaire, o hacia uno mismo si ha elegido la autosatisfacción.

No obstante, tengo la sospecha que ante un acto inminente de destrucción, nuclear o de cualquier otra cualidad, y siendo usted un hombre como parece ser (aunque hoy no hay ya garantías claras de heterosexualidad) le aseguro le resultaría muy difícil conseguir una erección, salvo con una pastilla azul que en momentos de conflicto o destrucción global de buena parte nuestra civilización lo más seguro su distribución se encontraría discontinuada, y en circunstancias así, decía, estoy convencido de que muy pocos conseguirían una erección o casi y morcillona, mucho me temo, se vaya a quedar.

La sobrealimentación estaría en cambio mucho más cerca de la realidad. Y aprovecho para decirle, que lo de Markus Husklepp y su sobrealimentada novia, Shirley, con una dieta de cremosos helados, grasas saturadas, leche condensada y la posible utilización de un embudo y una sonda esofágica, tenía mucho menos que ver con el sexo que con un Edipo mal gestionado ( supongo no se podía esperar más de un noruego o un islandés) y el haber tenido una madre obesa con la que la cópula o la definitiva penetración seguramente sería tabú. Y si el lector considera esto un *spoiler* peor para él, porque es bien sabido que de *spoilers* va el análisis, si no de qué.

Me pregunta Armando al final de su email, si en lugar de una o ambas opciones que hemos mencionado ya, sería mejor que dedicase uno su tiempo a la reflexión intelectual. A esto le diré que salvo se considere usted un intelectual de verdad, este ejercicio sería del todo banal, pero si en realidad lo es y al mismo tiempo sea capaz de reflexionar sobre la esencia de las cosas, y tenga al mismo tiempo la desfachatez de declarase como tal, permita que ponga en duda de que vaya a conseguirlo no importa lo mucho que se empeñe o se lo plantee usted como una opción.

*Dr. Frodo,*

*Estoy acojonado. No sé si ir a votar en las municipales o qué mierda hacer. He visto que hay quien dice que deberíamos tomárnoslo todo a broma, y no sé qué de Stanley Donnen o Peter Sellers, o los Monthy Pyton y el cachondeo integral, como si la vida fuese una broma pesada, ¿o acaso no lo es?. O será que estar asustado es el estado natural del hombre, y ahora pienso en Balavánov o Tarvkosky (directores que usted mencionó en una ocasión) y cosas así. Le pregunto, Dr, por qué no consigo estar siempre de buen humor y riéndome de lo que pasa a mi alrededor, y sin embargo voy del buen humor y el optimismo a la pesadumbre, a la mala leche y al miedo por lo que pueda pasar. Todo es como con la Stasi o la KGB , ese desdoblamiento de la personalidad imposible de soportar sin perder a medio plazo la razón, como la que imponían los rojos de ayer, en Berlín o en Moscú, o con la dictadura en Argentina y en Uruguay, en donde uno aparenta o aparentaban ser una cosa y ellos, los militares, otra.*

*El uruguayo, por email*

Mi buen amigo uruguayo, y le aseguro soy sincero en la proclama a nada de ser enunciada de que todo el psicoanálisis que sé lo aprendí allí, entre Buenos Aires y Montevideo, pero no exactamente en el de Vila-Matas. Estoy bajo la impresión, amigo mío, de que no me ha leído aún, ni siquiera se ha fijado en la respuesta al analizante anterior, el muy respetable Armando sorete blando, víctima de tan miserable rima consonante. Hablando en serio, no señor, por supuesto que no, no sé de usted jamás el lujo de renunciar al humor, sea ya el de *The Goon Show* y Peter Sellers o el de los Monthy Pyton, sea más de Cleese o Terry Giliam que de Idle o Terry Jones. Incluso estaría más que dispuesto a aceptar a Richard Donner (responsable de los otros *Goonies*) como cómico de compañía ( y aquí la rima está inexplicablemente al principio y no al final), en especial después de *La Profecía*, *Dimensión desconocida* o *Arma Letal*, que "The Donners`s Company han hecho más pelis que salchichas frescas y ahumadas Leo Boeck en Moncada i Reixac, Barcelona, o que Embutidos Natalio Fernández en el mismo León.

Que la vida es una broma pesada, *a fucking shit* ( la cita es de MP) ) es algo que no se pone en duda. Lo contrario sería un punto excesivo, ingenuo y sentimental, una cursilería si me permite usted. Porque a la hora de construir una vida completa, como la de usted y la mía, dicho sea con todas sus flaquezas y complejidad, el creador debería haber puesto un empeño mayor y trabajarse un poco más los planos secuencia, el casting y los finales. Y de no ser así, y no haberlo hecho como debería ser, lo justo es que nos hubiésemos quedado todos en una fase de desarrollo celular inferior, menos elaborada y mejor coordinada, en plan enzimas, aminoácidos, esponjas marinas o poríferos renacuajos, o si prefiere una versión más *actualisé* como la de los chimpancés, que cuando quieren herbívoros y cuando no se comen su *poodle* o a su pequeño caniche o maltés. En otras palabras, para qué tanto diesel o gasolina, cuando podríamos tener un motor eléctrico desde Nikola Tesla y la Edison Electric Light Co, gracias a un serbio ingeniero eléctrico y matemático, cuando no habían aparecido en escena aún Slovodovan y Radislav Krstic, entre otros vecinos de Belgrado y municipios de los alrededores como Vracar o Starigrad.

Mucho más me han gustado lo de los rusos de ayer, que no los del Partido Comunista de la Federación Rusa o del nuevo Komsomol que seguro algunos esperan con auténtica fruición, sino de los rusos que se quedaban en casa sin dar golpe ni participar. Que de estar uno en el club de bajoneados y brutalmente depresivos de

Balavánov o del mucho más etéreo Tarkovsky, le entra uno la depresión. Imagine, si se siente capaz, de cuando caiga la bomba, la gorda o la de 14 kilotones, justo en el radio de influencia de su pobre comunidad, y está usted viendo *Cargo 200*, *Dead Man`s Bluff* o *Nostalghia,* deTarkvosky, imagine de qué magnitud sería la confluencia de estas dos grandes depresiones y el enorme vacío que habrían de provocar.

Ya se lo digo yo, intolerable para empezar, y seguir luego con un estado de infelicidad y desesperanza del cual le resultaría muy difícil de escapar. Más me gusta la idea de que usted atribuya a la militancia y simpatía por el diablo con la apariencia de cierto cine ruso de autor, la misma condición del miedo como estado natural. Algo que no se ha dicho jamás pero tiene la cualidad de un estatuto o un juicio moral. No solo el miedo, justificado o no, a un eventual holocausto del tamaño de su país entero o de su barrio en Donetsk, sino también del miedo a la muerte o a lo sobrenatural, y si andamos muy bajos de expectativas, el miedo menos intenso, pero miedo al final, a que le corten la luz y el gas o en el mercado no haya un día patatas ni pan, y antes o después ha empezado a sentir uno de esos dolores de muelas que le recuerdan a uno de los santos martirizados del *Sinaxario*, el equivalente a nuestro martirologio romano. Que débiles somos todos si lo mira bien, desproporcionadamente débiles en relación al mal y al daño que podemos nosotros mismos provocar.

Y si se trata del desdoblamiento de personalidad que menciona al final, no necesita pensar en la Stasi o la KGB ni en los libros de Figes o Montefiori, porque desdoblados estamos todos y de manera permanente, doblados y desdoblados como en una figura de origami. Tenemos una cara y un modesto repertorio de gestos y modales para la familia, otra para nuestro círculo de amistades, otra para trabajar, y para el ocio una cara como de no estar ni saber estar, una para votar cuando nos dejan y otra, nuestra mejor máscara de Halloween, para cuando somos la víctima propiciatoria de un poder nihilista que nos ofende desde la mañana cuando nos levantamos hasta la noche y la hora de dormir. Único momento en el que nos quitamos todas las máscaras, querido yorugua, para descubrir que sin ellas no somos nadie, un papel de arroz que se dobla continuamente sobre sí mismo y deja a algunos o a muchos, vacíos de identidad. Aparentar ser una cosa y a veces otra, y cuando dormimos ninguna - porque lo bueno del sueño es la posibilidad de no tener que asumir ninguna responsabilidad - es por lo menos agotador. Mucho me temo, querido amigo, que en tiempos de la dictadura que yo personalmente vi nacer, día a día, desde la política de Juan María Bordaberry, político y ganadero, hasta el golpe cívico-militar del 73, no tuve otro remedio que salir de allí sencillamente para poder respirar y no tener que ponerme las máscaras de teatro romano. Y sepa usted también que con la maleta vacía, con la excepción de unos mocasines, un viejo Levis 501?, una camisa de poliéster ferozmente estampada y un pantalón de pana marrón, dejando atrás mi carrera, la consulta, los amigos, varios cientos de libros, algunos políticos y el Libro Rojo de Mao, que enterré en el jardín trasero de la casa familiar, junto a una jeringa sin usar que mi madre descubriría años después y que sin tener relación alguna con una posible adicción a las drogas duras anticipaba mi profunda devoción hacia otros vicios como el psicoanálisis y la necesidad de escribir, no como terapia sino como enfermedad.

*Dr. Frodo,*

*Defina usted cambio social, eso de lo que la peña política et ali no paran de hablar. Se refieren, me pregunto, a lo absurdo de la política de partidos y pactos, al cambio de moral, a cambiar rojo por blanco o al revés, si Sartre o Camus, si el hombre y su supervivencia o las ideas, si el rebelde del argelino o el ladrillo de Jean Paul, el lusco, que hay quien se hace comunista probablemente porque no ve bien. O si por el contrario existe la posibilidad de hacerse comunista de una nouvelle facon, o si acaso es demasiado tarde o esté ya muy mal visto hoy. O si deberíamos revisar el concepto y revalidar las ideas para que en esta ocasión pueden salvar al hombre por primera vez. Uno se pregunta si no alinearse ya nunca más y estar a la que salta será al fin la salvación, o todo lo contrario. No serán cambio y social términos opuestos y contradictorios, estar solo y renunciar a formar parte de la sociedad y dejar que cambien los demás será la solución, que ser uno mismo y obstinadamente sea en realidad el único cambio que esté a nuestro alcance. Me gustaría conocer su opinión, porque para serle sincero toda su discurso parece inclinase únicamente en esta dirección.*

*Esquilo, por email*

Esquilo, me pregunto si se llama usted así por la tragedia griega y aquél egregio y noble personaje que todos conocen pero poco saben quien fue, o es un nombre falso o un alias como los que usan los chinos, con el único motivo de acercarse a mí por la espalda. Lo del cambio social es una vieja treta y tal como están las cosas no tiene más repercusión que cualquier otra de las fórmulas que se utilizan hoy en el discurso parlamentario. O si lo llaman o se llama usted a sí mismo de tan ostentosa manera es porque ha estado en unas cuantas batallas, como Maratón o Salamina, o se siente involucrado en la defensa de los intereses del pueblo. Si *social* es un concepto ambiguo que se pierde en un amplio campo semántico, *cambio* no se queda atrás. Si lo de social es una figura retórica como tantas otras y no hace necesariamente referencia ni a usted ni a mí sino a una entidad abstracta sobre la que por mucho que nos esforcemos no tenemos la capacidad de actuar. Mientras el primero es un adjetivo y el segundo un sustantivo, como psicoanalista le digo que es un sustantivo que a nivel personal puede estar al alcance de la mano y en política es la mayoría de las veces inalcanzable. Mucho me temo que cambiar está siempre al principio de las peores experiencias (véase las guerras, el comunismo, el nacionalismo ucraniano por el que muchos están pagando hoy un precio muy alto, el Imperio Báltico en Europa Oriental de Vladímir o el triunfo de la paranoia en el reino de Kim Yong-un, ya le digo yo, Esquilo, que mejor habría sido quedarnos como estábamos.

Sobre el segundo asunto y si es uno de Sartre o Camus, del mundo de las ideas y el comunismo ruso con todo su existencialismo y veracidad, o si del lado del argelino y un hombre en la Argelia de Gallimard -que algunos no conocemos otra - un día de calor cualquiera y no matamos a nadie por la sensación térmica; o un acto metafóricamente suicida (su pariente pobre) por reivindicar el derecho a salvar el planeta en tetas y/o ninguneando La Gioconda o Los Girasoles por mantener una vieja tradición europea, y en tiempos de Camus (en los 40) por la idea de transformar el mundo e implantar un nuevo humanismo. No, no soy de ese club, aunque mis lecturas hayan sido esas por coincidencia y por el tiempo histórico que me tocó vivir, y si comenzaron por el Sartre narrativo de *Los caminos de la libertad* (tres años más tarde) nunca siguieron con Camus (ni con la Academia Sueca) con el que sí compartí su filosofía del absurdo pero no su indiferencia, la suya o la de

Mersault, que hoy por matar a un árabe, querido Esquilo, te dan puntos, y si matas más de uno con un poco de suerte te llevas un juego de cubiertos y ensaladera.

No le voy a negar que la idea de un comunismo *nouvelle* no me desagrada en absoluto. Un régimen igualitario con libertad de expresión y con mucho menos distancia social, y la desigualdad que damos por hecho es imposible de eliminar sea regulada por una nueva e inédita política fiscal. Por no entrar en detalles, que las utopías, como usted sabe Esquilo, cuando más profundo se va caen ellas solas por su peso.

En cuanto a lo de no alinearse si lo ve usted como una solución permita que le diga que desde más o menos el 73 es lo que hecho yo mismo. Y si en algo soy activo no es en militar en uno u otro lugar, todos tienen un punto de incredulidad, y lo mío ha sido siempre mostrarme reticente y poco o nada propicio a la política de partidos tal y como la conocemos. Ha sido siempre estar a la contra de todo lo que me huele mal, y ensayar al menos una frágil resistencia personal, tanto a lo que otros llaman derecha conservadora y yo llamo la derecha de mantilla y peineta, la dama, y bigotito del régimen, el varón, como a la dramaturgia de las izquierdas más sobradas. Aunque en el extranjero esta haya adoptado siempre una etiqueta más elegante en negro acharolado y simbología de cráneos y huesos cruzados al estilo italiano o la mucha más austera guerrera estalinista. Porque hay países grandes y pequeños en los que uno tiene la extraña e incómoda sensación de que sobra buena parte de la población, me atrevería a decir incluso más de la mitad. Y si sumamos a los que no saben no contestan, los indecisos de cierta edad y los púberes hijos de las clase altas, como en la República romana, los números lo dicen todo.

No estoy tan seguro de que cambio y social sean conceptos contradictorios, entre otras cosas porque hacen la misma referencia a una hipótesis falsa que dice que cambiar es solo relativamente posible, lo mismo que formar parte de un grupo social elegido con libertad por uno mismo y no se nos haya asignado por selección o descarte contra nuestra voluntad. Porque uno no es judío ni gentil, no es pobre ni rico o clase media alta o baja por elección, sino porque para mandar y tener al pueblo subyugado es necesario separar y estratificar para que se le pueda dar torta o galleta según convenga.

Y puede que sí, querido Esquilo, quizás ser uno mismo siempre y obstinadamente sea en realidad el único cambio que esté a nuestro alcance. Y si lo que quiere es una definición, le sugiero acuda a usted a Ciorán que fascista o no, antisemita o no, o simpatizante de la *Guardia de Hierro,* es un buen francés - que rumano al parecer nadie quiere ser - y encuentra siempre las palabras adecuadas. Personalmente yo no podría ir más lejos que decirle que cambio social es, desde cierto punto de vista una idea falsa, una estratagema, desde el punto de vista médico un trastorno de ansiedad o un espectro de la esquizofrenia, y en el slang de *I shoot the puppie,* de Tony Thorne, y me declaro incompetente para definirla y alejarme de las reglas de mi profesión, sea esta escritor o analista, y ningún caso filósofo, un oficio antiguo que si no lo conoce, Esquilo, siempre lo puede *googlear,* lo mismo que su alias.

*Querido Dr. Frodo,*

*Tengo la sensación de que es usted el que escribe las preguntas que luego usted mismo responde. Será eso un acto médico o el rastro de una enfermedad que uno detecta por oficio o erudición, como un cáncer de pecho en Las Tres gracias de Rubens, las enfermedades de la piel, la tiña, la sarna o las deformidades en el Jardín de las delicias de El Bosco. Y que lo de la guerra y el estrés es algo que se ha inventado usted para conjurar sus propios miedos e inseguridades. Porque en lo que a mí respecta el personal, pymes y grandes empresas, están hoy ocupadas en subir los precios de todo y no volver a bajarlos nunca más, y a los ucranianos, ya sabe, sopas con hondas, que si no, esto no lo soluciona ni La Regla de San Benito...*

*Pera, por email*

Y si fuese así, Pera, me puede decir cuál sería la novedad. Es una pregunta retórica, de más está decir, y solo para que usted piense un poco más antes de abrir esa bocaza suya de la comarca del Penedés o del Pla de Bages, me atrevería a a pronosticar. Cuando lee usted los diálogos entre Polonio y Ofelia, o los de esta con el Príncipe Hamlet, o los de Fortunata y Jacinta con Juanito Santa Cruz, en Galdós, o los de Sancho y Quijote. ¿Qué piensa usted? Que todos ellos existieron de verdad, y que Fortunata muere de una hemorragia puerperal, y Polonio por error y por la daga de Hamlet, y Don Quijote de pesadumbre y depresión de naturaleza moral y Sancho por comer mucho

Y dígame ahora si no ha pensado alguna vez que es el autor el que escribe los diálogos (y si no quién diablos los escribe en su lugar) o es que existe algún registro o prueba documental de lo que en vida dijeron los muertos que en vida no existieron jamás y en plan coloquial.

Y si no es así me podría decir entonces quién los escribe en su lugar. Existe acaso alguna prueba fehaciente de la existencia de Polonio, Fortunata o Jacinta, o del mismo Quijote y de Sancho, que tanto en uno como en otro caso cuesta creer que hayan existido en realidad, y de haber existido tengo la impresión de que algunos de ellos al menos no hubiesen escrito una línea de diálogo en toda su vida.

Todo es ficción, querido Pera, la historia lo es y la novela también. Lo es la política, o por lo menos la versión que nos dan de ella, y el periodismo es poco más que un ejercicio gramatical. Ficción lo es también el Ministerio de Cultura (y Deportes) muy pero que muy discretamente regentado por el excelentísimo Miquel Iceta, que ha juicio de lo que ha hecho hasta hoy también él es ficción. Porque a quién se le ocurre que la cultura castellana sea administrada por un catalán *botifler,* como dirían los cultos de ese otro más que país nación, que también es ficción, de los felipistas o borbónicos o de cualquiera que no hable la lengua de Ramón Llull o Muntaner en tan aprehensivo lugar, y si se descuidan los amigos castellanos de Alcalá de Henares, la de Cervantes también.

Me atrevería a decirle aún más, yo mismo soy ficción, porque no ha estado usted jamas en mi consulta ni conoce a nadie que lo haya hecho jamás. Y probablemente no haya visto nunca un libro mío en la mesa de novedades de las grandes librerías de su país, porque consejos vendo pero para mí no tengo. Y no contento con esto, le diré que no importa quien escriba esta pregunta, si es ficción o realidad, aceptado el hecho de que yo sí lo soy, no le sorprendería a nadie que lo fuese usted. O quizás sea fruto de la imaginación del autor, de sus memorias, o la voz de sus parientes o amigos más cercanos que hablan con el mismo tono y timbre que el autor solo por comodidad o negligencia, y que estos a su vez hayan sido o sean fruto de la imaginación vaya usted a saber de quién.

Me resulta divertido aunque no muy elaborado, debo decir, haber leído en su email que el hecho de hablar con la voz de otro o la de uno mismo simulando ser otra persona, dice y razona exactamente igual que usted, sea un rastro clínico de la profesión, de la mía en particular, o el síntoma de una deformidad. Si hablar uno mismo simulando que es otra persona aunque no exista la mínima posibilidad de engañar o convencer a nadie de esta alteridad, podría evidenciar la presencia de un trastorno convencional o enfermedad, como han descubierto los médicos de hoy en los cuadros de ayer. Y eso sí, querido Pera, es más jodido que un crucigrama en chino para un catalán hablante.

Y no contento con lo expuesto, Pera, me dice usted y se tira en plancha que lo del estrés y la guerra es algo que me inventado yo para conjurar no sé que males y complejos que al parecer ha diagnosticado en mi humilde persona. Lo que me hace pensar y hacer un poco de introspección para llegar rápidamente a la conclusión de que hay gente por ahí que está pensando que su analista, yo mismo, no soy más que un pedazo de mierda, maltrecho y refugiado en su consulta como si alguien fuera a por él con muy malas y retorcidas intenciones.

Que no lo soy, Pera, no soy ese personaje que usted parece ver en mí, no tengo más miedos ni inseguridades que usted. Más aún, se podría decir que en mi rincón más profundo atesoro un deseo secreto por acabar con todo esto y más, y para eso hay que empezar por uno mismo, algo demasiado humillante e intimo que no suelo compartir. Y si usted es feliz como me imagino con las redes sociales, cosa sobre la que no me permito dudar, cuando la red puede ser para muchos otros una condena y el camino más rápido a la infelicidad, y esto sí es el rastro de una enfermedad o adicción.

Y si no le leyó antes en mis libros, no necesito me lo diga usted, estoy plenamente consciente de que la última causa de este mal, el suyo y el mío y el de la gente en general, es que los precios suban por cojones y bastante más que el índice de inflación, no busque usted más. Esa es la verdadera razón, y no que otros hablen por usted o usted hable por otro, o la amenaza de un holocausto absurdo y desproporcionado, que créame usted, Pera, es el final que por absurdo, muchos sino todos, nos merecemos. Y los ucranianos que no hayan muerto aún, a los que al parecer usted quiere penalizar, se han ido o ya no están en el país, ya les tocará a ellos también pagar el sobreprecio con el que nos regala la empresa en general, la pequeña, la muy pequeña y la grande. Que las plataformas planetarias de Amazon o Alibaba Group lo que hacen es otra cosa, la única y auténtica revolución para que las mayorías paguen un poco menos por vivir y que te lo lleven a casa; y el comercio de proximidad para los pelotudos que quieren pagar veinte veces más de lo que cuesta un pato a la brasa en Nankín, un *som tam* o una sopa de curry rojo y coco con tallarines, encurtidos y lima, en Khao San Road o Yaowarat, en Bangkok, veinte veces más decía de lo que cobra Dabiz Muñoz en uno de sus muchos restaurantes para la gente sobredimensionada en estupidez.

*Es algo que no se ha hecho a fecha de hoy. Preguntarse sobre la posibilidad de que la gente de a pie tenga su propio armamento nuclear a escala personal. Y ante la inminencia de un holocausto tenga uno la posibilidad de pulverizar uno a su enemigos personales, incluidos vecinos, jerarquías dentro de la empresa y al tipo del Banco ( que no menciono por prudencia) que te vendió aquél seguro y una hipoteca con interés variable con el marrón que se veía venir.*

*Laura, por email*

Genial, Laura, no puedo decir más. No me sorprenda que sea una mujer la que aventura un augurio de tan alarmante dimensión. Armas nucleares 2.0 para amas de casas rabiosas, funcionarios, autónomos frustrados, pensionistas minimalistas y todos los escritores de nuestra élite local que no han ganado todavía el Planeta. No, no se me habría ocurrido jamás. Hay quien dirá que ya se han anticipado algunos pocos y raros escritores de ciencia ficción, y no sin esfuerzo ahora mismo solo logro recordar pelis de la franquicia de *Stars Wars*, otras en la línea de *Pixels*, de Chris Columbus o *Muppets From Space, de Tim Hill*. Pocos quizás, pero puede estar segura que la tendencia en general ha sido siempre dotar a los defenestrados y supervivientes para su defensa en semejante situación de rústicos palos, piedras y artefactos hechos en casa o a la intemperie en la que nos ha dejado el desastre nuclear. Nada más lejos de la realidad que la posibilidad de tener en la mesilla de noche o en el armario un minúsculo dispositivo con la capacidad de impulsar a gran velocidad, 1.000 m/s según balística, una insignificante ojiva nuclear cargada con una potencia mKT, con cargas radiológicas (neutrones), o cualquiera provista de dos agente aislados que se unen en el momento de la explosión. Un objeto capaz de encerrar al vacío y en un espacio mínimo dos núcleos arbitrarios y desencadenar el infierno en el espacio acotado de un despacho o una habitación o en una calle estrecha como podría ser cualquiera de las del pueblo en el que vivo. Y todo en armas de pequeño calibre de las que vemos, por ejemplo, en *Men in Black* y aquél inolvidable guion de Ed Solomon y la preclara consigna que es *protecting the earth from the scum of the universe,* y que yo sepa ninguna referencia al tema que nos preocupa hoy.

Personalmente, Laura, soy pacifista, lo que aparte de dejarme en una clara situación de indefensión me obligaría a hacer abstinencia de tan enjundioso manjar como ver como desaparece o se desintegra tu peor enemigo o el que te ha dado por culo desde la firma del contrato fijo o temporal, o el de ajustar cuentas con el cuñado, o con la falsa amistad, o pasar por el acero al padre o a la madre que no han sabido estar a la altura de la situación, no digamos ya al banco o la Banca que te vendió aquel fondo basura de *subprimes* de doloroso recuerdo y que viví de cerca con un conocido ocasional, y no entro en detalles, por no hablar del personal y el director de su oficina local que le dio a otros el crédito a interés variable, el mismo cabrón responsable de que perdieras o se esfumaran tus ahorros en un santiamén como en algunos episodios de MB.

De no serlo, pacifista quiero decir, tenga por seguro que me haría miembro en perpetuidad de la NRA o National Rifle Association of America y en el mismo Fairfax, que tiene por cierto una mujer como usted por Presidente, la muy peligrosa y versátil Carolyn Meadows. Creo, sin embargo, me preocupa un poco la idea de que después me vaya a arrepentir y entrar en un camino muy largo de constricción y vuelta atrás, porque las armas, Laura, nada bueno pueden traer, eso al menos es lo que dice el cliché.

Debería pensar sin embargo, querida y belicosa amiga, las consecuencias que podría traer armas de esa naturaleza en manos de un cabrón integrista del Califato, de un miembro de VOX como Buxadé o la muy discreta señora de Meer. Y ahora mismo si le soy sincero estoy pensando en el pequeño Aznar armado hasta los dientes con muy diversos dispositivos futuristas de inspiración claramente MB y en el mismo Torra o Puigdemont armados con una espada de dos manos al estilo Cid Campeador, mito y cliché. O que pasaría, Laura, si cayesen en manos de los catarís, los saudíes o el mercado negro de armas en Peshawar, Pakistán, en las manos de las *maras* de El Salvador o Honduras, de los *hilbbillies* de Los Apalaches que tomaron el Senado hace un par de años o los peronistas más guerreros de Cristina K.

Que pasaría, Laura, y no es una pregunta retórica, si acabada la disuasión y el ya difícil equilibrio entre bloques o imperios, o los pactos de intención que impide que hayamos volado por los aires hace tiempo ya. Y anduviéramos a tiros los unos con los otros como en tiempos de las guerras tribales, las de los Balcanes o la mucho más cercana invasión de Ucrania, país que ruso no quiere ser y prefiere claramente la opción B, como tantos otros que no quieren ser españoles, franceses o irlandeses católicos que no quieren ser de la UK.

Permita que se lo diga yo, no tenga usted dudas de que cualquiera de ellos serían los primeros en comprar tan poderoso electrodoméstico por internet y esperar que se lo envíen a casa en tres días, si son de Amazon Prime. Y da igual si su casa está en Kiev, en la misma Stari Grad (barrio viejo de Belgrado), en la Comuna 4 de Barracas o en la 3 de Balvanera, o en el 17256 de Gerona y el lugar en donde vivo. Y le aseguro, Laura, que solo pensar en algunos de mis vecinos armados hasta los dientes con un poco perceptible dispositivo nuclear es suficiente para ponerme la piel de gallina. Y me pensaría seriamente aquello de que mejor tirar el primero que esperar, como en los duelos, como el de Héctor y Aquiles, pero a pistola, como los de Conrad o los de Joanot Martorell en 1490. No digamos ya tratándose de armas de destrucción masiva en escala 1:43 en lugar de pistolas de chispa con retardo y balas de calibre 52, que una cosa es un agujero en toda la tripa del tamaño de un balón de fútbol sala a que te desintegren con un Noisy Criket o un Deatomizer de la muy sofisticada *alien tec*.

Y para terminar, le sugiero archive este documento en la aplicación correspondiente o la imprima usted en papel y lo guarde con las fotos de familia o cualquier otro lugar en donde tenga la seguridad de que nadie lo habrá de mirar.

*Dr. Frodo,*

*Si de algo estoy seguro es que de sus libros y menos los apuntes de su consulta nadie podrá decir que Netflix o Prime o cualquier otra plataforma vayan a hacer una serie con ellos. Semejante mamarracho solo puede estar en un libro, libros que nadie lee o como mucho una docena world wide, según estadísticas Penguin- Random House-Simon & Schuster, que libros los hay a montones, pero lectores muy poco o poquísimos, asunto que lo pondrá a usted muy contento, porque todos sabemos que los del conglomerado los leen una media de docena personas, no a usted que seguro lo leen no más de dos o tres.*

*Pablo, desde Nueva York*

Pablo, mamarracho, no se imagina la cantidad de recuerdos de mi adolescencia que tan chirriante vocablo me trae. Mamarracho como en árabe. Debo decir que no podría estar más de acuerdo con usted. Y no deja de sorprenderme esta nueva actitud de analizantes que parece han recuperado una lucidez y salud mental que ya la quisiese yo para mí. Son pocos los que piden consejos, una orientación o un escucha amable que no interrumpa su propio discurso, cosa habitual en nuestras tradiciones peninsulares más disruptivas. Por lo general la peña prefiere ir de pavoneo y charlatanería antes de dedicar un minuto al menos a estudiar los contenidos, prefieren la inmediatez del discurso espontáneo en redes. Se diría que son muchos más los que dan la impresión de querer tomar mi modesto lugar en lo que podría ser la historia de la terapia escrita y gratuita, que teniendo en cuenta como está el patio es decir mucho.

Lo del conglomerado de súper-editoriales como si quisiesen convertirse en superorganismos, la UE sin ir más lejos o las grandes fusiones de la Banca. No cabe duda es una opción inteligente que pone en evidencia no necesariamente que sea usted un buen lector, sí al menos da prueba de que está al tanto de las novedades corporativas editoriales, nada por cierto muy significante si tenemos en cuenta que la relación entre escritores, lectores y editoriales debería ser vista bajo un espectro diferente. Ya estaba al tanto, querido Pablo, de lo que ocurre en el mundo global editorial, las estadísticas que miden las ediciones y títulos publicados, y no dudo se vea con gran sorpresa que de cada libro se han comprado una media de no más de doce ejemplares, y el negocio se justifica porque las cifras de ventas de ciertos títulos es escandalosamente grande y da de comer a los autores a los que no leen más de doce. Cosa que algunos agradecen y a los escritores de éxito les importa menos que la liga de fútbol en Tonga, la Isla de Pascua o Rapa nui, o Fiji.

Y si le interesara evaluar esto debería considerar ciertas premisas que tengo la gentileza de darle gratuitamente aquí y ahora y serían: primero, no importa cuántos, si son poco o muchos los que lo leen siempre que compren sus libros, lo que importa es el volumen de activos y su consolidación, y si son muchas las libras no ponerlas en Bankia o parecidos, sino en el HSBC o en el BNP Paribas, por citar solo los que tiene más activos, y si son pocas pesetas o leandras da igual donde transfieran sus beneficios y el banco más cerca en el pueblo sería tan bueno como cualquier otro; y segundo, si ellos hablan de dinero y poco más, y me refiero a los agentes y editores, tenga presente que es porque la literatura en sí misma y por ende aquello que usted probablemente escriba en su portátil, les importa una mierda.

No se sabe de ningún autor que en cuestiones de capital y/o eficiencia haya hecho nunca nada importante en materia de inversiones, salvo que llegue el día que los buenos escritores con rentabilidad cero o *less than zero* se fusionen con otros muy malos o mediocres pero que venden mucho, tanto en nuestra querida España como en el extranjero, Nueva York para el caso que es donde usted vive; en cuanto a los buenos lectores como clientes me atrevería a decirle que se olvide usted de ellos, y se concentre mucho más en los malos, los lectores de superficie y los que leen en el metro o en la playa, y de tratarse de escritores o periodistas buenos que leen, olvídese también de ellos, porque a esos les regalan los libros y no salen en las estadísticas.

Tampoco me importa que mis libros se conviertan algún día en series de tres o cuatro temporadas o una miniserie, entre otras cosas porque a mí las series que más me gustan son las que entretienen pero no tienen nada que decir, las más cuentistas y conspicuas y menos empaquetadas, siempre y cuando se ajusten a las reglas de dirección y producción, tengan un casting decente y buenos guiones. Y como usted ya sabe los míos suelen ser monólogos, y lo que escribo es mucho menos condescendiente con el lector y mucho más conmigo mismo. Las series, Pablo, son para mí instrumentos de evasión, *el rollo choyo* y trolero que a todos tanto nos gusta, y no puedo recordar ninguna que me haya enseñado algo que no supiese ya o sobre lo que podría informarme luego en algún buen libro, que no en una novela o una ficción al uso, mientras que los libros son siempre más aburridos, por suerte para ellos y para quien los lee.

Quizás llegue el día en que lo aburrido se haga tendencia y el esfuerzo lector una consigna, y la gente educada deje a las series para la chusma, del genovés remeros o galeotes, y la gente de verdad inteligente se ocupe de otras cosas. Porque soy de la idea que la novela es un genero reconocible y demasiado participativo pero de manera equivocada, y que ejerce un tutelaje absurdo a través de estrategias ingenuas, el misterio, el suspense y la promesa de un final sorpresa que lleve al lector a un estereotipo que le resulte familiar y con el que tiene la garantía que disfrutará como un cerdo. Porque si solo de leer se trata, palabra tras palabra, renglón tras renglón y página a página, y no hay que hacer esfuerzo alguno por participar o realizar un intercambio, le aseguro que leer se parecerá en un futuro muy cercano a pelar una naranja, a hacer pelotillas con los mocos y reducir nuestro ya pequeño y poco lucrativo cerebro a una masa informe de letras y vocablos con un montón de marcas gráficas y signos ortográficos auxiliares y diacríticos.

Las novelas son objetos que algunos escriben para los que tienen necesidad de entender algo a través de un relato o ficción o con cualquier otro producto o manufactura de la imaginación infantil hecha por encargo para otro pero escrita por usted. Algo que para otros géneros como el periodismo es una especie de insulto a la realidad y a la gente de verdad, de carne y hueso, a los que se les minimiza y por los que no se muestra ningún respeto. Y no digo con esto que no se escriban más, novelas quiero decir, que yo las he leído ya, pero si le soy sincero Pablo, después de las buenas y francesas, rusas, argentinas e inglesas, ya me he quedado satisfecho y no quiero leer más, salvo unas pocas raras excepciones o aquellas que digan algo diferente, un Greenaway para mi John Ford y mis westerns de toda la vida, una novela-no novela o la no-novela de un no-novelista.

Y dígame Pablo si las buenas novelas que antes leyó, hoy ya no pueden leer porque se les caen de las manos. Porque una buena leída una vez pasado el tiempo de consumo recomendable o debería haber sido leída a los veinte años, a los cuarenta o a los cincuenta y no a los sesenta o setenta, se le muere a uno entre las manos.

Lo mío, como ya se habrá dado cuenta, es la realidad y la ficción, podríamos decir esta última oportunista porque mantiene con la primera una relación advenediza y poco respetuosa. Y también lo es el periodismo que, como genero y si está bien escrito, con él no se compite. Y le diré más, e ignoro si estará de acuerdo conmigo, pero ya hace tiempo que son muchos los escritores que hoy necesitan buscar nuevos géneros híbridos, y no contentos con escribir una novela o un libro de relatos convencional muestran claras señales de meter entre líneas un poco de historiografía ( o de querer pasarse al cine), o erudición, de análisis y testimonios, o de periodismo en primera persona, que es lo que Gill ha hecho siempre. Y créame, Pablo, que no se puede escribir mejor por mucho que se intente. Tanto es así que le diré son muchos los que pensamos ya en dejar de hacerlo, en no escribir *at all* y dedicarnos al pequeño comercio o a la venta telefónica, abrumados y avergonzados por el verbo poderoso y lo insólito e inédito de sus adjetivos, por el slang literario de tan genial - o debería decir preclaro - escritor que de no haber muerto prematuramente sería hoy un modelo irrepetible, intolerablemente lucido, preciso, arrogante, nada condescendiente, capaz de convertir él solo a la palabra escrita en un arma de destrucción masiva, una retórica de gran calibre para matar los elefantes de la literatura más cacharrera y mamarracha, antes mamandurria y mamacallos y antes de los arabismos -y del árabe - *muharrig.*

Lo que viene a cuento oportunamente porque Gill era cazador, como Amón taurino. Y que muerto y enterrado de cuerpo presente o en cenizas, sigue siendo para mí como una figura en la primera farsa romana durante el período republicano y luego en el imperio cuando los actores se quitaron las máscaras y uno de los desconocidos dioses menores de Roma. Un mito, la clase escritor que no tiene edad ni tiempo límite de consumo, sino que vive para siempre en nuestra memoria. Y eso es precisamente lo que uno reivindica, literatura inteligente para la sociedad civil y no solo para los nobles, cortesanos y culturetas.

Y si le inquieta, Pablo, o piensa que a mí me quita el sueño, permita que le diga que más me preocuparía que me leyera uno solo o una sola persona, o fuese autor de un solo libro o muchísimos más, millones, como Gómez Jurado, dice él, y la sombra amenazante de un mundo en el que la gente lectora lo es de un solo libro, ni siquiera de dos, o la sombra de la lectura de siempre el mismo, o de muchos que se le parecen o son iguales, salvo por la trama o intriga. Mi docena de lectores, sepa Pablo, para mí son legión, un aluvión. O quizás se trata de que yo sea por elección mujer y de ahí mi anonimato, como hay quien dice que *Podemos fue un plan para follar que se les fue de las manos.* Y dígame ahora, si con una frase como esta, como con Gill, no se ríen por igual comunistas, podemitas que facinerosos de derechas, prefectos y centuriones romanos, alógrafos quisquillosos o incontinentes, usted y yo y con toda seguridad Vladímir y probablemente la mayoría de sus consejeros y asesores, porque cuando uno es poderoso lo primero deja a su señora después de una ofrenda a Juno y la cambia por otra, y lo segundo, deja de leer, libros al menos, para leer solo los titulares de la prensa por las mañanas.

*Dr. Frodo,*

*Sabría usted decirme que en tiempos malos y de
grandes amenazas podría uno cambiar de residencia e
irse, por ejemplo, a Saint Pierre de Miquelon, archipiélago
y departamento francés cerca de Terranova, que además
de un lugar absurdo es un paraíso fiscal.*

*Cristian, por email*

Claro que sí. Puede usted emigrar donde quiera o
pueda, siempre y cuando no se convierta usted en un
migrante de los verdaderos. Que los sirios y otros como
ellos están ahora dando botes entre los países con los
que sueñan y los que al final les tocan. O en el
purgatorio de los campos de refugiados, más que los
ingleses cuando los *tories* decidieran que Liz Truss
saliente se tomara unas largas vacaciones después de
cuarenta y dos días de duro trabajo parlamentario, y es
de suponer que de abundantes lecturas de teoría
económica para *dummies*.
Y por si viene a cuento, sepa que a los migrantes les
da lo mismo que estalle un conflicto bélico o un desastre
natural del tipo inundaciones, sunamis, pequeñas
nuevas edades del hielo, desiertos allí donde antes
había discretos y apacibles entornos subtropicales o el
precio del metro cuadrado en las grandes ciudades, que
dirían los augures del cambio climático y los analistas
inmobiliarios. Aunque tengo la impresión, Cristian, que
la guerra en Ucrania y sus consecuencias es lo que lo
motiva usted a pensar en lugares más o menos seguros
y remotos donde buscar cobijo.
Debería decirle no obstante que con un nombre
como el suyo, Cristian, seguramente proto-holandés
(aunque de origen latino y *christianus*, aquél que sigue a
Cristo) o vinculado a la gran tradición liberal en Europa,
y siendo así se me ocurre pensar que los neerlandeses,
que se dice ahora (grandes consumidores de carne de

ave, de pollo para ser concretos), no suelen emigrar en condiciones precarias sino que más bien simplemente viajan o van en coche de vacaciones a Cataluña, en verano y a la ya caduca Costa Brava, en donde el pollo *al ast* es *staple food* o alimento básico.

Pero si al final decide dejar su país, ni se le ocurra llevarse el refrigerador, su viejo Ford Fiesta, la Nespresso que le costó a usted sus buenos *denarios argentum*, los juegos de sábanas de algodón del de antes u otros regalos de boda, colchas con motivos tradicionales o grandes tapices españoles de temas costumbristas o mitológicos, ni el calientacamas de latón o el juego de cubiertos de plata con iniciales, como hacían los españoles a mitad de siglo y como lo hizo mi propia madre en su momento. Y asegúrese de no dejar sus ahorros (mi madre por cierto no los tenía) aunque el banco diga que le hará una transferencia sin comisiones con todas las garantías, que de los bancos no se fían ya ni los ladrones, y piense que llevar dinero encima puede traer muy malas consecuencias y que se lo roben los extranjeros, como dicen los de VOX, por si no los conoce, la clase de gente que tampoco emigra nunca sino que estrictamente se desplaza con elegancia. De lo que dirá solo se deduce que los que se van no se llevan nada, salvo Gary Shteyngart su abrigo e piel o su *ushanka* o gorro ruso, siempre que vengan de climas fríos o muy fríos, porque es una regla no escrita que los migrantes no pueden llevarse nada consigo y suelen estar vendidos o indefensos no importa donde diablos se vayan.

Y de haber parientes en su lugar de destino sepa también que estos van con alarmante frecuencia y como es natural a su bola, y que en el mejor de los casos puede que lo inviten a comer un domingo o lo alojen temporalmente con colchones de goma en el salón, lo que sin ninguna clase de dudas conducirá a la aniquilación definitiva de sus relaciones en este orden, da igual que usted se vaya o se quede, como muchas veces ocurre con tan singular y sospechoso sujeto sociológico no sé si de antigua o reciente creación, la familia, porque lo definitivo como sabrá usted son en realidad las circunstancias o el *pathos* familiar sin importar mucho donde están o dónde emigran estas, o si son unas mejor que otras.

Pero yendo al tema que le preocupa, es decir dónde ir. Le diré que si usted ha descartado sociedades igualitarias y sensibles al destino de las cuotas y a los desplazamientos de población, como podrán serlo o lo fueron en el pasado los países escandinavos, me obliga a explorar destinos divergentes. Y si piensa que en las grandes y paradójicamente atractivas urbes puede encontrar aún pequeños rincones idílicos desde donde progresar adecuadamente, dicen las normas, sepa que se equivoca. El racismo y la xenofobia adoptan a veces aspectos muy elegantes, independientemente de donde estos ocurran. Y si piensa en los países del tercer mundo, siempre que no estén en África (desde donde la gente se va pero nadie viene, salvo los chinos), y me refiero a Latinoamérica. O, en otras palabras, si piensa en esos países que han estado en crisis siempre y en donde pasaría desapercibido, pero donde podrá tener la garantía de hacerse con propiedades modestas o un techo bajo el que guarecerse por muy poco dinero, y en donde la comida abunda por el motivo que sea, grandes platos y raciones y una dieta insana rica en calorías, harinas y otros engrudos, trozos de carne, pesca del día, suculentas empanadas y guisos, y todo generosamente puesto a su alcance. Lugares a los que no ha llegado aún la prestigiosa cocina de autor en plan Zurbarán o Arcimboldo, salvo raras excepciones, el reino de los chefs, tiranos y déspotas que han disparado los precios de la comida callejera y elevado la estética no comestible al estatuto de arte, la cocina al reino de los cielos y el exceso estético o la boludez suprema a cuotas ridículas.

Y si esto no lo sirve o le plantea dudas y piensa que lo que le conviene en el caso de que estalle una guerra cerca de su casa, y lo que toca es irse a países, islas o condados exóticos, lugares a fin de cuentas que apenas aparecen en el mapa, le contaré algo sobre eso, pero se hará necesario hacer un análisis diferente y un poco especializado.

Usted dice, por ejemplo, Saint Pierre de Miquelon, cosa un poco curiosa porque la mayoría de migrantes no saben de su existencia, salvo que hayan visto *Peaky Blinders,* algo debo decir poco usual entre migrantes. En la misma linea yo podría decir la Puglia, nuevo e insólito destino entre los ingleses de vacaciones, ahora que la Italia desbordada de la Liguria, los Lagos y Montecarlo se la han dejado a los euros y a los rusos. Pero también podría haber dicho Lampedusa, si lo que se busca es una cercanía pornográfica con los muchos sirios, argelinos, angoleños y benineses que han quedado varados en sus transparentes aguas; o Tristán de Acuña, por diferentes motivos que no tengo muy claros; o La Rinconada en un lugar muy alto en los Andes peruanos; o Alexander Selkirk que es chilena en el archipiélago Juan Fernández; o algunos fiordos en Groenlandia; o ciertos condados en la montaña tibetana, y los hay a montones; o los arrecifes coralinos en Filipinas, que no son muy de mi gusto; y podría sugerirle algunos pueblos de Siberia o argentinos y subtropicales; o en plan más local, los Monegros en Aragón o Finisterre en Galicia... y podría seguir hablando de otros que han contado ocasionalmente con mi presencia (aunque no haya sido muy celebrada o festejada, más bien todo lo contrario). Pero mucho me temo que no a lugar las generalidades, y me obliga usted a ir uno por uno aunque más no sea breve y frívolamente.

Pero empecemos por el principio. Si se va a usted al sur de Italia o a alguna de las islas griegas cercanas a la costa africana, debe saber que los griegos contra todo pronóstico son buenos anfitriones, son empáticos supongo porque han pasado por algo parecido, hacerse migrantes en su propio entorno lo que podría considerarse como sinónimo de empobrecerse y de pobres a muy pobres o indigentes. Si en cambio elige el sur de Italia, la Puglia por ejemplo, piense que el clima no es muy diferente al que usted conoce y los precios son bajos. Incluso si tiene que compartir con la bohemia de verano de los ingleses que es de lejos mucho mejor que la de los rusos, y por el mismo precio tendrá usted vecinos anónimos y que suelen ir a su bola, y a este propósito le recuerdo a los Durrell, que en su momento eligieron Grecia antes que Italia, entre otras razones porque a la Puglia entonces no iban ni los chinos.

Si termina en Saint Pierre de Miquelon, como parece es o ha sido el lugar de su elección, debería orientar su actividad no por los canales habituales, sino al contrabando como una de las bellas artes, aprovechando que sus vecinos más cercanos son los canadienses, pueblo conocido por su don de gentes y tolerancia. El contrabando de no sé exactamente qué, una actividad funcionalmente afín con la práctica de un arte menor que es la fuga de países en vías de extinción o de transformarse en algo peor que aún no conocemos. Tarea la de entender esto de la ficción sociológica y de la más trágica de las versiones del cinismo en el discurso político.

Si prefiere una isla en los archipiélagos del Atlántico por motivos coherentes, que no por seguir su espíritu aventurero, que la migración forzosa no tiene con la aventura o los deportes de riesgo parecido alguno. Y si el segundo es frívolo, la primera es dramática y extremadamente dolorosa a todos los niveles. Dependerá un poco si elige usted Alexander Selkirk que es chilena, y con los chilenos si usted es pobre o indigente o comunista de Allende tiene muy poco que ver, aunque Convergencia Social esté ahora mismo en el gobierno, porque los chilenos, en especial los del sector nororiental y los de la Región de los Lagos son los alemanes del subcontinente. Si elige en cambio Tristán de Acuña, que es inglesa y muy escasa, tendría poco que decirle excepto quizás que vaya dispuesto a asumir una especie de aburrimiento y extrañamiento en bucle y mostrar una clara disposición a la endogamia.

Si se queda con la alta montaña y La Rinconada en Perú, piense que allí se come muy bien y en abundancia, aunque en Lima esté entrando hace ya años la cosa insoportablemente global de los chefs magnificados y los productos de cercanía muy cercana, en especial aquellos con aspecto indigesto. Pero los peruanos son buena gente, tanto en la costa como en la montaña o en la selva, en particular si uno se relaciona más que con la burguesía indígena, con el servicio doméstico, fenómeno muy abundante en el país. Y si Perú no es lo suyo, puede pensar en Ecuador, país poblado por ecuatorianos regulados a la misma distancia del Polo Norte que del Polo Sur y al que no llegan muchos migrantes. Por lo que usted se sentiría al menos discretamente confortable y aceptado a la manera dócil de los ecuatorianos.

Lo mismo que si elige alguno de los fiordos, aunque debería tener en cuenta que de buscar un restaurante con dos estrellas tendrá el Koks a solo 300 kilómetros del Círculo Polar Ártico y en él se cocina exclusivamente con productos de su huerto de hielo y lo que recoge en un par de kilómetros a la redonda, un lugar muy raro en donde solo los escandinavos comen a gusto y por patriotismo culinario, y los migrantes deberían mantener con él una distancia de seguridad prudente. Y si los fiordos están en Groenlandia, como el mismo Koks, y no tiene usted 300 euros por persona para su menú degustación, sería mucho mejor trajese usted consigo junto con el equipaje, sus propios productos de cercanía, y estoy pensando en patatas, cebollas y embutidos varios de su pueblo, salvo que le guste el hígado crudo de foca y la mojama de tiburón. Aunque soy muy consciente de que los países abandonados en estos crueles desplazamientos son mucho más de especias que de rotisería o *épicerie fina,* o lomo de cerdo y txistorras.

Pongamos que elige usted las islas coralinas. Si estas estuviesen en las Filipinas, por mis experiencias personales no se las recomendaría de ninguna forma, y por motivos que no tengo muy claros, pero tienen que ver con el deplorable urbanismo isleño entre ausente y sobre-presente y la idiosincrasia híbrida de sus católicos remotos. Otra cosa serían las islas del Pacifico que son mis preferidas, por el clima y los alisios y la conducta mortecina y a la vez desinhibida de sus habitantes, pero piense antes de irse un par de cosas: están muy lejos y una botella de Evian cuesta cuatro o cinco veces más que en cualquier otra parte; que los isleños son muy suyos y gozan de unos privilegios que vienen del continente y no están dispuestos a compartirlos con nadie, más el hecho nada trivial de que en las islas, que tienen solo una carretera de circunvalación y la vegetación es impracticable, no hay muchos lugares donde dejar el petate ni dormir al sereno, salvo en el puerto junto a las boutiques de pareos pintados a mano, perlas negras y collares de conchas.

Si se queda al final con lugares familiares en el sur de Europa, cosa que están haciendo muchos, eligiendo por error las grandes y medianas ciudades en lugar del campo, el psicologismo rústico y los espacios vacíos o abandonados, que dirían algunos. Y estoy pensando en los Monegros en Aragón o Finisterre en Galicia, podría decirle que es muy probable que allí será tratado mejor que en ninguna otra parte, aunque personalmente yo apenas las conozca. Personalmente por si le interesa, yo en circunstancias semejantes elegiría un pueblo de no más de veinte habitantes en Segovia, y dedicar las tardes al trago con Santiago Lorenzo, que entre todos es de lejos mi favorito. Porque despejando la ecuación descubrimos que la soledad y ser feliz con uno mismo es el único lugar al que uno puede escapar con ciertas garantías.

*Desde Cien años de soledad no he vuelto a leer un libro jamás. Como los integristas el Corán. Me pregunto si debería empezar ahora a mis setenta y tantos. Y de ser así, por dónde debería hacerlo, si por la Biblia, el Corán o "Un tal Felipe" del omnipresente y barbado DB, que no sabría decir porqué me recuerda a Karl Marx y a Rubeus Hagrid, el guardian de las llaves en Hogwarts, que por cierto murió hace unos pocos días el 14/10/22, fecha que por cercanía y respeto a Robbie Coltrane hay que mencionar al paso. O pasar directamente a las pelis de zombis, caníbales y apestados, como en aquél libro de Harris, y a cómo habremos de relacionarnos en el futuro con gente que piensa diferente. Y le confieso que tengo en la cabeza a Putin, pequeño y malicioso matón, uno de los rusos más peligrosos que tiene a mi madre acojonada.*

*Carlos, por email*

Qué tendrán que ver sus lecturas o debería decir única lectura con el estrés y la agonía de una época muy mala, una guerra inesperada y caprichosa responsable de una crisis económica y recesión, que el pueblo no lo tiene muy claro porque ha hecho de la inflación solo su primer curso. Pero en aras de darle, Carlos, un respiro pongamos que existe una relación indirecta entre una cosa y otra. Estaría tentado en decirle que los que leen más de un libro o muchos, cientos o miles, no suelen generar grandes problemas, ni bélicos ni económicos. En cambio, aquellos que no han leído nada en toda su vida, se sienten con frecuencia tentados en escribir su propia historia pero con los hechos y con las manos, que es como hablan los italianos, y en ningún caso por escrito, afortunadamente.

Pero cual sería el destino de todos aquellos, y de usted mismo Carlos, incluidos los lectores de un solo libro, ya le digo que el panorama no es muy alagueño. Si usted está en política, lo más seguro es que se convierta en una figura recurrente, un político analfabeto literario huérfano de referencias, lo que resulta obvio, junto a un orador patético y sin recursos. Y si la cosa va de escribir, el orador se siente aquí más tranquilo y relajado, porque en política los que escriben son siempre otros anónimos y consejeros adjuntos, y si estos tampoco están dotados no importa, porque igual que nuestro patético orador la política como lenguaje tiene dos caras, una que no nos interesa, la cara o la máscara para los suyos, los de su partido y los de los otros, y otra cara o máscara para *il popolo,* que el político asume no entiende nada, y quizás sea por la misma razón de no haber leído un libro en su vida, o uno solo en el mejor de los casos, y solo se espera de ellos se las arreglen para meter una papeleta marcada con una cruz en el lugar adecuado y en una caja de cartón o plástico transparente si vive usted en el primer mundo.

Podría sugerirle, si me tomara su consulta en serio, que empezara por la literatura española desde Cervantes, la picaresca en especial hasta llegar a Galdós, que de pícaro muy poco, saltarse luego lo que usted quiera y terminar con alguno de nuestros clásicos contemporáneos como *La Reina roja*. Acompañar este ejercicio con la literatura latinoamericana, pudiendo elegir entre el sur y el centro, a Borges o a Cortázar, o la novela de la tierra y Rómulo Gallegos. Una vez haya llegado a este punto podrá elegir entre la francesa, la rusa y un par de autores alemanes, decisión que dejaría a su libre albedrío, o lo que le salga de los huevos, que es como hablan los que no han leído nunca nada.

De no tomarlo en serio, que mucho me temo no habrá de ocurrir en relación a su consulta, y me diera la oportunidad, querido Carlos, de serle completamente honesto, le diría que se lo piense bien, que *la novela de Felipe*, no le aportará ni le quitará nada, no queriendo decir con esto que esté mal escrita o no tenga su mérito, porque el socialismo en España muy bien pero tampoco se puede decir que haya hecho historia. Mucho me temo que *Redacción I* es la materia que en nuestro país nunca ha sido contemplada, lo mismo que expresión oral u oratoria, decían los romanos, de ahí el problema de que muchos hablemos o no sepamos escribir en modo literario o en ningún otro modo, y hayamos elegido ser mucho más físicos y temperamentales, intensos y taurinos que literarios, o hayamos de preferir los contratos a tiempo muerto sin demandas o trabajar solo en temporadas.

No lea usted nada, haga como Woody Allen u otros impresentables cuyos nombres me callo. No lea una mierda si le apetece, aunque nada le impide, si tiene los medios, tener una biblioteca en atrio con treinta mil ejemplares, la mayoría de segunda mano o regalo de las editoriales a cambio de servicios prestados. Usted dirá por qué, y no me corto un pelo en decirle que la lectura es un ejercicio o deporte antiguo, como el pancracio entre los griegos o entre las patricias romanas cortar los penes más grandes de los esclavos y regalárselos entre ellas. Leer hoy sería una antigualla, una pérdida de tiempo, como escribir sobre una tablilla de cera, teniendo al alcance de la mano las redes sociales en las que puede usted plasmar sus pensamientos en poco caracteres sin darle la brasa *au large* al lector, porque los lectores de hoy son *au court,* y aún así no se enteran de nada.

Leer, no importa qué o cuánto es completamente innecesario y una lata, y eso lo enseñan en económicas y en matemáticas. Pero si lo que quiere es perder tiempo dedíquese al fútbol sala o a jugar al ajedrez sin tener puñetera idea de cual ha de ser siquiera el próximo movimiento, o dedíquese a la taba, que es como un juego de estrategia pero en el campo.

Leer es pueril y a nadie le importa si usted lo hace, no lo hace o deja de hacerlo, y sepa que cuanto más lo haga lo único que conseguirá es levantar un muro de hormigón y ladrillo, una estructura autoportante como en el Panteón de Agripa, que le permitirá separarse de la chusma. Y si algo habrá de permitirle es relacionarse con otros como usted, leídos, instruidos y peñazos, cosa que según como se mire no le servirá para nada. Porque habrá de saber que los hábitats intelectuales, piense usted en el Circulo de Bloomsbery, por ejemplo, son muchas veces y por definición arrogantes y en relación a la cultura toda, irrelevantes, y suelen ser con la gente de la calle implacables, y se convierten en los peores enemigos de aquellos que se dedican a las actividades manuales o los que solo estudian oficios o Formación Profesional de Grado Superior.

Pero una u otra cosa, leer, no hacerlo o haber leído un solo libro, tiene su lado positivo. ¿Qué lado es ese, dirá usted? Digamos que le brinda a cuenta de ningún esfuerzo extraordinario la posibilidad de mantener, sea mujer u hombre, su himen, me gustaría decir, intacto. Y podrá ser usted virgen por el tiempo que le queda en este valle de lágrimas, intocable y aburrida (y esto vale para los dos géneros) buscándose la vida solo con sus escasos recursos no contaminados por la intelectualidad más progre, y por lo general pretenciosa y pedante.

Y el haberlo leído todo, como suele decirse, es apenas una hipérbole figurada e inofensiva, pero le daría a usted la posibilidad de encontrar un nicho pequeño en donde situarse con garantías, debatir con gente que lo entienda y poder hacer lo que más le gusta, y no solo hablar de más, al pedo o gratuitamente, cosas que vienen incluídas como las pilas en algunos juguetes, sino pasar el rato y echarse un polvo de vez en cuando dentro del grupo de sus iguales, amigos, listillos, listillas, *flappers and Philosophers,* que diría Scott Fitzgerald. Y le daría también la ventaja de poder pasar buena parte de la vida lejos de la familia y/o del mundo rancio de la empresa y convertirse en un autónomo creativo. Y rodeado por estos altos muros, usted estará a salvo de paletos e ignorantes mal encarados, de esos que hablan mucho y no dicen nada, de los que hablan solo de sus cosas, en especial del único libro que han leído o escrito, lo que sería el no va más de lo intelectualmente tolerable, de sus falsos éxitos y fracasos personales, enfermedades imaginarias e hipocondrías varias, al estilo de Woody Allen, cuando su interlocutor es probable lleve dentro un cáncer de pulmón o cualquier otra cosa igual de desagradable. Con la diferencia de que al buen judío del Upper East Side le importa un carajo todo, y solo pide que cuando se muera y lo incineren, con la categoría de cineasta o pedófilo, da igual, pero por favor *esparzan sus cenizas cerca de una farmacia.*

En cuanto a ese asunto tan feo de que se ponga usted a leer novelas apocalípticas, le diré que lo de verdad apocalíptico es a veces la vida cotidiana, especialmente la de gente que uno no conoce y que mejor se instale lejos de su casa y en otro barrio. Olvídese de Richard Matheson, de esos autores que se le suben a uno a la chepa cuando lo suyo no es más que una vacaciones *low cost* que no han salido bien del todo, mientras que la vida y rituales de nuestros pobres migrantes y desplazados es el auténtico cataclismo, el fin del mundo tal como lo conocemos y sin embargo ha estado con nosotros desde el principio.

Para terminar y hablando de Putin, sin otro motivo que quitarle el miedo a su madre, le diré que no es Stalin ni Lenin, por no ser no es ni *Conan el bárbaro.* La guerra, invasión o intervención, según los protocolos del Partido, o como quiera llamarla, estimada señora, mírelo bien y descubrirá un problema complejo en donde rusos y ucranianos saldrán los dos perdiendo, y en materia de ingresos y gastos uno de los dos o incluso los dos, ganando. Porque los ucranianos tienen sus propios oligarcas y el dinero, préstamos y activos para la reconstrucción del país vendrá de la Unión Europea, y se hará el viejo pase de manos y tres para mí y uno para los ciudadanos.

En cuanto a los rusos y sus desventuras, a los que mandan les importa poco la muerte de unos cuantos miles de reemplazos, están acostumbrados y forma parte de sus tradiciones históricas y culturales. Y todo se arregla al final bajando los precios del Vodka y sacrificando sus mejores cualidades, que los rusos no son los escoceses de Macallan. Y a su madre le dice usted de mi parte que se relaje, ahora que puede, y se dedique a sus programas favoritos en la tele, y le sugeriría viese por segunda vez, pero esta con ojos más inquisitivos, la serie de Zelinski *Servidor del pueblo*, porque es allí donde habrá de encontrar todas las claves.

En cuanto al ruso pequeñín e introvertido ya le digo yo no tirará una mierda, ni ojivas nucleares estratégicas ni armas nucleares tácticas, ni nosotros tendremos la suerte de acabar con un poco de dignidad nuestras vidas anónimas y desgraciadas, como le pasó a Marco Antonio, por seguir con los símiles romanos.

Y recuerde aquello de *qué han hecho los romanos por nosotros*, y le remito para eso a *La Vida de Brian*. No estoy seguro sobre los romanos, pero me atrevería a decir que los rusos no han hecho nada, y los ucranianos tampoco, porque los que joden la marrana al final son siempre los mismos, sean Secretarios Generales, Presidentes Republicanos, dictadores, emperadores o tiranos, Augusto, Cayo Octavio o Pijus Magnificus, los del Frente Popular de Judea o el antes llamado Partido del Cambio Decisivo (y vea, Carlos, lo mal servidos que van los ucranianos de *copy writers*, y al que no le guste que lo folle un pez o *Oh, please, shut up!, or screw you...* que para eso están los idiomas.

Dr. Frodo,

*Tengo la sensación de que mi perro desde que ve las noticias no es lo que parece ser. Y no lo digo porque tenga miedo de que vaya a escuchar o a leer incluso lo que escribo sino por esa actitud suya condescendiente y consoladora que mucho me temo es despectiva, que los perros no sabe usted de lo que son capaces. Los de la guerra y los otros.*

*Cristina, por email*

Entiendo Cristina, o dígame si me equivoco, tiene usted la sensación de que su perro es consciente de lo que está pasando. Y no solo me refiero a la guerra entre los ucranianos nacionalistas y los rusos imperialistas de Catalina la Grande que hablan la lengua de Pushkin, sino también de la estrepitosa subida del índice de precios al consumo, o de que mientras el Ministerio de Economía va y dice que rondamos ya los dos dígitos o los superamos, la gran empresa y la pequeña o las pymes del vecindario han subido ya también dos dígitos y un poco más, aunque esta vez cercanos al treinta por ciento.

Doy por hecho que no se le va la olla y no es usted una de esas sensibles románticas que le hablan a sus perros como a los niños de dos años, hijos, sobrinos o ahijados. Que es usted una persona racional que sabe distinguir perfectamente entre especies del mismo orden, mamíferos de sangre caliente, marsupiales y placentarios, y no tiene muy claro que a los perros no se les debe hablar en ese lenguaje ñoño al que las mujeres y algunos hombres nos tienen acostumbrados, no digamos ya si se trata de reptiles sean estos serpientes, lagartos, tortugas o cocodrilos de gran tamaño del *outback* australiano con muy poca demanda en las tiendas de animales, a fecha de hoy inexistentes y antes políticamente incorrectas.

Pero supongamos por un momento que comparto con usted ese presentimiento, y percibo yo también que su perro ha cambiado aunque solo sea sutilmente este último año. Por la forma en que la mira o por cambios sutiles en su lenguaje corporal o por sus reacciones condescendientes aunque no del todo convincentes a las alteraciones que se han producido en el suyo. Yo le sugeriría que hiciera un alto en el camino antes de seguir leyendo y pensase si no será usted la que ha cambiado sin darse cuenta y que su perro sigue siendo el mismo de siempre.

Supongamos que -llamémosle Carmen o Rigoleto - presiento que el invierno se nos promete duro e implacable y eso tendrá un efecto negativo sobre el volumen y naturaleza de sus raciones, y por el cambo climático en los lugares donde reside, durante el año y en vacaciones, o la duración de sus paseos habituales por la playa o por el pueblo. El hecho de que nuestro pesimismo sea fácilmente perceptible y haya sido visto por ellos, grandes especialistas en lenguajes corporales, en nuestras actitudes, modos, tonos y timbres de las frases de mando o elogios incomprensibles de los que ellos solo advierten sus graves y agudos, nos deja en clara desventaja.

Supongamos que los perros tengan ese ese sexto sentido que les permite anticiparse a incluso a nosotros mismos cuando las cosas vienen mal dadas. Conducta sorprendente que habrá visto usted en montones de películas y programas sobre la naturaleza salvaje, cuando los animales, aves, mamíferos herbívoros y depredadores solitarios, salen literalmente cagando leches por tierra y aire cuando las ven venir malas, con guerras, terremotos, sunamis y vientos huracanados.

De ser así me permito hacerle unos cuantos breves comentarios para que usted entienda lo que en realidad está pasando y si cabe modifique su comportamiento en relación a su simpático e hipotético Nabucco, Carmen o

Rigoletto. Y no hablo de gatos, porque los felinos no suelen compartir ninguno de sus secretos, y su lenguaje corporal complaciente solo les interesa cuando repercute en su claro beneficio en forma de caricias, buenos alimentos frescos y artefactos domésticos en donde afilar sus uñas, con preferencia los sillones o tresillos de Roche Bobois o Arte España.

Por ejemplo, asuma la hipótesis que los perros son muy listos, mucho más que usted y en ocasiones más incluso que auténticos filósofos, escritores y políticos de la oposición, diría yo, aunque estoy seguro ellos no dirían lo mismo porque claramente la mayoría de los perros con pedigree todos son manifiestamente fascistas o todos de derecha.

Asuma que habrá de reaccionar cuando usted entre - y espero no ocurra nunca - en el reino de los enfermos y abandone casi sin darse cuenta el de los sanos, porque es en ese preciso momento en el que los perros deberían mostrar sus mejores cualidades y dejar constancia de que interpretan el lenguaje corporal de sus dueños o partenaires mejor que nadie, y olvidar el dandismo y a veces indiferencia de su naturaleza canina de clase, no vaya a ser que los perros sean al final nada más que unos depredadores tímidos, postergados o sencillamente aculturados, si me permite, Cristina, la licencia.

Asuma también que esa actitud consoladora y condescendiente sea en realidad suya, y no de Carmen o Rigoletto, y que esté siendo entendida por él como minusvalorante o despectiva, y que se vea usted en la necesidad de cambiar con carácter urgente su rango o cuadro de valores y modificar en clave *alpha* preferentemente la relación o relaciones que mantiene usted con los animales en general y en particular con aquellos que piensa forman parte de su familia extendida.

Y es hora de que entienda, Cristina, que si hablamos de

los perros que tienen usted en casa y con los que comparte cama probablemente (como los hizo Adolfo con su perra Blondi), situando a la bestia en el lugar que antes ocupaba la esposa (en el caso de Hitler la joven Eva), deberá pensar en corregir sus hábitos. Pero si hablamos de la guerra, y me refiero a los pobres chuchos eslavos, en especial a aquellos que han sido abandonados por su dueños en las ciudades ocupadas (y luego en las liberadas), piense que para ellos nada ha cambiado, piense que estarán ahora, una de dos, en modo salvaje o asilvestrados, y los más susceptibles habrán perdido toda la esperanza, lo mismo que los humanos, en particular aquellos que hacen frente a las enfermedades, el frío, la falta de alimentos y eventualmente la muerte entendida como el cese de la actividad cardíaca y respiratoria.

Y a modo de conclusión le diría que, como usted ya sabe, una cosa es un perro/perra bien alimentado y otra uno que está pasando hambre, y si el primero se mostrará *aloof* e independiente, el segundo empezará probablemente comiéndoselo a usted y a la abuela que esta inmóvil en la cama y también ha sido abandonada, empezará decía, a comérselos a los dos por las partes más blandas. Mientras que si se trata de los perros de la guerra, y no me refiero a la expresión habitual claramente antropomórfica y chuchofóbica, sino a los otros, a los buenos perros de verdad que han perdido todos ellos su optimismo instintivo, se vean avocados ellos también a modificar el lenguaje corporal al que nos tenían acostumbrados. La manera en que habrán de representar a su particular modo, y como en el teatro griego con máscaras esperpénticas, *soccus* o *coturnos,* nuestro mismo drama de desesperación y abandono.

Los perros son capaces de muchas cosas, y ahí tiene usted a Lassie, Hachico, Beethoven, Marmaduke o Colmillo Blanco entre tantos otros, de lo que nunca serán capaces es de ser tan estúpidos y necios como nosotros, los humanos, grupo salvaje donde los haya, en el que estamos incluidos todos, tanto usted como yo mismo, los políticos y los planes de desarrollo que nos tratan y han tratado siempre como animales de compañía.

Yo no diría bajo ningún concepto simples animales, o perros malos, salvajes o razas peligrosas, ni diría perros con rabia o sarna. Porque si Lynch en realidad nunca quiso decir quién mato a Laura Palmer, ya le digo yo que no ha sido un perro, uno grande o muchos pequeños, con hambre o sobrealimentados, porque sus motivaciones, las de los perros, a la fecha son todavía oscuras, y si son antipáticos o peligrosos es porque sus dueños así lo quieren. Porque nuestros mejores amigos, dice el estereotipo, no tienen ningún Corán o Biblia fundamentalista como la de los Guardianes de la Promesa, no son nacionalistas fanáticos ni forman cuadrilla que se sepa con el PNV o la ANCA, como lo hacían en los campos con los nazis.

Los perros son mucho mas que eso o mucho menos, pero lo que los motiva son sus instintos y un complejo sistemas de premios, recompensas o su ausencia y falsos códigos sentimentales, y nunca se ha sabido que sean conscientes de lo que hacen y mucho menos de que tengan mala conciencia. Así que, querida Cristina, relájese por favor, que la fenomenología del espíritu de Carmen o Rigoletto nadie tiene que ver con las estupideces o crueldad que con frecuencia matizamos nuestra conducta de mierda los humanos, y bastará que le pase una mano por el lomo o le rasque el cuello o la grupa para que descubra que entre usted y él no ha pasado absolutamente nada.

*Dr. Frodo,*

*Me pregunto doctor, puede le parezca una estupidez, si nos quedará al menos la esperanza de los extraterrestres. Mi madre me aconseja que no escriba estas cosas que la gente le parecerá que estoy chiflada. Loca como los pepiños y peperos que habrán de votar a su líder, lo siento mucho porque es gallego como usted, o como los creyentes que van a Lourdes o se hacen todas las escalinatas en La Plaza de España sin saber que eso no tiene nada de religioso, como las colas los domingos o los miércoles para ver al Papa, que es argentino como usted, o gallego incluso, aunque no tengo muy claro si es usted una cosa u otra. Bueno, qué más da después de todo, yo lo que venía diciendo es que subir esas interminables escaleras sea algo sagrado cuando en realidad lo importante es que allí está la casa de té de Babignton`s, en donde un high tea cuesta más que unos borceguís italianos y porque hay una casa en la que vivieron una temporada Keats, Shelley, Byron (si no me equivoco) y visitas ocasionales, todos libertinos, me dijo mi madre, a los que les daba la mismo la carne que el pescado ¡Je, Je!*


*Suya, Alicia, por email*

Bueno, estimada Alicia, como Alicia en el País de las Maravillas y su secuela, la Alicia Vikander, la Alicia Silverston de *Clueless* o la de Instagram, me pregunto. Empezaré por lo más sencillo, argentino, gallego o uruguayo, que mas da por dios, si me ha leído antes y ha entendido algo, debería saber ya que para mí las nacionalidades me la traen floja, siempre y cuando no sean de las malas, ya sabe y corro un discreto velo y para indicarle el camino le dejo unas pocas pistas: serbios, alemanes o... rellene usted los espacios en blanco. Porque no se trata de que haya nacionalidades buenas y malas, sino gente que las hace suyas y las genera junto con otros, y cómo son sus hábitos, costumbres y clichés, porque las nacionalidades qué son si no la suma de las personalidades de unos cuantos boludos que no del todo mundo, porque el proletariado y el subproletariado, las élites y los que van forrados tienen las suyas propias, quiero decir nacionalidades, porque muy distinto es que sea usted del linaje de los Cruz-Stuart, los Alba o los Álvarez de Toledo, reponedor o cajero en Mercadona o Carrefour, que es una casa francesa, o funcionario en un pueblo olvidado del Alt Empordá.

Para ir al asunto que le preocupa, y no me llevará mucho, le diré Alicia que depositar sus esperanzas en la llegada inesperada y sin previo aviso de extraterrestres a caballo de sus increíbles máquinas voladoras, no es más estúpido que hacer una cola de dos horas en Doña Manolita, en la calle del Carmen, para comprar un décimo que la hará a usted millonaria de la noche a la mañana, lo mismo que piense que votando socialista o PP, Más Madrid o al Partido Animalista o Pacma va a arreglar sus problemas de supervivencia, y no digo como especie sino para llegar a fin de mes simplemente.

No, no lo es querida, la esperanza nunca lo es, es lo único que nos mantiene activos y disponibles en el mercado laboral de nuestra vida de mierda, y aunque poco se parezcan unas y otras, es también la misma que consigue que Elon Musk no pierda el sueño pensando que con la compra de Twitter ha hecho la gran cagada financiera del siglo, y si tenía antes un préstamo al 0, 5 lo tendrá ahora a al 2,5 o más y tan noble producto se convierta sin que nos demos cuenta en la fosa séptica de nuestras pequeñas ahora públicas y antes secretas ambiciones literarias y/o periodísticas, entre otras mucho más banales.

Se le ha olvidado sin embargo, querida Alicia, reflexionar sobre la naturaleza de nuestros hipotéticos visitantes, porque la naturaleza de los partidos políticos ya la conoce usted de sobra aunque no haya dedicado un solo minuto a pensárselo. Quiero decir con esto que mucho mejor será que los extraterrestres sean buena gente, ya sabe, en plan *Men in black*, que no reptiles o saurios del mismo orden. De ser buena gente los mencionados alienígenas ha pensado usted qué diablos los motiva para acercarse a nuestra galaxia con el precio al que están los combustibles fósiles y la energía eléctrica, por no hablar de los cereales y los productos de cercanía incluso, aunque del campo a la plaza del pueblo la verdad no se paga transporte. Por qué habrían de venir entonces y cuales serían sus intenciones, sino contaminarse con nuestros peores hábitos y rutinas, que seguro ellos no van por ahí fumando, bapeando o metiéndose chutes de meta ni fentanilo, ni rinden cultos masivos, ni hacen grandes guerras de exterminio entre sus diferentes culturas para hacerse al final con un trozo de tierra azul añil o azur y sus contaminados habitantes, que comparado con la que hay flotando libremente en el espacio y en cómodas esferas rocosas o enormes trozos de hielo y permafrost sin nadie que los reclame. Aunque pueda ser quieran compartir nuestra lujuriosa y voluptuosa naturaleza que está tal que ahora mismo yéndose al carajo con el cambio climático, aunque siempre será mejor que vivir sobre una puta roca o en un planeta de hielo como los padres de Superman, ese sí nuestro primer extraterrestre bueno, y no sabe usted los problemas que nos quitó de encima el guaperas, y basta ver el comic de Jerry Siegel y Joe Shuster que es probable no lo haya sido nunca y *at all* si no un informe en clave de la NASA.

Y qué pasaría si son unos hijos de puta, como decimos aquí en la tierra o en una al menos de mis nacionalidades, y no es del todo improbable. Y no quiera usted saber lo que pueda pasar, quizás nos congelen o pulvericen con sus pistolas de rayos; quizás nos conviertan en proteínas de alto poder nutritivo para sustituir sus extraños productos agrícolas y sus más raros aún suministradores de proteínas que comparados con nuestros famosos ibéricos, la pasta italiana o los *panini de porchetta* los primeros quedan en muy mal lugar; o quizás nos sodomicen o peor aún nos den por culo, pero no en plan PP de manera indirecta y como muy hipócrita, si no como las elefantes a las pobres hormigas; quizás contraigan con nuestra mujeres matrimonios morganáticos y a los hombres nos utilicen como servicio doméstico al estilo de los viejos victorianos y eduardianos, de siete a diez, con derecho a roce y sueldos miserables, y quizás sea todo porque acabaron ya en su planeta con todas las mujeres, por violencia de género o por aburrimiento, porque dicen los extraterrestres las mujeres cuantos más mayores más le dan a uno la chapa, o vaya usted a saber por qué extraños motivos, o hartos los alienígenas de que el poder del hombre se haya minimizado incluso en los planetas y galaxias más lejanas y tengan a la peña machorra preparando biberones y tejiendo zapatitos de lana para sus crías, ellas también placentarias que no ovíparas.

Me pregunta también si está usted loca (los extraterrestres imagino lo estarán por defecto viviendo en entornos tan hostiles), diagnóstico siempre precoz e inconsistente cuando cae en manos del vulgo. Tranquila Alicia, se lo dice un profesional. Y la escalinata de la Piazza que la suba su madre, que todos esos escalones como en la pirámide de Kinik Kak o El Castillo de Kukulcán y en general de las pirámides mayas, lo han hecho desde tiempo inmemoriales los cabrones de los sacerdotes para hacer rodar las cabezas de sus víctimas propiciatorias si se trata de bajar, y si se trata de subir, que las suban los patanes, los devotos y los fanáticos de los *step-ups*.

Y no podría estar más de acuerdo con usted en cuanto al precio del *high tea* en Babington`s tea room, la casa de té de los cojones, en donde los turistas con pasta

se sientan en su terraza a treinta grados centígrados y a
las dos de la tarde, los más capullos para ser vistos por
las masas o por ellos mismos en su espejitos de
Grimalda, la Reina Malvada de Blancanieves. Por otra
parte, Alicia, le aseguro que ningún romano se ha
sentado en Babington`s en su puta vida, salvo por
supuesto que haya invitado a una guiri forrada en pasta
a la cual y después de la siesta y una cena en La Pérgola,
en el Waldorf Astoria, o el Mirabelle en Porta Pinciana,
que pagará ella después de haber sido cepillada con
gran alarde de masculinidad romana que es la más
libidinosa de la península o a cuenta de la promesa de
que contraerá matrimonio civil llegado el caso con su
atractivo anfitrión italiano. No, querida amiga, como ya
debería haber adivinado yo soy mucho más de Piere
Paolo Pasolini, y hablo solo con mis amigos intelectuales
(que pocos tengo) y con el subproletariado, jamás con la
pequeña burguesía ni con la otra.

Y para acabar, hágame caso Alicia, los consejos y
advertencias de su madre le dice usted a ella de mi
parte que se los meta por donde le quepan, que el futuro
si no en manos de los alienígenas lo estará en las suyas
o en las de nuestros paisanos en este imprevisible y
socarrón planeta.

*Sr. Frodo,*

*Mi padre me ha dicho que las redes sociales son una
enfermedad mental, una patología creo que dijo. Yo, la
verdad es que no tengo muy claro eso de patología, la
enfermedad mental imagino deberá ser algo sí como el
COVID. Cobi fue la mascota de los Juegos Olímpicos de
Barcelona 1992, un gos d`atura cuadrado y dígame si eso
no es anticipatorio. Yo pienso que se equivoca, que el que
está un poco enfermo es él mismo, el viejo como en Plinio
el Viejo, funcionario de la Galia e Hispania, dice Wiki. Ha
dicho que como no cambie de actitud -se refiere a mí-
redes my ass, me mandará a rehab, a donde enviaron a
Amy Winehouse, diva italoamericana. Y a otra cosa. No*

*tengo muy claro quien pueda ser la tal Amy, lo mío es más bien Danny Ocean, King Savagge o Bad Bunny, pero lo he googleado y parece que la piba se pasó de drogas recreativas o de diseño, de sintéticas, se suicidó o algo así, o se suicidó como por descuido, que eso pasa ahora en días alternos. Yo le digo que en redes nadie se suicida, la gente va y juega o habla con sus amigos, y se dicen cosas divertidas o vé las imágenes que han colgados otros y a veces uno mismo, por cierto muy divertidas. Yo le diría un par de cosas, pero no tengo las palabras para eso. Me podría ayudar Dr., le van a ustedes las redes, es más de Instagram o más del pajarito, de Twitter, o lee libros en papel como hace mi padre, que eso sí es de locos. Muchas gracias y perdone las molestias.*

*Alex, por email*

Ninguna molestia. Pero para empezar, Alex, permita que le diga que no es señor, es Doctor, una cosa son los señores sin estudios y la chusma y otra cosa son los doctos, los doctores, comunistas, anarquistas o bisexuales, que la ley no lo tiene muy claro, y en Argentina, sin ir más lejos, tienen ya una casilla en el DNI que dice No binarios. La verdad tengo la impresión que en el fondo le da a usted lo mismo, que en materia de tendencias los zetas generacionales, que no los de "El Loco" Osiel van como muy bien servidos. Trataré, no obstante, de clarificar lo dicho por usted y mi propia opinión en frases cortas para que lo entienda, que con las largas los nuevos zotes se quedan siempre en el camino. Y se habrá fijado ya que no he dicho zetas sino zotes, sinónimo que viene a ser lo mismo que zoquetes, va también de tontos o cenutrios, y suena un poco como a español antiguo, como si antiguo no lo fuese el español todo.

No le voy a negar que lo de Cobi, su homónimo y ligera polisemia, me han gustado. Traen recuerdos de una Barcelona distinta a la que es ahora, involuntariamente provinciana y discreta en donde la corrupción y las prevaricaciones navegaban todavía con bandera andorrana. Y no tanto el perro en sí, que los prefiero naturalistas, en fotos o en TikToks haciendo de las suyas. Lo mismo con el cubismo, un fenómeno que no dejó huella y ahora el arte va de otra cosa y cubista, cuadrado o *square,* lo es cualquiera. Y el que diga lo contrario, miente, y si no me cree fíjese en Jeff Koons, Damien Hirst o Cindy Sherman, por citar unos pocos, que seguro le sonarán a usted a chino o, como dirían los alemanes, *Das kommt mir spanisch vor.*

El cubismo es a las redes siento decirlo como los espagueti carbonara del bar junto a su casa al *soutè di cozze* o los *taglieri genuino, di salumi, formaggio e noci,* de Tonnarello, por citar solo un restaurante que sus padres puedan pagar en un eventual viaje a Roma. Y me pregunto si se ha preguntado alguna vez si las redes sociales son hoy arte moderno, qué diablos vendrá luego. Personalmente creo que el devenir nos traerá las guerras y sus perfomances con poco aparato ideológico y los desastres naturales, ambos eso sí en plan derogatorio en relación tanto a lo que antes entendíamos por guerra (la Primera y la Segunda, la de Vietnam, Irak o los Balcanes) o al tiempo meteorológico del pasado, cuando hacía frío o calor, llovía o no caía ni gota.

Que compare a su padre o *viejo* con el mismo Plinio no esta nada mal. Resulta imaginativo por su parte. De hecho está *pretty, pretty, good* salvando las distancias, y el mal fario de tener la sensación de que su padre pueda ser sin duda funcionario (refugio de los mediocres), pero no pretores y otros por el estilo de la antigua Roma, ni de la moderna. Mucho menos que haya escrito libro alguno, no digamos ya cosas como la *Historia natural* en varios tomos, *El Cielo* o *Lapidario*, que de ser así su hijo, quiero decir usted mismo, Alex, le habría salido un punto más listo, aunque tonto del todo no lo sea, tampoco es que sea la leche, ni en uno ni en otro sentido.

Tampoco pienso contarle quien era Amy Winehouse que me llevaría su tiempo y dudo mi relato sea compatible con los códigos que usted maneja. Y además, con la música que se escucha ahora y por volver al anterior símil, es como comparar a Celtas Cortos con Nicky Jam, Daddy Yankee, Bad Bunny o Camila Cabello entre otros, que no serán enfermos mentales pero dan el pego. Porque si antes la música se escribía para disfrutar o bailar, hoy se escribe solo para rimar y para que la peña se dé una y mil veces contra las paredes o se quede en su puesto agarrándose las criadillas (ellos) o la vulva y labios vaginales mayores o externos (ellas) con la mano derecha o izquierda indistintamente (ambos).

Y sepa, estimado joven, que contra las drogas no tengo nada. Las tomaban en el antiguo Egipto y en Roma, y los intelectuales en París, yo mismo en el Parador de la Brava y en mi adolescencia, y otros en casa, sentados en su sillón o sin levantarse apenas de la cama. Y las tomaba Rimbaud junto con la absenta (un pendejo de dieciocho o diecisiete años) y entre libro y libro, entre *El barco ebrio* y *Una temporada en el infierno.* Pero si se trata de drogarse o cebarse con alcohol hasta caer a plomo con un síncope neuromediado (y le ruego me perdone, pero lo puede *googlear* si lo desea) el asunto toma ya otro pigmento, y no hay nada peor que ver a una adolescente semidesnuda arrastrándose por el laminado de un club apestoso sin saber exactamente qué ha pasado. Y dígame, aunque no venga al caso, si googlear y golear no son también términos ligeramente homónimos, sin embargo no hay dos cosas más diferentes.

Y si vamos al asunto de las redes, créame que la cosa se complica a extremos insospechados. Hay redes para la pesca (de tiro, de fondo, flotantes o de deriva), de cocodrilo gigante en los Territorios del Norte, redes para pájaros, japonesas o de niebla para cazar jilgueros, tórtolas o palomas, para los combates cuerpo a cuerpo entre gladiadores en la arena de los coliseos, redes de narcos, de espías durante la Guerra fría, hay redes metafóricas, redes de neuronas, redes de contrabando y redecillas para el pelo... Y después están las redes sociales, que son por primera vez las redes que incluyen todas las otras, en uno u otro sentido. La diferencia radica en que sin antes las redes estaban categorizadas y las había para una u otra cosa, las redes sociales son inabarcables y polisémicas por definición y bien sustentadas, diversificadas o especializadas, y sirven casi para cualquier cosa, menos para hacer, por ejemplo, una fabada asturiana, plato predigital por excelencia.

No sé si me explico, querido Alex, lo que quiero decir es lo siguiente: si estas se ponen en manos de gente instruida o sencillamente con buenas intenciones, sus posibilidades pueden ser infinitas, podrían llegar incluso a mejorar cualitativamente la especie; si se ponen en cambio en manos de incompetentes, malintencionados, mediocres, maníaco depresivos, gente con mala baba, políticos en general y adolescentes sexo-adictos, las cosas son muy diferentes. Y dirá usted por qué. Le podría decir que por razones obvias, porque lo que vale la pena de ser divulgado debería ser exclusivamente lo bueno, generoso e inteligente, y porque, desgraciadamente, las redes sociales son *per se* contradictorias, exactamente al revés de lo que ocurría con las redes de antes diseñadas para atrapar sí pero no comunicar nada, y es eso los que las hace tan atractivas.

Y si se trata de los libros de papel (o electrónicos) que menciona, como los que lee su padre, créame Alex que da lo mismo siempre que usted lea algo más que los restos de sus putos algoritmos y la cháchara y garrulería de sus *streamers* favoritos, o los dos títulos en catalán que le han suministrado la educación inmersiva por la que usted creo transita, que tratándose de esos dos insoportable y horriblemente aburridos da lo mismo si los lee usted, los tira a la basura, los recicla o los utiliza perversamente como arma táctica nacionalista. Los libros no los ha creado el diablo, las redes en cambio las han programado una panda de descerebrados muy inteligentes con la nota de corte necesaria para Mates y unos cuantos algoritmos aparentemente inofensivos, pequeños ingenios diabólicos con los que han sustituído a la figura paterna ya hace unos cuantos años.

Quédese tranquilo Alex que su padre no está loco ni chiflado, al menos no porque lea libros en papel o digitales, libros a fin de cuentas. Probablemente, si de locos se trata, sea usted y sus colegas los elegidos. Pero tampoco eso importa porque en el futuro todos locos o jodidos, que otra cosa no se podía esperar si tenemos en cuenta lo que han estado ustedes haciendo todo este tiempo encerrados en su habitación o cápsula del tiempo. De todos modos, y si tenemos en cuenta el tiempo que los adolescentes dedican hoy a sus padres, es probable que ya haya alcanzado usted su madurez limite y la locura sea de aquí a nada un estatuto como los necesarios para la creación de una nueva sociedad, y una condición aceptada mientras pague usted sus impuestos y cumpla con sus horarios de trabajo en la macroempresa y en nuestra futura sociedad mercantil.

Y la cuestión de si las redes sociales son una patología, una enfermedad mental, tenga en cuenta que estos valores ya están caducos. De no ser así como se podría explicar que países enteros estén hoy en manos no precisamente de streamers, youtubers y trendsetters, y no de auténticos perturbados sedientos de poder como Kim Jong-un, Putin, Ebrahim Raisi, en Irán, Abdul Rashid, en Irak o Donald Trump hasta hace tres días, que encajarían a la perfección en categorías como maníaco depresivos, paranoicos, obsesivos compulsivos, bipolares pasivos, o en otro orden de cosas, auténticos demócratas contemplativos o incapaces. Por no mencionar las viejas dictaduras militares de extrema derecha o socialistas que entrarían cómodamente en la categoría de histeria o paranoia colectivas, o viejos autócratas delirantes con trastornos de la personalidad y del espectro esquizofrénico como nuestro todavía no olvidado Generalísimo, el Enver Hoxha de los albanos o el viejo Nicolae Ceausescu y esposa, de los rumanos, y tantos otros.

Es verdad, querido Alex, le ruego no me malinterprete, las redes sociales no han matado nunca a nadie, pero sí que hacen daño, aunque usted no lo advierta. Y lo hacen de una manera retorcida o de rizoma (que diría Deleuze, ilustre desconocido en los tiempos que corren), aunque ignoramos aun cuales podrán ser las consecuencias en el imaginario y la conducta adulta de sus usuarios, aunque tengamos muy claro ya que a los jovatas nos han hecho polvo.

*Dr. Frodo,*

*No sé por donde empezar, el caso es que yo siempre he creído en los conceptos simples, adjetivos o calificativos, quiero decir ... bueno, no sabría explicarme de otro modo. Confío en que usted me entenderá. Mi marido dice que soy una romántica, que la vida es mucho más complicada que eso. He decidido no hacerle caso y consultar con usted, a los maridos se les va la bola, se ponen tontos o machacas y se repiten todo el tiempo. Más aun tengo la sensación de que sobrevive un masculino abisal ya no es su comportamiento sino en lo que dice, y en lo más profundo de su pensamiento habita un ridículo monstruo exista que disfruta llevándome la contraria. Por si no me entiende, Dr., le doy algunos ejemplos: hay buenos y malos, pero la cosa no se queda ahí, hay matices, lo mismo que feos o lindos también tiene sus categorías. Me podría decir qué piensa al respecto y si vería necesaria una separación, suponiendo que esto fuera motivo de divorcio en una sociedad ansiogénica como la nuestra, o que revisáramos juntos los libros de lenguaje, quiero decir Saussure o uno de esos, que no los libros del cole.*

*Sonia, por email*

Yo no los llamaría simples, y me atrevería a decir ni siquiera conceptos, y tengo muy claro aquello de nunca subestimar el poder de los adjetivos calificativos, como usted dice. Aunque a la hora de hablar sobre cualquier cosa yo estaría inclinado a ser *firm and fair* y utilizar el lenguaje solo en este sentido. Que los hechos, Sonia, son de escasa importancia y entre la gente comprometida con el lenguaje, como al parecer es su caso (y debería decir el mio), lo que de verdad importa son las opiniones. Y es eso lo que yo pondría en lugar de matices o categorías ( como dice usted) a la hora de diversificar un concepto simple. Siendo que tampoco estoy muy convencido de que conceptos sea un vocablo del que fiarse. Dicho en otras palabras, que no conceptos, diría, Sonia, que a primera vista esto no lo entiende nadie o en el mejor de los casos solo unos pocos, un dos o tres por ciento, según estadísticas. Mientras que las palabras a montones diría yo venden millones, de libros y de euros, y al mencionado dos por ciento no parece tenérsele en cuenta.

Yo sí la entiendo, Sonia. No tenga ninguna duda. Y sepa que no es usted romántica aunque lo parezca, porque el romanticismo es un termino devaluado, y cuando lo escucho en boca de otros, lo siento como un cliché atravesándome las carnes, y me pongo a pensar en Keats y Shelley, poetas que acabo de mencionar casualmente a mi anterior analizante, en realidad los únicos y últimos auténticos románticos. Hoy el romanticismo podría ser un sustituto superfluo a la falta de una opinión formada y la señal del miedo que tienen algunos a hablar claro y llamar a las cosas por su nombre. Y no veo, querida, qué rocambolesca relación pueda tener esto con el miedo a la guerra o la extinción, pero cada uno con sus cosas.

Lo de su marido mucho me temo ya es un asunto diferente. Tiene usted razón en eso de que cuando nos hacemos mayores mostramos una tendencia ingrata a repetirnos y hacernos insoportables y obsesivos de unas pocas cosas, cuando no nos convertimos en seres mezquinos e ingratos, ansiosos por hacerle pagar al otro su vejez mal gestionada. A su razonamiento yo sumaría el caso que no parece tener en cuenta de que las mujeres sufren exactamente del mismo mal y me atrevería a decir que con frecuencia en números mayores. No, no le haga caso a su marido, a su marido ni bola, que razón tiene en eso de que muchos son los que ocultan en lo más profundo de su ser un sexismo intolerable y un desprecio por la mujer todavía no superado, y que ellas ahora mismo están combatiendo quizás con las armas equivocadas. Confórmese entonces, querida Sonia, con los consejos de su terapeuta.

Estoy muy de acuerdo en que términos aparentemente inocentes, como lindo o feo, bueno o malo, pueden ser matizados de muchas maneras, y es el matiz lo que al final uno debe tener en cuenta. Hay lindos físicos, espirituales, deseados o rechazados, ostentosos o discretos; y hay feos que ocultan, feos que se exponen, feos atractivos, simpáticos, introvertidos, incluso hay feos que se ocultan entre los lindos porque son atractivos, y entre ellos las relaciones son las mínimas o no existe parentesco alguno. Y si su marido no entiende esto es porque algo falla al nivel de sus adjetivos calificativos, que son muchos los que se inhiben de manifestarse en estas cuestiones. No, no son pocos los que carecen de opinión al respecto, y no se les da muy bien aquello de calificar o adjetivar cualquier cosa, se retraen y se quedan contentos con el nombre o el verbo a secas, ajenos a la complejidad de los matices que estos generan.

En materia de divorcios, sepa Sonia, yo me inclino por los estudios del lenguaje, antes de hablar de divorcios, que los hay a la francesa, a la italiana o a la canalla y despreciable, y no deja de ser más que un pequeño detalle en la historia infame de muchos muchísimos matrimonios o parejas. Por lo que le diría es que se separe usted si tiene el coraje de romper los hábitos adquiridos y si tiene los recursos, y si su compañero no la entiende y tiene que recurrir a este modesto analista, no dude en hacerlo 24 sobre 24 horas, como Wallmart.

Pero no deje así las cosas, con un simple papel o legajo y la regulación de tan ingrata experiencia en las sentencias de Código Civil. Y si le interesa la lingüística, la de Saussure, la del Círculo de Praga, la estructuralista o la generativa de Chomsky, a por ellos, porque el lenguaje en cierto modo es casi todo, lo primero y lo último en materia de comunicación, y el divorcio y el mismo matrimonio en cambio ambos son un accidente histórico. Y ojo al parche que cuando digo lengua o lenguaje no me refiero en ningún caso a las políticas autonómicas, que la cultura en ese país en el que usted vive, el mismo en el que yo lo hago, al menos circunstancialmente, aunque mi casa esté en otro lado, diría que está ya abandonada a su suerte, sino que de algún modo ni siquiera existe. Y si hablamos de los libros del cole, dependerá si es usted de Málaga o Bilbao, por ejemplo, dos de las pocas ciudades que se preocupan hoy por la cultura con mayúsculas, y son otras muchas las que la utilizan como instrumento político, y si Barcelona era antes el centro de la cultura en la península, hoy ha caído en barrena para convertirse en una ciudad desmotivada y políticamente folclórica.

Y le pido disculpas, Sonia, si me he desviado del tema no es por otro motivo que reafirmarme en la sospecha - por no decir certeza - de que en los tiempos que corren la cultura es política y la política es cultura, y ambos al lenguaje (por no hablar de la lengua escrita) le piden lo justo, por no decir nada. Y ahora que lo pienso bien, quizás sí tenga usted razón y la guerra sea también violencia de género, la misma represalia que ejerce el marido sobre su mujer.

Dr. Frodo,

*Qué piensa usted del suicidio. Quiero decir como solución al problema de las guerras (y otros más personales), la migración, la inflación, el cambio climático y todo eso... Por qué tiene tan mala prensa el suicido, con lo bonito que queda en prensa y en redes. Séneca fue muy insistente, por ejemplo, algo bueno habrá de tener, digo yo, el asunto de acabar dramáticamente con la propia vida, y quién dice que no es propia sino que pertenece a muchos y al género entero. Hay vidas en cualquier caso no me negará usted tienen pinta de ser mucho peor que el suicidio convencional que por lo general ocupa apenas unos segundos. Y no me va a decir que este ejercicio extremo es privilegio de los que están mal de la cabeza, los maniacos depresivos y bipolares. No, no soy tan estúpido para pensar que mi muerte personal vaya a arreglar el problema de Ucrania, ni el de Putin, por citar solo dos y por muy parecidos motivos. No me va a decir que a causa de mi muerte vaya a bajar el precio de la luz, el del gas, el de todos los combustibles sólidos o el de precio de los alimentos básicos. Los romanos, como usted sabrá, consideraban al suicido una vía digna. No estoy tan seguro si los victorianos o eduardianos pensaban lo mismo, diría que no, preferían dedicarse a comer hasta caer redondos, y mejor se muera el pinche, la primera ayudante de cocina, el mayordomo o el ama de llaves. Y qué me dice, Dr., de la cuestión estética y la falta de éxito, la frustración y el anonimato o de los escritores suicidas que viene al caso, siendo quizás usted uno de esos, o ciudadanos escritores en Turín como Salgari, Primo Levi o Pavese... la lista es larga. Quién nos puede negar el derecho a acabar con nuestra vida. Los chicos listos dicen que no sabemos nada de los suicidas, que no sabemos una mierda de por qué lo hacen o qué diablos los motiva. Lo mismo y exactamente al revés de lo que en su momento hizo Charles Cullen, el ángel de la muerte (y hay tantos que deberían estar sindicados, post mortem al menos), que fue matar o suicidar a más de trescientas personas a las que no conocía, y dígame Dr., si esto no se parece sospechosamente al suicidio, que es el asesinato de uno por uno mismo. Yo tengo mis respuestas, pero me va a perdonar que no se las diga ahora mismo, antes me gustaría conocer las suyas... como dice el filósofo, la vida es una broma más pesada que el suicidio y que la muerte.*

*Badfinger, por email*

No sabe lo mucho que me gusta me haga usted esta consulta. Teniendo en cuenta el alias tras el que se oculta imagino pertenece usted a la generación perdida de finales de los sesenta, es galés o fan del *power pop*. O se refiere usted no a la banda sino que es bilingüe, sabe escribir en las dos lenguas y en realidad le pasa algo malo a sus dedos, a todos ellos o a buena parte de una o de ambas manos. De ser así, ya le adelanto que debería dirigirse a un chino que le haga las uñas o a un cirujano traumatólogo, en ningún caso a un psicoanalista lacaniano y no conductista, como el que ahora mismo le habla o escribe. Y si es en realidad el suicidio lo que inspira sus reflexiones, permita le diga modestamente que ha acudido usted al lugar indicado.

Como se imaginará estoy convencido que el suicidio no resuelve ningún problema susceptible de ser catalogado o que afecte a grandes grupos en donde sus miembros no se conocen y están unidos solo por la flaca relación de nacionalidad y/o cociudadanía. Otra cosa es que se trate de grupos enrocados unidos por debilidad a una idea absurda y todos deciden matarse en una gran ceremonia o perfomance al mismo tiempo en un lugar definido y rigurosamente acotado a ser posible, y como ejemplo tiene usted al Templo del Pueblo en la Guyana o la Orden del Templo Solar en Friburgo, entre otros. Se lo digo de buena fuente, el suicidio no habrá de resolver el problema de la invasión y posterior rusificación de

Ucrania, que no al revés, porque si son los ucranianos los que se llevan el mejor trozo del pastel, como los franceses en la guerra de trincheras y los antes prusianos y después socialdemócratas se quedaron a dos velas, y dudo mucho ningún ruso de estirpe quisiera ucranizarse, lo que suena parecido a martirizarse. Y todo esto no es coincidencia, porque tengo la sensación de que en el Cáucaso como en los Balcanes viven aún con casi cien años de retraso en cuestiones ideológicas, en tiempos más o menos de su guerra civil que no la mía, porque estaba yo entonces en el vientre de mi madre o en vías de desarrollo, por utilizar una expresión del Fondo Monetario Internacional y Naciones Unidas.

Tampoco habrán de bajar los precios al consumo porque usted se suicide, en todo caso deberemos admitir que si es usted casado y con hijos, habrá un menor consumo de licores fuertes o cerveza en el hogar mientras que subirá considerablemente en cuestiones como cremas hidratantes y antiarrugas, y será la madre la que asuma toda responsabilidad sobre su descendencia, cosa que imagino a usted lo deja frío, antes y después de su fallecimiento. En cuanto a los eduardianos, o victorianos, como veo esta muy enterado cosa que habla muy bien de sus antecedentes, se puede decir que entre ellos el suicidio no estaba muy extendido, por lo menos no al mismo nivel del consumo desaforado de calorías en todas sus variadas formas. Y es del todo evidente que el más propenso al suicido era el servicio doméstico que a veces superaba las cien personas y cuya muerte no le importaba una mierda a nadie empezando por sus señores. Y me atrevería a decir que al sujeto predispuesto y en vía de acabar con su propia vida el apetito le decrece rápidamente y se ve sustituido alegremente por el consumo de estupefacientes, ansiolíticos y bebidas espiritosas, porque allí adonde va tenga usted por seguro a nadie le importa si llega usted extremadamente delgado o con sobrepeso o hecho unos zorros vaya a saber los motivos y si estos no están vinculados a la pésima si no enfáticamente ausente atención médica de nuestros días.

Lo mismo le diría en relación a sus referencias a Séneca y a los romanos, las cuales por supuesto están bien traídas y son muy oportunas. Pero la verdad, señor *Badfinger* es que me veo obligado a decirle que entre griegos y romanos el suicidio no solo era una vía digna para dejar este edén nuestro sino parte de su idiosincrasia y estaba estrechamente unida a su idea del otro mundo y las religiones panteístas de ambos, antes de Constantino y de Pablo y el libro de los Hechos (quinto libro del Nuevo Testamento).

Lo que me lleva al otro u otros asuntos que menciona. El hecho de que aparezca en prensa acompañado por comentarios edificantes y la moralina que suele ponerse en situaciones como esta, obviamente siempre y cuando haya sido usted popular o muy conocido, porque de no serlo pasará más desapercibido que un diputado español en el Parlamento Europeo. Lo de la estética es también una cuestión más interesante, no digamos si es usted popular o famoso. Pero también lo es, al menos tengo yo esa sensación, en el entorno mucho más reducido de su familia y amistades. No le digo ya si usted es famoso y decide morir con un calibre 12 en toda la boca, colgando de una cuerda en un árbol o con una dosis muy grande de paracetamol y otros analgésicos varios en el club privado de su elección o en el restaurante dos estrellas Michelín del que es cliente habitual, o en los brazos de su amante. La estética es importante, tanto para morir como para mantenerse en vida, y le diría aún más, que si usted la abandona antes del último suspiro, muchos pensarán que ya estaba muerto antes.

Y qué le voy a decir de los escritores, los que suicidaron en Turín (que no son todos pero sí muchos) o en cualquier otra parte. Y si Primo Levi se tiró por la escalera de su casa, lo hizo porque estaba muy de acuerdo con su obra, que tirarse por la escalera no es para nada lo mismo, decían los nazis, que morir exhausto o desnudo en rústicas cámaras de gas con Zyklon-V, un cianuro de hidrógeno que antes fue un pesticida, y a cientos de miles, 24 sobre 24 horas. O Pavese con una sobredosis de somníferos, o Salgari con una muerte japonesa por sepuku. Porque hay muchos escritores que eligieron otros entornos, y no solo Turín, Virginia Woolf en el río Ouse junto a su casa y con piedras en los bolsillos, o Hemingway con un tiro de escopeta de su Boss calibre 12, en Ketchum, Idaho, el lugar que al parecer tocaba, y no Cayo Hueso o Cuba. Y Sylvia en Primrose Hill, en las afuera de Londres, con el gas y la cabeza en el horno, costumbre muy extendida en la época entre las amas de casa, y no me diga ahora que ella era poeta y no *housemade*, dígaselo usted a Ted Hughes, su marido y viudo en el 63. O Foster Wallace colgado de un viga de madera en el garaje, lo que también es muy americano, años setenta y generacional y un poco *Tormenta de hielo*, de la novela de Rick Moody del 94, por ejemplo, de tiempos de la cultura del coche entre los hombres y del Valium entre las mujeres (el de *La tormenta de hielo* que no el de Moody). Y la Storni y Alejandra Pizarnik (y busque usted mismo los detalles). O fíjese en Anthony Bourdain que eligió el Hotel y Spa Le Chambard, en Alsacia., aunque podría haber sido Montevideo y *Parts Unknown*. O en Gill que se dejó morir o se suicidó anticipadamente por abstenerse en comprar el año de vida por inmunoterapia a cien mil dólares americanos en el Monte Sinaí y decidió quedar en manos del National Health Service. Y si usted es escritor, querido Badfinger, y no puede escribir con la mano siempre puede dictar a su secretaria, sobre la que eventualmente, si esta es una dama joven y devota de su lectura, como Valerie Eliot, ultima mujer de T.S. Eliot, siempre tendrá derecho a roce incluso podrá casarse cuando empiece a tener problemas con sus articulaciones

Y no digamos ya si usted mismo es escritor, el suicidio le vendrá como anillo al dedo en especial por dos motivos: uno, se dispararán las cifras de venta o en ningún caso bajarán al menos durante un período corto de tiempo, del mismo modo en que algunos bancos prometen cuando hay crisis abstenerse del cobro de las hipotecas con la condición de poder subirlas al año siguiente, y esta estrategia es a medio plazo más que flagrante, perversa, y no solo por los cabrones de los Bancos si no porque será demasiado tarde para gozar de los beneficios; y dos, le garantizo que desde el punto de vista estético y de coherencia ideológica, el suicidio es la mejor decisión que podrían adoptar muchos escritores, sea ya por haber sido siempre malos, mediocres o muy famosos y terminar exhaustos, o decidir al final cambiar de tercio y elegir el dinero sin tener que escribir una puta palabra sobre una puta hoja, y casarse con una rica divorciada o hacerse al final una gran biblioteca en atrio y en la sierra, en la que habrá de sentirse magnífico en sus últimos años, mejor que Aristófanes o Aristarco de Samotracia en la Biblioteca de Alejandría, e imagino que los ejemplos, si es usted de aquí, le resultarán fácilmente descifrables si no obvios.

Ya no estaría tan de acuerdo con la primera de las dos últimas premisas, eso de que el suicidio es el asesinato de uno mismo por propias manos, cosa que crearía una paradoja jurídica de naturaleza penal, porque muerto el culpable sobre quién habrá de recaer el castigo. Y la segunda premisa, que tenga usted la respuesta a estas difíciles cuestiones, o al menos eso crea, pero elija no compartirlas con su analista, al quien por algún motivo le escribe aunque solo sea por este medio carente de voz y tan poco psicoanalítico como lo es el correo electrónico u otros aun más restrictivos, con los que no concilio y apenas entiendo. Porque de haber sido así siempre los psicoanalistas privados de una interacción verbal *in persona* nunca hubiésemos existido. En cambio no le quepa duda de que sí estaría de acuerdo en decir que la vida es en ocasiones una broma más pesada que el suicidio, y la clase de broma que no le hace gracia a ninguno.

*Dr. Frodo,*

*Soy ucraniana, recogida por una familia en Tarragona. No soy la única. Si no me equivoco hay unos veinte más en Cataluña, y muchas más en otros lugares de este generoso país, no sabría decir si España o Cataluña, que como verá y dicen aquí en todas partes cuecen habas (me imagino que se refieren al cereal que nosotros comemos con las butifarras, como las llaman ustedes). Hay quien dice que ya son casi cinto cincuenta mil personas. Cuántos no habrá en Polonia y en los países vecinos. El caso es que hecho una pequeña encuesta entre mis amigas ,y debo decir algunos hombres refugiados, y les he preguntado qué piensan de nuestro Presidente Zelenski, y luego qué les parece que un partido político progresista se llame Servidor del Pueblo, cuando podría llamarse, no sé, Alianza Ucraniana,Una lengua, un país o Eslavia Occidental Unida… Me he atrevido a hacerle llegar algunas respuestas y quedo a la espera de sus comentarios. No sabe lo contenta que estoy de haber encontrado aquí un interlocutor así (quiero decir como usted) aunque no nos veamos personalmente, y aparte del hecho que mis anfitriones ni los de mis amigas tienen la más puñetera idea ( expresión vulgar que pensé le gustaría) de quién diablos es usted o dónde vive.*
*Atentamente*

*Anna, por email*

Sí que me gusta, y mucho. No se equivoca, Anna, para nada Anna, que hacen juntas una eufonía o una cacofonía. No lo tengo muy claro. Anna, como sabrá, viene del hebreo Channah, que también lo es, en cierta forma, una cacofonía. La misma que seguro se da entre sus amigos ucranianos hablantes y cosacos de Zaporiyia o zapórogos, antigua vanguardia del ejército zarista, (los mismos o parecidos a los efectos acústicos de las guerras) y al ruso de los ucranianos rusificados.

Confieso que me entusiasma la pequeña investigación que ha llevado a cabo de la que creo deducir:

Habrá ucranianos, no tengo muy claro el género, que piensan que el Sr. Presidente es un héroe por haberse mantenido impertérrito ante el avance a la pata coja de los reemplazos rusos. Por su aspecto siempre adolescente, su camiseta militar en verde oliva, y esa manera tan suya, afectuosa y tierna y al mismo tiempo dura o recia, poco convincente por cierto, de inducir u obligar no muy persuasivamente y sí con frases cortas e imperativos a todo el que escucha a sentirse mal ellos mismos por el mal que su pueblo sufre por motivos históricamente particulares que a muchos de nosotros nos suenan a chino.

Habrá otros que se sientan ineludiblemente ligados y afines con el espíritu progresista que tantos ambicionan pero son reacios a su incapacidad a cambiar de rumbo y discurso e intentar resolver los problemas que tienen los ucranianos con los rusos, que son históricos y muy suyos. Problemas tenemos todos, y todos los países, federaciones y uniones, y más tienen aquellos que pretenden representar ambiguamente los intereses de mayorías que formalmente nadie conoce y que probablemente ni siquiera existan.

Habrá condicionales completamente ciegos e inmunes a la propaganda rusa y fieles a seguir adoptando el rol de víctimas e involucrando a buena parte del planeta, para terminar, independientemente de los resultados del conflicto, todos santificados por el Papa argentino y Z ungido y elevado sobre lo meramente humano y pasando a formar parte del santoral cristiano y el martirologio de los ganadores o los vencidos, y aquí da igual carne que pescado, y serán los mismos que conviertan a Putin en el anticristo, cuando anticristos los tenemos todos y se presentan descaradamente en elecciones democráticas enarbolando banderas negras y entonando himnos

fascistas cuando no cantan temas de *Intoleranzza,
Legión 88, Agent Bulldog*, si son suecos, o *Boots Brothers*,
si son alemanes, *Falange, Skin Retiro* o *División 250* si
son españoles.

Los habrá muy técnicos, que piensen que la
democracia progresista la inventaron hace ya tiempo
los escandinavos en algún lugar del frío en la larga
noche del norte, y es allí donde se ha hecho endémica y
no parece que las cosas vayan a cambiar. Los
ucranianos llegan un poco para subirse al tren europeo,
justo cuando las derechas crecen por todas partes con
intenciones desconocidas pero fáciles de anticipar pero
seguro poco tienen que ver con las necesidades de los
que menos tienen. Y si hablamos de democracias
progresistas que no sean escandinavas no habremos de
olvidar a los uruguayos que han recuperado la suya
hace ya unos años aunque no se trate más que de un
pequeño país ateniense de poco más de tres millones de
habitantes. Y si resulta que ahora los ucranianos
compiten por ese mismo primer puesto en el espectro
de lugares o *Parts Unknown*, diría Bourdain, estoy
convencido, Anna, que entre los uruguayos y los
ucranianos tienen como único parecido la sílaba *on* del
final de la palabra con el que riman con asonante,
porque *daltonismo cultural* existe y ha existido siempre.

Hay ucranianos que no saben qué decir, porque el
asunto es muy complejo y difícil aunque previsible, que
Z no ha hecho nunca daño a nadie, al contrario, hizo reír
a los ucranianos amantes de la sátira, progresistas y
muy poco o nada fascistas. Saben que es mejor que su
antecesor Yanukóvich, claramente proruso, y es
infinitamente mejor que Lukashenko, el presidente de
los bielorrusos, o que los jefes de estado de algunos de
sus vecinos, pero estos incrédulos todos mantienen una
sombra de duda en relación a lo que debería hacerse de
cara a la invasión rusa, si no habría que haber
negociado antes de alguna forma, cambiar cereales por

sonrisas o mostrar cierta laxitud o temperancia como, por ejemplo, la de Nijita Mijalkov en *Quemado por el sol*, abstenerse y velar por la seguridad de su familia.

Los hay escépticos que ven a Z enrocado, obstinado en resistir a cualquier precio, no retirase al menos hasta quedar en tablas con los rusos, como aquel General prusiano en la batalla final de la primera guerra en Francia sin advertir que entre una guerra y una partida de ajedrez hay una relación intrínseca pero similitud ninguna. Piensan que antes de heredar un país en ruinas las paces negociadas son siempre mejores, lo hicieron algunas tribus bárbaras con los romanos, y ha habido desde entonces guerras a docenas que han terminado en pactos o negociados de alguna clase en donde las víctimas, civiles o militares, que ya nadie tiene muy en cuenta, y las elites siguen a la suya, los bárbaros a hablar latín y los nazis reconvertidos a la diplomacia en el extranjero o CEOs en las super empresas alemanas (Hugo Boss, Bayer, Porsche, Adidas o Volkswagen, por citar solo las alemanas con cadáveres en el armario). Y no serán los primeros ni los últimos en desaparecer, sin ir más lejos, como la Atenas de Pericles.

Hay negacionistas de la democracia y prorusos profusos y otros que niegan por definición todos los hábitos colectivos, muestran una clara tendencia hacia los gustos singulares como el veganismo, el budismo de salón o los bolsos de hombre de Prada o Armani. Saben que el progreso no es asunto de Z, ni de los ucranianos ni de los rusos, que ambos están condenados a navegar en las aguas turbias de la política internacional y las naciones que se odian entre ellas por motivos imprecisos. Y sueñan todavía con el Imperio y los servicios públicos y la pobreza pagada del comunismo, con la esperanza de volver al mismo a ser posible en sus nuevas versiones, o la única posible de los chinos, salvajemente capitalista pero desde el partido. Y son los mismos que prefieren antes que morir o emigrar en condiciones infrahumanas, perder casa y propiedades, hablar ruso o ser bilingües y vivir bajo la égida del neo capitalismo de la Federación, que aun si las circunstancias fuesen otras el capitalismo de los ucranianos sería con toda seguridad exactamente el mismo.

Hay radicales anti Zelinski que dicen que ningún presidente, elegido por votación popular o que haya elegido haber llegado allí por otros medios y motivos, tiene derecho a dejar tu país y el suyo hecho polvo, semidestruído y con varios millones de habitantes menos que han pasado a formar parte casi sin darse cuenta de una nueva trashumancia, éxodo o diáspora, y en ocasiones mero transfuguismo hacia naciones mucho menos igualitarias, como Moldavia, más de Dodon que de Maia Sandu, y empezar por el primer curso de rumano, o de Polonia con sus Boibodatos y el ultraderechista Duda, todos lugares que harán, puede estar usted seguro, muy poco o nada por ellos, y habrá incluso algunos que los contagien de su propia corrupción, inoperancia y pésimas costumbres de ultraderecha o de comunismo viejuno.

Hay otros pocos ucranianos que no dicen nada pero no han hecho otra cosa que tomarse unas largas vacaciones en el Levante, en la Costa del Sol española o en Cataluña incluso, que no es siempre elegida por los migrantes adinerados, y esperan únicamente que llegado el momento puedan regresar y hacer allí sus inversiones neocapitalistas en connivencia con las ayudas del Banco Central Europeo, y crear cada uno de ellos su propio pequeño imperio mucho más allá de la pesadumbre y oscuridad que vendrá después de la luz cegadora de los misiles. Porque bienvenida sea cualquier oportunidad de hacer dinero en las poscrisis, independientemente del color de la bandera y simpatías políticas de los empresarios y los fondos buitres que esperan babeando a las puertas de los países en ruinas para entrar allí y hacer negocios.

Hasta aquí lo de los otros. Pero puede que yo mismo sin ser ruso o ucraniano aunque sí más comunista que de derechas reaccionarias o ultras, tenga algunas ideas con toda seguridad banales, como las que todos tenemos sobre problemas que solo nos afectan a las dos de la tarde y a las ocho en los programas de noticias exclusivamente, y en la política de precios. Lo peor de todo es que cualquiera de ellas me sitúa sin piedad en una posición al menos dudosa. Y si se trata de cómicos, permita que le diga Anna, los míos preferidos son los hermanos comunistas, o *los pollos hermanos,* siempre en clave Gus Fring o Giancarlo Esposito (caballero insoportablemente serio e incapaz de humor alguno), y los Monthy Python, como no podría ser de otra forma, y ninguno de ellos a saber jamás ha pretendido situarse entre las élites políticas de sus respectivos países, como algunos de nuestros candidatos a la Alcaldía de Madrid, y eso es no dar puntada sin hilo. Algo sospechosamente parecido a la transición de Z, de Estudio Kvartal 95, productora de su propiedad junto a la inapreciable cooperación de 1+1 Media Group y asociados de Kolomoisky (empresario y político judío) y STS Media, empresa rusa con sede en Delaware. La transición decía, al mundo de la política con mayúsculas.

Personalmente creo que las cosas en política y en las guerras modernas se parecen peligrosamente a aquello de Vonnegut sobre los comentarios de los pájaros en cuanto a la opinión que les merece la guerra: *pio, pio, pio...* dicen las volátiles en su lengua vocalizada, cantos, trinos y gorjeos, con la que no molestan a nadie.

*Dr. Frodo,*

*¿De cara a lo que nos espera y al futuro cuáles diría usted son o serán nuestros monstruos favoritos? Seguro usted piensa es una pregunta estúpida o irrelevante, o qué diablos quiero decir con eso de monstruos. Si se trata de políticos importantes o partidos políticos o rancios autoritarios de extrema derecha que parece afilan ya sus espadas en los patios lúgubres de sus castillos. Si después de esto, todas la huelgas, manifestaciones y los profesionales y otros menos cualificados que reclaman sueldos más dignos, después de las pandemias y el cambio climático, los contenidos infinitos, la velocidad de los circuitos de las aplicaciones y nuestros datos personales desnudos y a la venta en los grandes mercados que la mayoría desconocemos porque operan en las sombras. Vendrán monstruos, le pregunto, y si serán robots o bots o cabezas de partido de pelo rubio, wasps o arios, o nuevos y desconocidos engendros con nuevos acrónimos que dejo usted imagine a su manera, para lo que no le faltarán recursos, monstruos en la formas de virus con infinitas variaciones o de carne y hueso, etcétera. Le pido disculpas si encuentra esto un poco ridículo y desproporcionado, corríjame si me equivoco, o dígame si usted no es un poco adicto a las preguntas estúpidas como estas. Con afecto, suya.*

*Joana, por email*

Confieso que no sé por donde empezar, Joana. Me pregunto de dónde habrá sacado usted esta idea de monstruos o engendros o cualquiera cosa que se les parezca articuladamente, es decir que no lo sean por definición pero que lo sean en el fondo. No digamos ya por qué extraño motivo se ha puesto a pensar en monstruos a esta altura del partido, como si los programas informáticos que hay detrás de las aplicaciones y que todos conocemos no lo sean ya por derecho propio.

Y me hace pensar en el peor *Megalodón*, de Turteltaub, mezclado con una parte de *Monster Hunters,* de Paul Anderson y las criaturas mortíferas de Alex Garland, más dos partes de el *Hades* de *Furia de Titanes*, Alex de la Iglesia y los criptozoólogos de Dougherty y sus famosos Godzilla, Rodan o Mothra. Que más allá de los monstruos de carne y hueso, nos encontramos hoy con las simples monstruosidades alegóricas y primeras desgracias de este nuevo siglo que todos conocemos, que incluyen en la mayoría de las plataformas los nuevos directores o *show runners.* Me refiero a las malas jugadas del clima a nivel planetario de las que nos hacen a todos responsables por no saber administrar nuestros residuos, cuando todos sabemos que los auténticos culpables son los chinos y los indios, unos llenando hasta los espacios más ingratos de gente de carne y hueso, de humanoides que prestan servicio a las clases altas de una sociedad sin clases pero con una distribución ingrata de la riqueza, y me refiero a los chinos, y otros quemando basura todo el tiempo sumidos en la más absoluta y desesperada de las miserias, y me refiero a los indios, no los de las películas del oeste sino a los de la India. Algo de lo que usted, seguro, ya se había dado cuenta.

Y luego me viene con sus predicciones catastrofistas diciendo que en el horizonte se empiezan a ver el perfil de grandes criaturas babosas con dientes afilados y un par de bocas, ojos rojos y colas de lagarto y todo aquello con lo que suelen adornar a sus bichos los directores mas *trendies,* antes publicistas, como Ridley Scott, al que todavía no habíamos mencionado.

O se dedique usted en apenas un par de líneas y sin conocimiento alguno, proporcionalmente parecido al que yo tampoco tengo, a meternos el miedo en el cuerpo con el hecho de que dejemos en redes sociales datos personales e intimidades estadísticas, dejando expuestos nuestros modestos perfiles para que vengan subrepticiamente mega compañías que habrá de comprar esos datos con intenciones oscuras. Y si pienso en mi propia experiencia, para que Amazon, por ejemplo, me ofrezca productos que me interesaban en el pasado, otros que ya había comprado, o cosas que jamás compraré nunca o no me despiertan interés alguno; o para que en mi pequeño iphone verde esmeralda aparezca Google con breves avisos de la prensa escrita o digital más cutre, alarmando a la gente de más de sesenta años con el futuro de sus pensiones, el coste de las hipotecas o las amenazas de hacienda sobre nuestras potenciales e ilegales transferencias u ocultación de activos, sobre cuentas remuneradas para ganar hasta mil euros (hay que joderse), o cuándo diablos se cobra la pensión en noviembre en CaixaBank, BBVA, Unicaja, Santander... y miles de chorradas que si le soy sincero, querida Joana, no me podrían dejar más frío.

No le voy a negar sin embargo que el diseño de los monstruos que usted imagina, unos arios y de pelo rubio, otros morenos o de tez parduzca, y algunos entre la nueva oleada de políticos ignorantes y analfabetos que en nuestro simpático país son unos cuantos, van y se equivocan con sus citas literarias, históricas o con sus fuentes. Tipos que no dan miedo a nadie porque lo más probable es que mueran simbólicamente antes de haber nacido o se llevan al final en elecciones una miseria de votos o, probablemente, todo lo contrario. Y si esos son monstruos que baje dios y lo vea, porque a mí, la verdad, no me dan ningún miedo, más miedo me da Hades, el dios del inframundo, que de casta le viene al helenista, pero daño sí que nos pueden hacer, y mucho.

Y si los monstruos, cosa que usted sugiere tímidamente, no son otra cosa que la forma anatómica de una verdad difícil de imaginar cuyas versiones actualizadas le enumero abruptamente y son casualmente el *abc* de las tecnologías emergentes: la bioética con toda su carga de serios errores universales; el triste futuro de los adictos a las aplicaciones (que no a los contenidos); la protección de nuestros datos personales que no valen una mierda o el destino de los datos médicos, los nuestros que no los de Putin, Alfredo Astiz o Videla u otros asesinos en serie; el monstruo de los contenidos infinitos y esa cosa obsesiva de replicar los viejos modelos adictivos que están entre nosotros hace años y a los que nadie les ha hecho nunca caso.

Le recuerdo Joana, que si los diseños para móviles, el *swip down or up* para crear en el usuario una sensación de credulidad y la ilusión de que ejerce sobre la aplicación algún control o mandato, ya estaba presente en los ejercicios y en el diseño de comportamiento con Skinner, en la descripción detallada de su rutina y en su psicología conductista; también está la certidumbre de que una vez se ha llegado a la *zona* (ese espacio donde rigen solo los comportamientos automatizados y el monstruo de la adicción hace su acto de presencia) el cerebro ya no funciona, cosa que hoy cualquier persona sabe perfectamente.

Eso, Joana, de que en nuestros teléfonos inteligentes opera el ente sociológico que no es otra cosa que la herramienta perfecta para la manipulación de masas, lo encuentro un poco antiguo. Lo dicho de las plataformas podríamos decirlo de los libros mucho antes (no sé si le suena la Biblia o el Corán), de la radio, de los discursos frente a multitudes en el Berliner Sportplast o en la Plaza Roja, o de los discursos radiofónicos. Lugares en donde pese a mencionar solo una cosa pueden decirle a cada persona algo diferente. Y eso es algo que ha estado siempre presente, y antes las llamábamos consignas o *copys,* en tiempos de Sterling Cooper y las agencias de Madison Avenue o del desencantado humanismo de

Kurt Vonnegut, cuando el *big data* no era ni tan *big* ni tan *data*.

Nada de eso me preocupa, no le niego que sí despierta en mí cierta curiosidad en relación a las nuevas temporadas y a lo que pueda pasarle desde el punto de vista médico antropológico a mi hijo de catorce años, y en qué clase de monstruo o persona se habrá de convertir en el futuro próximo. Debería saber, Joana, que siendo yo psicólogo lo que tengo en cuenta es otra cosa, una broma que corre en el oficio y dice que *el cliente nunca tiene razón*, a lo que yo añadiría siempre se equivoca.

Tampoco le voy a negar que su invitación a que imagine cómo diablos serán los futuros monstruos antropomórficos, y en cuanto al hecho de que las pelis de monstruos convencionales no la convezcan, le diré un par de cosas: que quizás estos se parezcan a los bichos del Parque Jurásico tan populares entre nosotros, o sean una *redux* o interacción con animales de tiempos prehistóricos, o sean como los monstruos espaciales que aparecen en *Pitch Black,* o la Natasha Henstridge de *Species,* para los más afortunados, u otros muy plásticos como la preciosa criatura unicelular de *Life* que no tiene el aspecto horroroso que anticipamos, le diré, primero, que no me lo creo, y segundo, que no pienso para nada en ello.

Pienso que en ausencia de monstruos como los de antes, físicos y morfológicos, los que tendremos en el futuro serán de otra naturaleza y estarán directamente relacionados con la *zona* (allí donde el cerebro ya no funciona), con la *event frecuency* y los circuitos dopamínicos hoy muy demandados por los usuarios de aplicaciones. Estaremos hablando entonces de Twitter como un monstruo, mucho más ideológico que anatómico, de un Instagram bochornoso y de TikToks abominables capaces de generar ellos solos estados de ansiedad y ataques de pánico. La inteligencia artificial o

IA será algo así como el Frankestein de nuestro tiempo, un tipo grandullón y benevolente, hecho con partes de cadáveres robados por la noche en el cementerio de Ingoldstadt, monstruos buenos al principio y luego corrompidos por la crueldad de nuestra especie.

Habrá quizás también monstruos víricos, pestes o pandemias de las que ya tenemos experiencia, y lo serán por los microorganismos simples que infectan nuestras células aunque no se vean a simple vista. Y los habrá que adopten la forma de fenómenos naturales, huracanes, tsunamis, inundaciones y terremotos al estilo de los demonios de fuego en tiempos de los héroes griegos y que viven en el magma del interior de la tierra, o al estilo de la Medusa o el Kraken, con los que acaba Perseo.

Y habrá, no le quepa duda, monstruos políticos o ideológicos, que le aseguro algunos ya hemos conocido y más conoceremos. Pequeños monstruos infantiles como Pável Morozov, el niño ruso que en tiempos de Stalin denunció a su propia familia, beatificado y consagrado a la altura de los mitos del Partido; o monstruos rubios defensores de la ira y de la guerra, y en ocasiones monstruos como los de Nickelodeon con aspecto ridículo, Krumms o Grombles, y otros que no dan miedo a nadie, Gremlins, Critters, pero capaces de destrozar nuestro precario equilibrio digamos electromagnético.

Si le soy sincero, Joana, yo me quedo con los monstruos convencionales, Jason Voorhee, los de Crimson Peak o Leatherface, monstruos anatómicamente intolerables. Y si quiere que me extienda, me inclinaría por otros más feos si cabe, engendros híbridos al estilo de Alien, los neoformos, y sin ir más lejos cualquiera de los Hewitt, la familia caníbal de Tobe Hooper. A los que añadiría, si no fuese de muy mal gusto, y dentro de un espectro más tolerable pero igual de inquietante, los muchos casos de dismorfia anatómica de los que hoy todos somos imperturbables testigos. No sé, querida Joana, si me entiende. De no ser así le recomiendo lea las notas de consulta de la siguiente cliente/paciente. En cualquier caso no sufra ni se inquiete, no tenga miedo, porque al final los monstruos son estúpidos y solo es cuestión de tiempo para que nos aburramos de ellos.

*Dr. Frodo,*

*¿Trastornos dismórficos corporales? Qué diría usted de esto, o los llamaría de otra forma. Y no voy a extenderme, por razones que probablemente, siendo usted psicólogo, le resultarán evidentes.*

*Cristina, por email*

Mucho me temo, Cristina, que haya dado usted en el clavo. Que los único monstruos somos nosotros y lo somos porque queremos y porque podemos. Seguro le suena este cliché muy utilizado en referencia a esos motivos de los que uno no suele dar cuenta o no conoce, o sencillamente porque prefiere no tomarse la molestia de explicarlos. Sé perfectamente de que me habla, pero para no eliminar el elemento sorpresa o hacerle a nuestros lectores un *spoiler*, no lo llamaremos todavía por su nombre, uno que induce espontáneamente a prejuicios, malentendidos que rayan a veces en la incoherencia.

Estoy convencido que usted me escribe porque ha practicado tal insalubre ejercicio sobre su propio cuerpo, sino en todo él, en algunas de sus partes más significativas. Y estoy convencido, me perdonará usted la presunción, que los resultados no son precisamente los que esperaba. Y eso ocurre por una de estas dos diferentes razones: una, porque ha salido mal y eso está en estrecha relación con el precio que ha pagado por cometer tan atrevida injerencia en el orden natural de las cosas; o dos, porque ha salido bien, y le ha costado una pasta, pero resulta que al final se ha convertido, Cristina, en una persona diferente por mucho que usted se empeñe en negarlo, como es costumbre adquirida entre otras muchas herejes o sectarias de la transformación narcisista de su imagen y los contenidos que hay dentro de ella, los mismos que nadie parece tener en cuenta.

Pero vayamos por partes. Si se trata del primer caso, debería saber que al que monta un circo le crecen los enanos. Que ha quedado usted más fea que Anastasia, la Reina Roja, pero cuando se mira al espejo resulta que ve otra cosa, algo misterioso, un correlato con el que se relaciona sin saber exactamente cómo, ve algo que nadie sabe bien qué es, si una secuela o *spin off* de lo que era antes, si una molécula extraña o un trozo de materia oscura. Sin embargo usted lo interpreta de otra forma, digamos que hace una lectura diferente que es lo importante, porque al final todo, y el inconsciente también, es un lenguaje.

Si se trata en cambio del segundo caso, está usted más contenta que un pakistaní de la delegación española en Qatar, más contenta que un tonto con una bandera. Va y descubre con tranquilidad que no tiene que inventarse un lenguaje para acomodar los resultados a su nueva estética que ha hecho milagros por su modesto ego, o al menos es lo que usted piensa. Lo que no parece haber pensando es que un nuevo cuerpo o incluso una nueva cara debería estar acompañados de una persona también nueva. Y esto ya es algo mas complicado aunque con frecuencia no sea advertido por el afectado. A esa cara igual a tantas otras y al canon, esas tetas firmes como montículos y el culo Ambrosio o Sofía Vergara por los que ha pagado una auténtica fortuna, deberían corresponderle una psicología que fuese al menos igual de atractiva, cosa - y este es el verdadero problema - que muy pocas veces ocurre.

La cirugía plástica debería ser de uso exclusiva de grandes quemados y accidentados, y no deberá haber llegado nunca a nuestras inescrupulosas manos. Es intrusiva y ocupa espacios que no le corresponden, se diría que interfiere con las leyes de la naturaleza humana. Es el principio de un proceso de terraformación a nivel del género humano que quizás nos lleve un día no muy lejano a realidades mucho más disruptivas y a una pérdida de personalidad o extinción que hoy ni siquiera imaginamos.

Personalmente, Cristina, soy de la idea de que si quiere convertirse en algo mejor debería pensar en empezar haciéndolo de adentro hacia afuera y no en sentido inverso. Y este dilema viene de antes, pero nunca se le había ocurrido pensarlo, y estaba en la materia de la que estamos hechos. Porque si invertimos las cargas nos encontramos de sopetón con la antimateria, es entonces cuando nadie tiene ni puñetera idea de lo que estamos hablando, salvo que fuese usted un físico teórico, individuos estos, algunos de ellos ya fallecidos, pero en general no muy conocidos por sus atractivos físicos, y que dios me perdone. Y esa clase de fenómenos, mi querida amiga, no se observan - o no se observaban antes - en la naturaleza simple y corriente que usted y yo conocemos.

Estoy convencido de que el último responsable de los cambios físicos y de todas las diferencias que vemos en la naturaleza son los átomos y la capacidad que estos tienen de asociarse o no entre ellos o de la manera en que lo hacen. Y de esto debería sacar alguna conclusión, o hacer al menos algún tipo de lectura reflexiva aunque solo sea a su manera, poniendo o quitando cosas o dejándolas después de haberlas modificado voluntaria y abruptamente, por ejemplo, poniendo un perfil de triangulo invertido allí donde antes había una discretas napias o unas fosas nasales como las de Cirano y un drama heroico en cinco actos, o un par de globos donde antes se veían solo unas ligeras pendientes o colinas bajas, unos labios rollizos como los de Andrea Ivanova donde antes había unos delgados y delineados como los de Readmayne y *La chica danesa,* o los de las vestales en el foro romano o los de las jóvenes monjas de clausura.

Si quiere llamarlos trastornos dismórficos haya usted, llámelos como le salga de los cojones, que dirían los de Baroja. Podría llamarlos retoques estéticos, reversibles o inapreciables, dicen algunos, rinoplastia, botox o baby botox, blefaroplasma, bichectomía, lifting con hilos tensores, microcarillas o *los diez retoques estéticos más comunes de las famosas*. Diga lo que quiera que a los nostálgicos de antes nos resbala. En lo que a mí se refiere diría que estoy más por una definición metafórica, por aquello de Susan Sontag y *La enfermedad y sus metáforas,* de una época epopéyica en donde guapos y feos morían sin apenas retoques, lo que entonces hablaba de un sexo sin afeites de cuando hombres y mujeres se llevaban mucho mejor que ahora, al menos en nuestras generaciones. Yo le sugeriría, Cristina, si es que se encuentra en tan difícil disyuntiva se comprase un espejito como el de la Reina Grimhilde, la Reina Malvada de Cenicienta (un pibón por cierto), antes que pedir cita con su cuchillero preferido y avocarse a hinchar aún más esos voluminosos pechos, recortarse la nariz, rellenarse la cara o vaciarla de grasas e incidir hasta el infinito en un proceso de transformación que no puede llevarla a usted a nada bueno.

Pero ya le digo que, según como, algunos apocalípticos podría llamar a eso bipolaridad o esquizofrenia paranoide y se quedarían tan panchos. Ni se lo ocurra pensar que por tener un mejor aspecto le irán mejor las cosas, salvo se relacione con un neomorfo o una colega o colega con sus mismo trastornos dismórficos. Porque esa en el espejo no es usted necesariamente sino una o uno que se le parece y ha perdido un poco, apenas un poco, de su cordura y lo que es peor la certidumbre de quién es exactamente.

que le diga que su purgatorio no se parece en nada al de Dante, por ejemplo, una montaña con siete discretas terrazas en donde la peña andaba suelta oprimida por grandes pesos o cosidos de los ojos, o al calor de un fuego purificador o *purgatorius ignis,* metáfora de un gran sufrimiento espiritual según el catecismo de los católicos, sino que con mucha sorpresa se parece a mi propia versión de este. Y lo hace usted con una naturalidad y sin esfuerzo, lo que me hace dudar de su vocación religiosa y que sea usted un fraile, y menos aún un fraile de más de quinientos años, de un tiempo en donde la gente creía a pie juntillas en la existencia de dios y de sus cosas, y parece hablase de un lugar, en el lenguaje de nuestro tiempo, parecido a una prisión de régimen abierto.

Si, don Juan, soy yo de parecida opinión en cuanto a qué es el purgatorio, al menos en lo que respecta a sueldos bajos y coste de la energía, a lo que añadiría gustoso el precio de las hipotecas, la mezquindad de los grandes bancos reacios a remunerar nuestros ahorros, porque una vez se ha han hecho con ellos antes pierdan una mano que soltarlos. Y no el de Dante con su aterrazado y niveles, ni al de la Iglesia católica. Y creo si no será ya y no nos estemos dando cuenta, el final del mundo aunque solo sea a nivel metafórico, porque en el reloj del universo y en su escala magnificada todo y cualquier cosa duran infinitamente más que nosotros.

Es verdad que como usted lo plantea no parece muy religioso ni canónico, no mantiene relación ninguna con el más allá de los buenos cristianos, sino un reportaje que ha hecho sin salir de casa, en su pueblo o ciudad, y sin ánimo de hacer escuela, secta o el deseo de instaurar una nueva religión entre los mismos pobres y desgraciados de siempre. Cosa con la que yo concuerdo, que de religioso nada, y de historia económica al menos un poco, teniendo muy en cuenta las finanzas domésticas de las que la mayoría lo sabemos todo. Y si compara usted como viven algunos, con casas protegidas en barrios de buen vecinaje, servicio, coches de gama alta y una gran casa en la playa, y los otros que de no hacer álgebra y sumas y restas se quedarían sin sustento a partir de ya de las dos semanas, que el estipendio o la jubilación que llegan a fin de mes o tres o cuatro días antes y gracias a la generosidad de los bancos, que buena yunta hacen con otros intermediarios que de quedarse con algo de nuestros dineros todos, se quedaban con buena parte cuando no el cincuenta por ciento, ya sabrá usted como yo que ninguno de los dos, salario o jubilación, ya no llegan para nada.

Y como ya se habrá dado cuenta, don Juan, he empezado a escribir con un ligero acento como de Cabeza de Vaca que a pesar de su hidalguía y buena cuna y haber dejado por el rey el pellejo, terminaría él también en una especie de purgatorio sin maravedís ni tocino y bizcocho que llevarse a la boca. Y si esto no es el fin del mundo, mucho se le parece, aunque un buen fraile como usted lo llamase de manera más honrosa, purgatorio.

Por lo que yo le digo, estimado amigo, que bienvenido el fin del mundo si los gobernadores serán como don Pánfilo, y nuestro esfuerzo y dolores no habrá servido para nada, y habremos de seguir pensando en ello lo que de mala vida nos quede y retorciéndonos de dolor y frustración, mucho mejor no será entonces acabar de una vez por todas con todo.

Y de usted por sentado que muy consciente soy de la sensibilidad y buen hacer de Cabeza de Vaca, su humanismo y generosidad, su precoz indigenismo y la más absoluta ausencia de resentimiento y desconfianza por lo desconocido y extraño, cuando hoy lo que nos rodea es más de lo mismo. Aunque no quede tan claro, don Juan, lo de su segundo viaje y en Asunción, la ira y furor con la que acometió a la india Juliana y el verse provocador de futuros levantamientos de los sublevados y faltar a las Leyes de Indias, para volver a España y ser juzgado por abusos y represión y perder toda su hacienda. Aunque nunca sabremos si esto es verdad o injurias levantadas por los colonos y capitanes allí establecidos y en defensa de su propios intereses. De lo que no me queda duda es que en el final de su vida en Sevilla, sin hacienda ni honor y en su casa o en el convento habrá probado de su propia mano el tedio que usted menciona.

El tedio del que con mucha sorpresa usted me habla ha existido siempre, en época de Carlos V y hoy en día, y si el suyo es solo parte de un relato histórico mucho se parece al que siempre ha habido y al que sufrimos ahora. Tedio entonces y tedio ahora. Y si antes podría atribuirse a la falta de fe (aunque se diría no es el caso de Cabeza de Vaca) mucho me temo, don Juan, que yo habría de atribuirlo en el presente a las condiciones económicas, que la salud como dicen muchos poco tienen que ver con todo esto y con los estados de ánimo, al menos de aquellos vinculados a las carencias o a los excesos de los que algunos disfrutan, porque por mucho que digan lo contrario es familiar directo de la penuria económica.

*Dr. Frodo,*

*Por miedo a lo que pueda pasar, que de eso va la cosa. Mucho me preocupa Dr. lo que pueda ocurrir en el futuro. Si la situación económica a la que hoy nos vemos expuestos se hará endémica y seguirá siendo la misma mierda en espera de algún otro cataclismo que vuelva las cosas a su lugar o las tuerza del todo. Porque usted me perdonará, siendo que tengo la sensación de que hace fila con aquellos que se apiadan de Z y de su pueblo, no solo de los que se fueron sino mucho más de los que se quedaron, por falta de recursos o por haber sido abandonados por vetustos. Me pregunto si a partir de ahora esto se hará tendencia y un jefe de estado cualquiera, el de Azerbaiján, Lituania o Letonia, Moldavia o el Kirguistán, Liliput, Brobdingnag o Laputa, la isla voladora, la cague, y perdone la expresión, para que nos levantemos todos en armas.*

*Y esto no lo digo yo, sino que se lo pregunté a una ucraniana refugiada aquí en Málaga y que no piensa volver ya caigan chuzos de punta o suban las temperaturas en verano por encima de los cuarenta grados, y fue ella la que me preguntó por eso de que carajo ha pasado que Z (y por una Orden de Héroe de la República, de Mérito por la Patria O Piloto-Cosmonauta de la Federación de Rusia) no solo ha arruinado a un país entero y dejado a la deriva a millones sino que ha metido a toda Europa, e incluso atravesado el Atlántico, en una guerra que no es suya, y que si lo mira usted bien, a nadie le importa un carajo, y más que a nadie a todos los plutócratas ucranianos que se han encontrado de regalo con un capitalismo neoliberal salvaje como el que siempre han soñado bien lejos de sus fronteras y no les ha costado un duro.*

No está mal, Carmen o Karmen con K. como en Elkano, Karmenchu o Karmucha, que siempre me han gustado las mestizas españolas de los colectivos evacuados, más conocidos como los Niños de Rusia. No está nada mal, no señora. Si le soy sincero hace ya tiempo que no me encontraba con un razonamiento tan bien expuesto y que sobrepasa lo que hoy se considera correcto. No veo sin embargo dónde están sus dudas y aquello que le preocupa, teniendo en cuenta que las preguntas se las ha hecho usted sola ( y con su amiga ucraniana) y da la impresión haya encontrado ya las respuestas.

Para seguir su orden natural y dar contestación a las cuestiones que creo detectar plantea, le sugiero vayamos por partes. Primero, si ha de tener o no miedo por el futuro que nos espera; si los poderes institucionales y los plutócratas no se habrán apropiado ya de esta negatividad y no se nos permita recuperarnos del todo, porque la miseria de las mayorías no hace sino aumentar las riquezas de los que controlan a los poderes elegidos libremente; si la huida de Ucrania y el abandono impune de los viejales nostálgicos de la vieja Unión de las Repúblicas merece castigo; si ha sido esto parte poco moralista del nacionalismo ucraniano sustentado, como todos los nacionalismos, en los mitos, mientras que la Unión Soviética la forjaron a golpe de puño y pala; si los ucranianos o algunos de ellos volverán o se quedarán en su países de acogida, dependiendo claro está cuales fuesen estos, o si serán los pobres los únicos que vuelvan junto con los empresarios afines al régimen; si esto que ahora está pasando habrá de repetirse en el futuro una vez dadas las condiciones adecuadas; y para acabar preguntarnos, junto con usted, si lo que dice su amiga ucraniana es común entre otros nacionales en el exilio inmunes a los prejuicios lingüísticos o si es una auténtica rareza, y su amiga una anti-nacionalista sospechosa; y al final imagino espera le sugiera a usted, si no una serie de reglas de conducta o un libro de etiqueta para sobrevivir en tiempos de guerra, al menos una forma equilibrada de enfrentarse a la situación presente.

Y para empezar por el principio, algo que no siempre es de oficio en análisis, algunos estamos convencidos que de enquistarse este mediocre estatus, lo hará de una manera inédita y haciéndose pasar por otra cosa, probablemente una nueva austeridad o si lo desea, un resignado conformismo sin capacidad de respuesta. En cuanto a si quedamos a la espera de un nuevo cataclismo internacional de uno u otro genero, cosa sobre la cual de serle sincero no tengo muchas dudas, aunque pueda ser de diferente naturaleza que este, y pueda que sea política, bélica, climática, mitológica o patológica, por no entrar en detalles más obscenos o particulares, que podría decirse en mucho se parecen a como Mussolini ganó el Mundial de Fútbol en Italia, en1934 en el estadio Partido Nacional Fascista, 2 – 1 para el marketing propagandista nacionalista. No es nada improbable que en el futuro todos seamos subproletariado de muy exiguos recursos y asumamos sin gran esfuerzo que la vida es así o ansí al menos por estas tierras, duras, escasas y discretamente miserables, porque como diría la reina inglesa, *Requiescet in pace*, decir *te quiero* o llorar ( a lo que yo añadiría hablar de emociones gratuitas o de la tristeza que genera la falta de activos), mucho me temo, es clase media.

En lo referente a si yo me alineo con los defensores o con los críticos de Z, le diré que siempre he estado en contra de todo, al menos como principio, pero nunca como inicio a negarme a hacer un poco de reflexión aunque más no sea estúpida. Puedo decirle que si y que no, como un buen gallego, y le contestaría a usted con una pregunta, que lo de los celtas no es banal si no un método de conocimiento. Y si Z es un héroe con la calefacción a veinte o veintiún grados, lo es como uno inédito o la primera víctima de un martirologio, que no ha aprendido con todas la guerras que hemos sufrido que estas siempre terminan en una negociación o pacto, o cómo llegado el momento quiera Z llamarlo, quedar en tablas o una rendición o un triunfo a partes en donde los dos, tanto Z como Putin, salven la cara.

Si abandonar a los viejos es algo ético e imposible de contrastar o una necesidad imperiosa de razonamiento, razón práctica o razón de estado, estoy más seguro que los ancianos lo verían de otra forma aunque como buenos provectos no hagan comentarios. Lo han hecho en todos los enfrentamientos bélicos o en circunstancias corrientes en donde los hijos emigran por una mejor vida, y lo hacen ahora mismo en tiempos de paz y eligen para eso instituciones vergonzantes y comunidades autónomas que pagan con sus miserables pensiones y parte de sus escasos bienes por las que reciben a cambio habitaciones compartidas de dos camas, viejos colchones, camas rígidas, sábanas usadas y una dieta que ni los isleños de San Kilda, la isla del fin del mundo, o la alimentación boca a boca con comida sino regurgitada, como en el caso de los pollos del frailecillo atlántico, sino masticada, a la pobre Anna en la Irlanda rural de las Midlands, a mediados del diecinueve.

Algo de lo que he sido testigo en persona, querida Carmen, Karmucha, Karmenchu, y fruto quizás del deseo oculto de poner distancias con la madurez caduca de los padres y las no siempre aplicadas responsabilidades de los hijos machos, que cuidar de los progenitores ha sido siempre tarea de las hembras en la sólida estructura de la familia patriarcal generalmente aceptada. Es en este sentido que no pienso extenderme en tan sensible materia, y aunque no está bien que lo diga, quedarse no importa cómo ni porqué a cuidar de tus padres y renunciar a desarrollar tus posibilidades es hoy considerado como una patología menor y una conducta igual de ingenua que subestimada, propia de hijos sin verdaderos recursos.

En cuanto al tema de si la URSS puede dar crédito o no de abanderar un nacionalismo que no esté sustentado sobre los mitos al uso, nos quedan dudas. Que lo suyo ha sido en su momento el imperialismo, como el austro-húngaro, el otomano o el romano, si nos interesa un arquetípico. Imperios que resultan de juntar y ensamblar a golpes nacionalismos diferentes, y ponerse al servicio de una super ideología y una super estructura teórica de mucho más alcance que el amor romántico y difamatorio por una bandera. Si los nacionalismos son maledicentes, el imperialismo es apologético, y lo pone en practica hoy en un extremo, la Liga Norte, Vox, La Alianza para el Futuro de Austria, el Partido de la Justicia y la Vida Húngara o Interés Flamenco, por citar solo unos pocos ejemplos decepcionantes, y en el opuesto, la benevolencia de la Unión Europea.

Si los ucranianos han de volver a su tierra o quedarse en el extranjero, y quienes han de ser unos y otros, y cuáles los motivos de ambos, es una pregunta que muchos nos hacemos. Se me ocurre pensar que los ucranianos con dinero, que seguro muchos no serán, se quedarán en sus nuevos países de adopción, dando por hecho de que estos habrán sido siempre fértiles, liberales, y al menos subtropicales, que los más radicales seguro ya están instalados en islas del Caribe o en los alrededores de Saint Maarten, Guadalupe, las Caimán o las Bahamas, a la espera de un nuevo pasaporte y disfrutando de sus cuentas en dólares. Seguro que son muy pocos los que han elegido Polonia, por ejemplo, no digamos alguna de las viejas repúblicas ex-soviéticas, para residir de manera más o menos permanente. Mientras que los que no tienen un duro no han tenido otra que poner un colchón o más en los países vecinos en donde había familiares cercanos, lo que será sin duda una residencia temporal a todas luces, o en los países europeos en donde han sido acogidos espontáneamente y en cupos establecidos, que serán setenta mil digamos pero en ningún caso setenta mil uno. Porque como usted sabrá, Carmen, la filantropía o las generosas ayudas entre gentes y lugares está todavía en pañales y no suelen trascender hasta convertirse en ayudas materiales. En demasiadas ocasiones representadas por nimiedades o restos superfluos sin valor económico, ropas de segunda mano, la de los niños que han crecido sin proporciones, los Micromachines, el Monopoly o los cliks de Playmovil, y las prendas que cuelgan en el armario igual que cadáveres anónimos e impertérritos o restos funerarios, los chandals de Decatlhon de hace dos temporadas, junto con las siempre socorridas bolsas de macarrones rayados de kilo, la harina de maíz, el arroz bomba marca blanca entre otros nutritivos y baratos carbohidratos, entre otras dadas u obsequios de difícil descripción difíciles de imaginar. Nuestra generosidad, Carmen, siempre será puesta en duda, de lo que no me siento ajeno, que mi estilo de dar ha sido siempre más teórico que de hechos, más simbólico que realista.

Si a Z al final le dan la cruz del mérito o cualquier otra caduca Orden de la Federación (neorusa, protoucraniana o Europea) y podría ser la Orden de Leopoldo de los belgas, una moneda de plata o una lechera hispano-suiza, la Cruz de Honor al Valor o la Orden del Mérito de la República Federal de Alemania, y todos contentos. Todos menos los pobres desgraciados que han perdido sus bienes, casa, ahorros, familiares directos, la esperanza y probablemente las ganas de vivir bajo la égida de la Federación Rusa o del Servidor del Pueblo, ente irreconocible elevado al estatus de

Partido heroico, especie desconocida no catalogada
dentro del orden de los animales vertebrados, o en
otras palabras, el deseo de seguir viviendo menos libres
o menos libres a la sombra de las nuevas o las
instituciones de siempre, de unas o de otras, tanto
monta monta tanto.

O si de todo esto al final nacerá o surgirá de las
cenizas un nuevo capitalismo ucraniano, mafia eslava,
una camorra no exactamente de la Campania o una
ndrangheta calabresa, con la misma carga étnica y
mucha menos fritatta de espagueti, parmigiana di
melanzane o pipi chini, vrasciole o morzello. Una mafia
sin responsabilidades penales que campará libremente
y a placer entre las organizaciones económicas de la UE,
entre el Banco Central Europeo y el Comité Económico y
Financiero, no por estar libre de pecado sino porque ha
sido blanqueada al coste de miles de muertos, daños
económicos y una pérdida irreparable de millones de
ciudadanos súbditos, muchos de los cuales no tienen la
más mínima idea de dónde ir, a que dedicarse, o si
seguir con su triste éxodo, sin destino y con una pocas
grivnas, 0, 026 al cambio con el euro.

El caso es que me pregunto, querida Carmen,
teniendo en cuenta que usted nació y vivió con toda
seguridad los últimos años de la mórbida y vacilante
secuela estalinista, y ha conocido de primera mano las
consecuencias de la idiosincrasia rusa, con su
permanente vigilancia y culto ortodoxo a la
personalidad primero y a su momia después hasta la
llegada de Nikita Jrushchov, que no la *Nikita* de
Gaumont y Luc Besson. Y seguramente se habrá cruzado
más de una vez con un ciudadano ucraniano sin
credenciales y en aquellos momentos ruso, ruso por
adopción o simpatía, como les pasaba entonces a tantos
otros, georgianos, cosacos, a las etnias tunguses,
urálicas o protosiberianas, y quizás con pro rusos
cubanos, frenteamplistas uruguayos, franceses

intelectuales que se pasarían luego al mucho más espiritual maoísmo de campo y playa y largas caminatas...y me he ido otra vez por las ramas.

Y es por eso que me pregunto, querida, si las guerras son de quienes las crean o provocan, de sus socios y alianzas y de los países que se ven afectados, o si por el contrario son asunto de todos nosotros, de la humanidad entera (resulta que al final los medios caen siempre en la hipérbole, debilidad que a la gente corriente tanto le gusta). Mucho me temo que fruto de nuestra hipocresía militante y desbordada que algunos tanto practican, y por mal informados e ignorantes no podemos resistir la tentación de tomar parte por los buenos, o aquellos que lo parecen, siendo que los malos también tienen sus partidarios aunque no resulten, según su fenomenología, políticamente correctos.

Y a título informativo, en calidad de resumen o moraleja , yo le diría querida Carmen, Karmenchu, y lo diría Hemingway incluso, *que cada uno defienda lo suyo...* y le diría también que nadie, *ni siquiera los campesinos creen en la guerra.*

*Dr. Frodo,*

*Me pregunto si serán los rusos la nueva Yihad, el integrismo ruso-ortodoxo en confluencia con el estúpido, decadente y medievalista islam integrista... o es que me estoy pasando un poco de la raya.*

*Pánfilo, por email*

Tengo la incómoda sensación de que me está tomado el pelo. No estoy seguro tampoco de que Pánfilo sea su verdadero nombre, o es que se está poniendo sarcástico, y es decir poco, por mis anteriores referencias a Cabeza de Vaca. No tengo claro sin embargo cómo le ha llegado usted esta información siendo que el material de mis consultas y la información de naturaleza personal que recibo de mis pacientes o clientes, que mucho me gusta la privacidad y el misterio a dos de estas. Salvo claro está que tenga usted relación directa con nuestro viejo amigo y fraile, Don Juan de la Cruz, que seguro también mantenía con el pasado si no una relación patronímica con nuestros gobernadores o la genealogía de los cargos de la monarquía de principios del dieciséis y Carlos I de España, o una simple coincidencia de nombres. Y el hecho de que él también, diría yo, era sensible al pasado histórico de nuestros expedicionarios, a los que a los pobres les fue pero que muy mal, muertos o ahogados, flechados, desnudos todo el tiempo y esclavos el resto de los indios de una u otra parte, que los tenían de domésticos y los trataban a palos y bofetadas y si se querían escapar los flechaban.

Lo que deja, pensándolo bien a nuestros antepasados más heroicos, como una panda de valientes o inconscientes gilipollas y mano de obra de un montón de indios decadentes y analfabetos que iban en bolas, y más brutos que un arado, que un montón de maduros pelotudos con chaquetas de cuero montados en motocicletas.

Aun así en el caso de estar usted interesado y sea su nombre el que dice, no solo le sugiero lo cambie con carácter urgente por otro más conveniente, si es usted vegano o vegetariano podría inclinarse por Lánguido o Desiderio, nunca por el de Titania McGraft, por ejemplo. No obstante, si desea usted vincularse personalmente con nombres ilustres, pánfilos o inteligentes, tiene donde elegir, y yo le recomendaría Andres Dorante o Castillo, que ambos por cierto era los nombres y apellidos de dos de los capitanes amigos de Cabeza de Vaca.

Yendo al asunto, una yihad rusa sería para Putin como una fuente de chocolate con grandes fresas rojas y poco jugosas, aparte de que un montón de rusos tirando al aire con sus AK 47 vestidos con sus piltrafas, pantalones y camisas largas blancas o de otros colores suaves con aspecto de pijamas, entraría en contradicción con el rojo que tanto les gusta a los ex soviéticos y con la mismísima cuestión del clima al estilo de la Convención Marco de la Naciones Unidas sobre el Cambio Climático, lo que sería, mucho me temo, decepcionante.

No, Pánfilo, los rusos son a los integristas del Dáesh lo que Tamara Falcó, autodidacta, es a *La que se avecina,* Temporada 13. Los rusos ahora mismo no piensan en otra cosa que en el consumo y compras frívolas en Tverskaya o Nevsky Prospekt, y es gente como muy dura y resistente y no creen en nada más etéreo que los aromas del vodka. Mucho menos una alianza ruso-ortodoxa con Gundiáyev, patriarca de Moscú y toda Rusia, más conocido como *no sabe, no contesta*. No le voy a negar sin embargo que Putin tiene mucho del *flair* de los líderes integristas, motivo por el que es solo cuestión de tiempo, poco tiempo, para que lo saquen de titular y pongan a alguien del banquillo más empático con sus vecinos ucranianos, mientras los votos, los falsos y los buenos, volverán a su tendencia de siempre, un capitalismo salvaje heredero a la vez que secuela de las agencias de seguridad y los altos cargos del Partido.

Puede que los rusos sean decadentes e integristas, pero también lo son los conservadores ingleses y los nacionalismos balcánicos, kosovares, croatas, serbios, montenegrinos o bosnios, pero de ahí a tener parecido alguno con nuestros amigos en pijama y sandalias que por un bollo de harina o roti, puri, chapatis, papadus... (siendo la inmensa variedad de sus panes la base de su magra dieta) y un poco de oveja cocida o a las brasas, que por el cerdo sienten un desprecio histórico, por el pobre gorrino, animal totémico de buena parte de la cultura europea gastronómica y no tan gastronómica. Siendo que el cerdo es para muchos de nosotros y no solo para los italianos y los españoles, sino también para los franceses y los alemanes, un poco el centro del universo, un animal total y absoluto que lo da todo y del que se aprovecha hasta los andares, un dios menor despreciado que ha dormido desde tiempos feudales bajo nuestra cama.

Tampoco comparten el estilo de los kurdos, y le recuerdo algunos de sus atentados más sonados como el último en Estambul y en la Istiklal Caddesi, cuando podrían estar allí poniéndose las botas con hamburguesas turcas, kebabs, pilabs y lahmakuns, mucho menos convertirse de la noche a la mañana en una minoría marginada, primero porque son muchos y segundo porque la mayoría de los terroristas kurdos están en Siria, y a los rusos Siria les trae malos recuerdos.

Ni les va nada lo de los palestinos ni mandar a los niños a tirar piedras en una intifada en Cisjordania o la franja de Gaza contra los colonos judíos, cuando de judíos estaba llena Rusia en tiempos pasados, y si los expulsaron y desdeñaron fue por culpa de las elites comunistas que no querían a nadie haciendo dinero a sus espaldas, y mucho menos tanto como a los judíos les gusta. Y porque en Rusia como en cualquier otro país que se precie los niños van a la guerra a un edad prematura y con todo el utillaje y no andan por ahí tirando piedras, ni contra los cristales, mucho menos contra la gente, porque la peña es difícil de matar y con un pedrusco del tamaño de una pan de carne le aseguro, Pánfilo, no se llega a nada.

No, no va con los rusos ninguna amenaza terrorista que conozcamos. Esto no quiere decir que en el futuro y muy a corto plazo surjan nuevas formas entre las que podría estar la de los eslavos, y algunas procedentes del ideario del mismo SFB o Servicio de Seguridad Federal. Estoy convencido de que nadie volará por los aires con un chaleco bomba en una calle peatonal superpoblada como las Ramblas de Barcelona o en una furgoneta cutre japonesa o coreana alquilada en Rent Services S.L. o Covey Girona, o en un tren de la red de cercanías en Madrid y al viejo estilo olvidadizo, con una mochila mugrosa, sucia y gastada, ni siquiera una de Solohombre o AliExpress o una marca registrada francesa o italiana.

Además, permita que le recuerde que a los rusos, como ya le dije, no solo no les gusta nada el *outfit* de temporada de los fundamentalistas pakistaníes o afganos, de los talibanes, no digamos ya las camisas negras al uso de los fascistas, ni el *tout noir* del Dáesh o la armada terrorista del ejercito de tierra del Estado Islámico, que los únicos diecinueve miembros de su fuerza aérea murieron el once de septiembre del 2001. Que entre el Estado Islámico, los integristas de diversas nacionalidades, los lobos solitarios, los talibanes, la hinchada del Manchester United o La 12, la barra brava del Boca Juniors, uno se hace un lío, mientras con los rusos se tiene siempre muy claro quienes son y cuantos y que sin un líder fuerte y un buen pedo de vodka carecen de la facultad de organizarse.

Y si piensa usted en un terrorismo unificado ruso-ortodoxo, ya le digo yo que la iglesia de allá es como muy dada a la nueva costura y la higiene, a los tocados y adornos en oro, a la pompa, a las largas barbas y a los serafines bordados, indumentarias y hábitos todos ellos por lo menos inadecuados para solaparse o permanecer escondidos, para la guerrilla urbana o la lucha cuerpo a cuerpo en el campo, especialmente cuando llega la temporada de lluvias y todo ese barro que allí empieza en marzo y dura más de ocho meses para terminar en diciembre.

Sí, mucho me temo, Pánfilo, que el terrorismo que usted se imagina no existirá nunca. No solo por los motivos que acabo de mencionar si no porque los rusos una vez acaben sus turbios asuntos con Z se dediquen ya no a invadir a algunas de sus ex-repúblicas, que habrá comprobado son duras de matar y ninguna de ellas tienen cereales en grandes cantidades. Salvo que el nacimiento de una nueva energía despierte la necesidad de extraer minerales raros que seguro estarán en África, pero si estuviesen en Kazajistán o Turkmenistán, en Lituania o Letonia, ya le digo yo, querido Pánfilo, que se verían en serias dificultades y pasarían a tener su futuro cogido con alfileres.

Mucho más probable será que el terrorismo del futuro esté ya en redes y no nos hayamos dado cuenta. Será potencialmente destructivo y silencioso, y hará un montón de daño de superficie, daños menores y psicológicos, será un mal corporativo que se extenderá por las capas superficiales de nuestro cerebro y tendrá al menos el buen gusto de no ensuciar calles y paredes con sangre ni ocasionar la pérdida de alguno de tus miembros, por lo general uno o dos, no los cuatro, que es mucho más que bélico obsceno, de Dalton Trumbo y *Johnny cogió su fusil,* o que te dejen hecho una piltrafa en medio de la calle del pueblo o bajo toneladas de escombros.

No tengo claro que los futuros terroristas se parezcan a Osama Bin Laden o a los terroristas somalíes de Al Shabaab, a las Milicias Extremistas o los Supremacistas Blancos. Lo más seguro es que adopten un color híbrido y blanquecino y de aspecto tuberculoso, tísico o achinado, de Zuckerberg o Bezos o el del ya fallecido Steve Jobs, o los habrá regordetes y raros y con cara de extraterrestres como el mismo "Woz" renacido o Elon Musk. O mejor aun, nacerán dentro del *staff* juvenil (o los GOs o *Gentils organizateurs* del ya caduco Club Med) de las grandes corporaciones tecnológicas disruptivas.

Insatisfechos con sus modestas ganancias, cuando es más que probable que mucho de ellos no superen la edad legal para sacar su licencia de conducir o consumir alcohol sin la autorización de sus padres, estos jovenzuelos podrían convertirse en peligrosos terroristas *à la mode,* a contrapelo de la evidente flaqueza de sus progenitores. Y ya sabemos lo coñazo que son los padres con los consumos heterodoxos de sus hijos, más pesados ya no que los rusos de Rusia con sus estúpidos movimientos de tropa y ambiciones imperialistas, si no que los terroristas musulmanes integrados o integristas, fundamentalistas, funambulistas o fungiformes, cuando los jóvenes, futuros precoces dictadores en potencia, deberían poder hacer lo que les plazca con sus súbditos, como los buenos dictadores o autócratas. Es lo que hay, Pánfilo, los tiempos cambian, para que al final no cambie nada, con la excepción de la ropa de camuflaje y como diría MP, *el sentido de la vida.*

*Dr. Frodo,*

*Serán las redes una enfermedad mental, o un juguete maldito, como Chucky o Annabelle, con el que nos distrae el sistema que bien conoce nuestras debilidades. Siendo las guerras como la paz y el "feudalismo climático" y una nueva edad del hielo de aquí al 2100, que no es nada, momento en que los polos se hayan derretido, cuando los osos blancos cambien de paradigma y busque su nuevo nicho genético en los países subtropicales del sur de Europa, cuando los que hacen esquí de montaña o marcha nórdica tengan que meterse sus esquís y bastones por el culo. Unos tiempos nuevos calentitos en donde las especies animales se conviertan todas al tropicalismo y vayan por ahí dando graznidos y otros lenguajes no articulados, más contentos que Cristiano con el balón de oro. Y nosotros seguiremos jodidos como siempre pero esta vez mucho más calentitos, cosa que a algunos les gustará mucho y otros muy poco o nada, a mí sin ir más lejos que soy más de frío y un punto escandinavo o retro, según el punto de vista climático, y con tendencia, suave tendencia, al alcoholismo. Porque cuando juntas a la cultura con los climas sofocantes, los resultados son catastróficos, motivo por el cual los acalorados calentorros o sofocados casi siempre escriben su mejor obra, sino todas, en París o en Londres, en donde el cielo esta siempre cubierto y gris y lo que se dice calor se observa todavía dos o tres días al año.*

*XX, por email*

¿Qué, si no?, mi querida XX. Adivino por lo de XX que es usted mujer, si fuese o sería hombre habría puesto XY (porque todo va de cromosomas y del par 23) como incógnita. Cómo si no se puede llamar a algo que se ha metido entre su persona de usted, como decían antes, y el resto de la gente. Y esto incluye a los miembros de su familia, su padre y madre, y al resto de la humanidad entendida como una especie inteligente y superpoblada, equipada irremediablemente y prácticamente sin excepciones con un dispositivo electrónico de una capacidad extraordinaria, tanto que es prácticamente imposible ser más inteligente. No se le puede negar la inteligencia a los móviles, siendo la mayoría de ellos chinos y los chinos lo han inventado todo y es muy probable que la inteligencia también, pero de lo que no hay duda es que han inventado la comunicación y en especial la comunicación de masas, con la única de excepción de los agentes del caos en Ciudad Creativa Digital y Sillicon Valley al sur de la Bahía de San Francisco.

Como le decía a Pánfilo, mi anterior consultante, el terrorismo que nos acecha a la vuelta de la esquina es uno de jóvenes programadores, creadores de aplicaciones y algoritmos, vocablo omnipresente que ya no pueden si no estar siempre presentes y de forma ubicua en todas las conversaciones reportajes periodísticos e informes técnicos, aunque la mayoría no sepamos del asunto ni las solapas, cumple una función de ayuda memoria y nos recuerda que aunque no nos maten en una guerra no vivimos para siempre por motivos estrictamente genealógicos y de longevidad, y porque a diferencia del bogavante, viejo residente, hacerlo sería insoportable. Tirar bombas es ya como un poco al pedo y esta superado, y los *new young* estarían hoy mucho más inclinados por una nueva amenaza surgida de las matemáticas, en particular de los nuevos y peligrosos conjuntos de reglas e instrucciones para procesar los datos que nos interesan.

Si la enfermedad la definimos en casa como una alteración esperada en el orden natural de las cosas, y puede reivindicar allí un lugar para ella sola, es, mucho me temo, la parte que mejor entendemos de la vida aunque no nos demos cuenta ni le dedicamos tiempo y reflexión muy poca. Y de no estar de acuerdo con mi definición puede usted acudir a Wikipedia y a la OMS en donde se dice que esta es algo así como la *alteración de un estado fisiológico por causas conocidas*, y en ambos casos no me negará que pueden estar más cerca de un viejo concepto y que se parece mucho a una especie de rebelión, o desviación, y a su contrario idéntico (la salud) del que paradójicamente es su mejor instrumento de análisis. Porque qué mejor que la enfermedad para conocer y medir nuestro estado de salud y la proporción en que todavía mostramos señales de vida (intelectual u orgánica).

Otra cosa es si se trata - hace unos un par de años habría usado el futuro simple - de un trastorno físico, ahora mismo se me ocurren cosas como la incapacidad de hablar, oír, ver o caminar. O si por el contrario se trata de una disfunción mental, imagínese por ejemplo trastornos de conducta como la histeria o las pequeñas patologías cotidianas, en las que nadie echará en falta sus correlatos físicos o corporales tales como las alteraciones cardíacas, los tics o las parálisis, que miradas en conjunto son bastante parecidas a las gráficas de la red que hoy nos proveen con más de lo mismo, paradas, bromas pesadas, mal gusto y una actividad frenética que parece no tener fin o que puede durar horas y mantener a sus adictos en el filo de la navaja.

No le quepa duda que el sistema conoce nuestras debilidades, aunque yo estaría encantado en llamarlas de otro modo. Qué le parece flaquezas o malos hábitos. Y ni siquiera dude a la hora de pensar que el sistema las conoce, y no porque sea extraordinariamente inteligente o suspicaz o disponga de los medios, sino porque nuestras debilidades son tan obvias que da un poquito de pena pero saltan a la vista. Y si no me entiende le sugiero piense brevemente en su propia conducta y rutinas habituales, que todos somos en alguna medida discontinuos, ingenuos y vulnerables. Si antes eramos víctimas de cosas más antiguas que el hilo negro, las tragaperras, el Monopoly, jugar a las chapas, al escondite, arrimar figuritas a la pared o hacer la montadita, y a las bolas o bolitas de vidrio o acero, hoy nos sentamos en unos sillones ergonómicos y no perdemos de vista un monitor AOC de cuarenta pulgadas o lo llevamos en el bolsillo no tan sobredimensionado y mantenemos con él una relación obsesiva de dependencia.

Lo de feudalismo climático que ha tomado usted de la muy prestigiosa y no menos atractiva Marta Peirano, lo cierto es que no lo tengo demasiado claro, cosa como habrá observado ocurre con frecuencia en mis sesiones. Ignoro si se refiere a que durante la alta o baja edad media hubo también un cambio climático, aunque no hubiese entonces que yo sepa grandes o enormes generadores de gases de efecto invernadero, ni nada parecido al CO2 o el dióxido de carbono de los coches ni a los gases o ventosidades que despiden las becerras y todo el ganado vacuno. Porque en la edad media la gente era mucho más de la caza montaraz y del buen cerdo, mamífero también pero que sepamos se peya mucho menos que las vacas. O si la cosa en realidad es otra y se refiere Peirano a la conducta irresponsable en general de caballeros y siervos a los que el clima les importaba poco o nada, y en general al poco respeto o sensibilidad que mostraban los feudales por la naturaleza, que fue al fin de cuentas, si me permite la licencia, un invento de la botánica.

Una nueva Edad del hielo, eso ya me gusta, es una idea atrevida y más si la ponemos en relación al miedo que nos produce el futuro. Porque del hielo o la nieve nos gusta a todos, cuando vamos a esquiar, en cubitos con el whisky, y uno está bajo la impresión de que el frío no hace daño a nadie salvo que sea usted ucraniano ahora mismo, o un yakuto con su pisito en Yakutia sin gas ciudad y la leña a precio de oro. O en otras palabras, el miedo a las inclemencias del tiempo, las que al final nos estropeen nuestras vacaciones en la playa, en Benidorm o Ibiza, según sus recursos. Muy loco me parece eso de imaginarse a Pachá, Amnesia o Ushuaia literalmente congeladas, con estalactitas o estalagmitas, o como lo hemos visto ya, dicho sea puntualmente, tipos con esquís en plena Quinta avenida cuando la última gran nevada en la costa este fue en febrero del 21. En resumen, que el calentamiento global acabará con todo el hielo del planeta, y por el frío habremos de pagar más de lo que tenemos en nuestra cuenta corriente, y aquellos a los que les gusta ir calientes tendrán por fin su edad de oro y renacimiento.

Otra cosa es la última parte de su comunicado que, me permitirá, raya en el delirio, y no es esta una palabra que yo utilice con frecuencia en mis sesiones, y no por el asunto del clima, si no por su aversión manifiesta hacia los que esquían o hacen marcha nórdica sobre nieve, que cada uno está en su pleno derecho a hacer lo que le salga de los huevos. Lo mismo con su sugerencias de qué diablos hacer con sus útiles deportivos una vez hayan cumplido su cometido, salvo que usted decida hacer esquí en Ski Dubai, en el Mall of the Emirates, en una pista aislada con nieve artificial y árabes artificiales vestidos por una vez con la ropa adecuada. Y no hago más comentarios a las líneas siguientes, porque seguro usted ya se habrá imaginado que un par de bastones o esquís, Armada o Black Diamond, no pueden caber por el agujero del culo.

Y tampoco le voy a negar eso de las especies todas convertidas al tropicalismo, como Caetano o Gilberto, como si fuesen una especie de gran partido político como el PP y su casi millón de afiliados, tal como ellos mismos dicen y me lo creo. No tengo muy claro si de derechas o de dictaduras tropicales y repúblicas hereditarias como la de Teo y Teodorín Nguema en Guinea Ecuatorial. Pero quedémonos con la fauna, se imagina usted una enorme bandada de pájaros todos picoteando en su cabeza (o la de Tippi Hedren para el caso) como en aquella película sobrevalorada de Hitchcock, que no de *the Hitch*. Que de ser así o de cualquier otro modo yo le recomendaría la cotorra argentina que haría una estupenda infantería con capacidad de vuelo, se imaginan, y un Jefe de Estado Mayor y General como Valeri Guerasimov, y el ruso sería un gran, enorme cóndor de los Andes, una cadena montañosa muy grande que atraviesa toda centro y sud América, por si no lo sabía.

Un poco triste me puso, no pienso negárselo, lo del oso blanco o *ursus maritimus* reestructurando contra su voluntad toda su cadena genética, y la imagen de un oso hermoso del color de la nieve transformándose en uno marrón y rastrero con mucha menos demanda de calorías rondando inquieto el sotobosque igual que un pobre y desgraciado oso hormiguero, esta vez con un vientre descomunal y un apetito insaciable.

En cuanto a su tendencia o suave tendencia al alcoholismo, déjeme decirle dos cosas. Que tal afición goza de un estatus masculino o machista, y las mujeres alcohólicas se llevan por lo general la peor parte. Porque ser mujer y alcohólica hay quien dice que es ser una de las dos cosas dos veces, o que un gravamen después de impuestos. Que la mujer en su condición debe estar siempre fresca para ocuparse de sus tareas domésticas, dirían los machistas más querenciosos, mientras que yo diría que deben estar frescas para seguir siendo mujeres que es una condición como de diosas privilegiadas, brujas sutiles o hechiceras, mientras que los hombres borrachos son como infrahumanos y un poco más de lo mismo todo el tiempo.

Y mucho me gustó lo de los escritores y los climas sofocantes y eso de no ser capaz de escribir cuando el culo se pega a la silla o te has quedado sin cuartillas y caminar hasta el almacén más próximo solo pensarlo te deja sin fuerzas. Y cuanta razón tiene, XX, que los escritores tropicales, que algunos los ha habido, los de Cuba o de las Antillas, la mayoría se han largado. Y si los primeros adoptaron la ciudadanía francesa para hacer provecho de sus ventajas, y en Paris en su mayor parte, los indios o los de Trinidad (y estoy pensando ahora mismo en Naipaul) se han ido a tierras de la corona que tanto dentro como fuera del Commonwealth no hay mejor lugar para escribir que Cambridge, que no es Cambrils, u Oxford, incluso me atrevería a decir que tampoco Southall, en Ealing.

No, no lo tengo muy claro, y tampoco lo tendrán los lectores, es qué relación hay entre todo esto, el cambio climático, la Edad Media o el feudalismo, nuestra cadena genética o la de los animales y las similitudes que pueda albergar esta con los nuevos tiempos digitales y la tiranía de los algoritmos, con el miedo a morir por un caso agudo de inanición, frío o sepsis por la pésima atención hospitalaria en la mayoría de nuestras autonomías, por la inflación incontrolable o por los precios del gas o de los combustibles fósiles o a cuenta de una guerra como las de antes en Europa del este y en la frontera rusa. En especial cuando son estos, los que acabo de mencionar y no otros, los motivos de análisis que he decidido incorporar como genero en estas charlas informales sobre el miedo a lo que pueda pasarnos en los tiempos que corren.

*Dr. Frodo,*

*Lo han hecho los seguidores de Bolsonaro en Porto Alegre. Con sus teléfonos móviles sesgando la luz de linterna del mismo con la palma de la mano y durante cuestión de segundos. Y con qué intención, se preguntará usted Dr., pues con la intención de comunicar con los extraterrestres e invocar su ayuda para el futuro y el inminente gobierno de Lula, que es un terrícola convencional sin capacidad alguna para comunicarse con seres de otros planetas, y no digo galaxias porque la luz de un móvil - no sé si el iphone 14 sería una excepción por lo alto - no tiene el alcance suficiente. Será eso posible, y lo que es mucho más importante, encontraremos buena voluntad por parte de ellos o se mostrarán indiferentes después de haber conocido las tonterías que le hemos enviado estos últimos años, o porque estarán ocupados en cuestiones mucho más importantes, como guerras de gran calado o viajes intergalácticos a la velocidad de la luz o cualquier otra, vaya una a saber. Lo que me pregunto Dr. es si de encontrar respuesta , independientemente de si se harán partidarios de rusos o ucranianos, aunque personalmente estoy convencido serán afines a los primeros, me pregunto si será eso suficiente para que se nos quiten las ganas de pelear entre nosotros o andar con gilipolleces cuando en algún punto del universo se ocupan de asuntos muchísimo más trascendentes. Siento curiosidad por saber que piensa usted Dr. al respecto.*

*Con afecto,*


*Luisa, por email*


Querida Luisa, advierto cierto toque humorístico en el perfil de su potencial análisis, qué clase de persona es usted y cual será el tratamiento que habrá de recibir por nuestra parte. Ya le adelanto que somos más que propensos a tratar con mucho respeto a los que sublevan a lo serio, a los que aprietan las nalgas o el culo en sí mismo, y desde ya le pido disculpe el exabrupto, cuando escriben y no se relajan en circunstancia alguna para dejar que el poder de la irresponsabilidad fluya, ejercicio no necesariamente banal que es derecho adquirido entre escritores. Lo que usted me cuenta tiene todo el aspecto de una *fake news*, aunque haya visto yo con mis propios ojos las imágenes, las de un grupo bastante reducido de unos cuarenta o cincuenta dóciles ciudadanos si tenemos en cuenta que Porto Alegre cuenta con más de un millón y medio de habitantes y en su área metropolitana más de cuatro buenos cristianos, que diría Cabeza de Vaca, al que no puedo quitármelo de la cabeza desde hace unos días, y ruego disculpe la redundancia. Una población *gaucha* la mayoría blancos con abundante ascendencia alemana. Haber si al final va a ser que todos somos un poco conquistadores que no consiguen conquistar nada, ni migajas.

Y si no se trata de *fake news* se trata, no lo dude usted, de un racionalismo *fake* o una falsa representación, que si le soy sincero no estoy muy seguro si dejaría mucho mejor a nuestra naturaleza humana, que es de lo que hablamos aquí a fin de cuentas. Y me pregunto si es mejor creérselo todo, hasta lo más estúpido, o producirlo nosotros por nuestros propios medios, y hacerlo pasar luego por fruto de nuestra inteligencia, siendo que son estas las escasas manifestaciones que alcanzan a las mayorías, esta vez de manera irresponsable, porque la irresponsabilidad es privilegio del autor que por el estereotipo no tiene responsabilidad alguna, y para con el futuro tampoco.

Acudir a un recurso tan vulgar y extendido como nuestros teléfonos móviles es algo que habla si no precisamente bien, lo hace con absoluta certeza de quienes somos. Y si bien es ridículo pensar que la luz de un teléfono móvil, de un iphone 14 incluso, pueda alcanzar con toda seguridad galaxias remotas en espiral o elípticas o quásares misteriosos en el centro de estas, mucho más ridículo es pensar que transmitir una luz blanca de manera discontinua es mucho más efectivo que hacerlo con una luz continua.

Convocar a los extraterrestres no es tan disparatado, de hecho es quizás uno de los pocos que nos quedan por poner a prueba, después de haber intentado algo parecido con dios, la santísima trinidad y la Virgen María, con los poderes ocultos o con el Partido Nacionalsocialista Obrero Alemán, o en estos últimos tiempos con las enseñanzas mal interpretadas del Corán o la resurrección libremente interpretada de los viejos fascistas europeos que todos conocemos. También es muy coherente que los recurrentes o invocantes sean gente de derecha o pequeños fascistas tropicales militaristas, y no sean los votos de Lula que al parecer son parte del gran voto popular, las clases medias bajas y la peña con dos dedos de frente. Y usted dirá por qué razón digo esto, pues es fácil de entender desde el momento en que la derecha ha sido siempre muy futurista y de Bocionni o Marinetti, y con gente sin escrúpulos haciendo cosas muy modernas, dinámicas, con líneas rectas y puntos de fuga que llegan hasta el espacio mismo, que los italianos y seguro también muchos otros piensan es fascista.

Pregunta usted por qué Lula no ha tenido él la brillante idea de recurrir a los alienígenas. Le diría, entre otras cosas, porque ha ganado las elecciones, y no por ser sea un terrícola medio convencional competente y capacitado para comunicarse y hacerse con ayuda del extranjero. Y porque su futuro gobierno contará con la potencial ayuda de otras especies exóticas solo porque procede de estados inferiores de la capa social y no reúne las condiciones necesarias indispensables para contar con apoyos extra o muy extra parlamentarios, aunque debería considerar que pueda ser este también un falso argumento.

Se pregunta usted, estimada Luisa, cual será la actitud de estos eventuales visitantes, si mostrarán hacia nosotros una actitud comprensiva y de buen rollo, si mostrarán buena voluntad en este sentido, o si por lo contrario serán refractarios y distantes (lo que sería coherente con sus lejanos orígenes), reaccios a conciliar con las clases populares en Brasil y en especial con el sureste alienígena atravesado por etnias italianas, alemanas, rusas, polacas, judías y ucranianas.

O si por lo contrario, y a causa de que nuestros obsequios simbólicos, y me refiero a los comerciales de Doritos, el libro escrito por un ex-presidente de Turkmenistán, los mensajes de Twitter, la copia de las Crónicas Marcianas de Bradbury, de las que soy un admirador incondicional, la Declaración de los Derechos Humanos en más de 1500 idiomas, aquél tierno mensaje cifrado de Paul McCartney diciendo *"Send my Love to the Aliens"*, el concierto de quince minutos de theremín (o eterófono, instrumento bizarro que puede ser controlado sin contacto físico y por el movimiento de manos), cuando podríamos haber enviado un solo de violín de Joshua Bell o simplemente uno de piano, las mismas*"Variaciones Goldberg"* de Bach, en versión Glenn Gould, que usted también menciona brevemente. Y al final de todo la culpa habrá sido nuestra, y le ruego me diga usted a quien se le ocurre mandar en una cápsula hermética al más allá estas muestras evidentes de la estupidez humana y no cosas que de verdad valgan la pena.

Me pregunta después si no estarán ocupados en cosas más trascendentes como las guerras Klingon-Cardassia, la de Terranos-Romulanos, la Borg o la Masacre de Khitomer, o si se trata de Dune, la guerra entre la Casa Atreides y la Harkonnen por el feudo de Arrakis. A lo que yo le diría estoy seguro de que las civilizaciones de otras galaxias y planetas hayan conquistado la paz permanente y el pacifismo como ideología y descubierto algo que siempre hemos sabido, que la guerra y sus estados intermedios, sólidos, líquidos o gaseosos, no sirven para nada, si no para más de lo mismo. Igual que si viajan a la velocidad de la luz o es que se toman más tiempo y han hecho realidad en un sentido menos contradictorio, la fábula de la liebre y la tortuga, de Esopo, la fórmula no demasiado secreta de la verdadera inteligencia, o como dice Wiki, *un cuento sobre la humildad y el esfuerzo*.

Lo mismo se pregunta si serán los alienígenas partidarios de los rusos o de los ucranianos, allí donde yo me preguntaría si se parecen más a los habitantes de la taquilla C-18, Frank o Michael Jackson, o el Barbipelótido y Edgar el exterminador. Y si usted, querida Luisa, está convencida de que tomarían parte por los rusos, sospecho tendrá sus motivos, quizás el de tener familia en el extranjero, y en particular en la Federación. Y si hablamos de ellos, por poco que nos guste, deberíamos estar de acuerdo en que el futuro importado de otros planetas o lugares muy lejanos aunque sea justo y equilibrado no lo quepa duda alguna que también será muy jerárquico, sensible siempre a la escala de ingresos, en el orden de escalafón y autoritario, pero de una manera que no habíamos visto antes. Un autoritarismo alienígena pero muy didáctico como de colegio público, ya sabe, etoniano, y ajustado a una meritocracia mucho me temo que muy parecida a la nuestra.

Me pregunta al final si será nuestro contacto con los extraterrestres suficiente para cambiar de modos y apetito insaciable por los conflictos y nuestra rotunda incapacidad para ponernos de acuerdo en casi nada o en muy pocas cosas. Porque si lo humano es una contradicción y el fallo está en los nucleótidos y los enlaces químicos que unen nuestras dos cadenas de

ADN, lo más probable ha de ser que cuando los raros lleguen con sus locas máquinas voladoras lo que haremos será tomar o no partido por ellos, y dividirnos en facciones que mostrarán simpatía unas por los más radicales y las altas jerarquías, y otras por la tripulación, los que trabajan en calderas y los inmigrantes que seguro vendrán en tercera bajo cubierta.

Y dicho esto, y legislado en las respectivas cámaras con representantes, diputados y senadores de ambos géneros o especies, terrícolas y extraterrestres lo más probable es que se desate una guerra de alcances insospechados a la que habrá de verle la facha y las hilachas, unos con uniformes brillantes y llenos de adornos estrafalarios y otros con discretos uniformes negros y capa española, pañosa o castellana, iguales a las que antes usaban curas y cristianos viejos, y tendremos una vez más y sin darnos cuenta dos frentes irreconciliables, el Amplificado y Alto Alienígena (AAA) y el Frente Amplificado Alienígena Socialista (FAAS) que écheles usted de comer aparte, y que llenará el metaverso con sus fuegos artificiales.

*Dr. Frodo,*

*Anoche estaba pensando qué hacer mientras no pasa nada, ahora que han encontrado una distensión las potencias nucleares y tenemos ya un poco la certidumbre de que no va a estallar cerca de casa un artefacto nuclear, una bomba de hidrógeno o algo así, y todos llegaremos a viejos, o algunos al menos, no contaminados y enteros. No sé si dedicarme a la cocina creativa ahora que es tendencia y si podré encontrar lugar entre la muchedumbre de chefs que vemos por todas partes, y de entre todos estos ídolos con pies de barro, solo se ha suicidado uno, y fue el que valía más que todos, mientras los otros es que no paran de abrir restaurante y cerrarlo luego, después que se han hecho una imagen de marca y pueden poner sus menús a doscientos o tresclentos euros; o abrir una barbería, que en los tiempos que corren, todo el cerebro o buena parte de él está en el pelo y en la barba, como en tiempos de antes;o quizás dedicarme a la pesca de la ballena franca ahora que está prohibido, pero eso sí pillarlas de tapadillo... cualquier cosa antes que tomar parte por unos u otros y no ir contra todo, hacerme pacifista o lo contrario. Cualquier cosa antes que aburrirnos de muerte ahora que las guerras las hacen otros y el desarrollo tecnológico nos ha puesto de largo, deificado o cosificado, no lo tengo claro, en la misma medida en que nos ha hecho insignificantes, pero con teléfonos inteligentes y cortes de pelo.*

*El mono, por email*

Antes de entrar en materia permítame, mono (o debería decir *el* mono por respeto a los artículos determinados definidos), preguntarme por qué extraño motivo ha aceptado usted semejante apelativo o alias. Si será porque es usted muy hábil trepando los árboles, porque tiene una cola, ojos frontales y pulgares oponibles, o si conserva usted una alianza secreta con ellos, que de ser así supongo habría preferido el término simio por aquello de ser una terminología más elegante, o porque se le vincula por acompañar al hombre en su historia zoológica y parecersele conductualmente lo que seria despectivo. Digamos que yo me siento obligado a usarlo en nuestra consulta aunque no sea de mi agrado porque parece sea esa su voluntad y no otra, pero permítame al menos utilizar las mayúsculas y referirme a usted como Mono o Sr. Mono.

Entiendo que usted da por hecho que hemos llegado a una secuela que es fin de la guerra como tal y sigue la secuela o la guerra por otros medios, y me refiero a la invasión de Ucrania, a qué si no, cosa con la que yo no estaría de acuerdo del todo, sino que sería más bien partidario de un pacto con concesiones y reparaciones y sea el dinero ruso el que reconstruya aquellas partes del país que hayan destruido.

Si está ahora tranquilo porque al final tiene la certidumbre de que no habrá de acabar pulverizado, quemado hasta los huesos y tener un cincuenta por ciento de posibilidades de morir con una radiación de 3000 mSV y con diez mil mSV en apenas una semana, o de una manera mucho más discreta a tiros o en manos de un dron armado altamente sofisticado. Y ahora se me ocurre que los famosos objetos voladores no identificados u Ovnis hayan sido siempre drones procedentes vaya usted a saber de dónde. Y a continuación me pregunto si no hay otras cosas que le preocupen de igual o parecido modo. No logro entender que tiene de bueno no morir de manera más o menos rápida a causa de una alta exposición a la radiactividad, y hacerlo en su lugar por un cáncer de tiroides, de pulmón, por una leucemia o una neumonía bilateral o atropellado por un patinete a treinta por hora en el carril de bicicleta. De todos modos no parece sea esa la cuestión principal de su consulta.

El caso, Mono, es que según me cuenta, se aburre en uno u otro caso. Condición incompatible con mi agenda, y me siento obligado antes de entrar en materia decirle que aburrirse parece una cosa y es otra, aburrirse es sinónimo de no tener nada en la cabeza, e incluso me atrevería a decir fuera de ella. Es sinónimo de incompetencia e ignorancia, y de entre todos los males uno que deja secuelas de donde procede lo peor o más gratuito de nosotros mismos y las películas de Charlie Kaufman, que es al cine lo que un cliente que da la vara en terapia.

Comparto, que todo habrá de decirse, sus ideas en relación no a a la nueva cocina ni a la francesa, sino a la otra, a la que se ocupa solo del aspecto exterior de esta, aunque no se hable de otra cosa desde su desgraciada aparición que de los contenidos y la infinita gama de sabores exóticos y refinados que dicen haber descubierto. Por no hablar de los chefs en sí mismos, sus egos y maneras, su deificación a partir de los carabineros con lentejas, los espaguetis con café o una simple muy especial hamburguesa. Que a falta de auténticos intelectuales para las mayorías, de gente como Dickens o Galdós y los escritores por entregas, los medios han reconvertido a sus madres y abuelas al chefismo o *chefism* de grandes marcas y ha elevado a la categoría de mito a los cocineros de siempre, porque como suele decirse, al hombre (que no a a la mujer) se le conquista por el vientre. Y sepa, Mono, que un chef de esos no es mejor que un ganadero, un agricultor, una abuela que no ha salido nunca de casa ni ha hecho *travel cook* ninguno, o una señora tailandesa que cocina en la calle con una sensación climática de cuarenta grados.

Otra cosa son los peluqueros, que como usted sabrá han sido siempre, como los analistas y terapeutas armados con peines y tijeras, tienen una relación más profunda con nuestro pelo que la que tiene la comida con la boca, no digamos con otras vísceras menos receptivas y sensibles a las variaciones del gusto y las texturas, las que todo lo hacen en la intimidad untosa, penumbrosa y maloliente de nuestros órganos.

Y si algo está claro es la cuestión de los precios de los menús de gustación, aquellos en los que comes lo que el cocinero te dice y tanto el libre albedrío como la *suspension of diesbelief* quedan cancelados, al mismo tiempo que nos muestra descaradamente el valor añadido que esos arrogantes aplican a los productos más sencillos; mientras que si Anthony Bourdain se suicidio, él, que no era para nada un buen cocinero y era el primero en decirlo, lo hizo por cualquier otro motivo, que a veces motivos no faltan, pero en ningún caso ninguno que tenga que ver con la alta cocina ni con su oficio. Entre comer y dejar de hacerlo solo nos separan minutos, y en la vida en su integridad entre los apetitos buenos y malos, el hambre o el hartazgo duran a veces indefinidamente. Pensar que el suicidio de Bourdain haya tenido algo que ver con el mundo puntilloso y afeminado de los chefs o con el éxito o no de sus recetas y otras boludeces, es insultante. Porque dejar la vida así de repente, uno ha de pensar, siempre tiene que ver con algo mucho más trascendente, la vida toda, el complejo mundo de las emociones y los sentimientos, la salud o su ausencia y la manera caprichosa en que ordena las grandes o pequeñas patologías nuestro modesto cerebro.

En cuanto a lo de las ballenas no sé que decirle, al final de cuentas estamos hablando de una especie animal perteneciente a la mundo de los mamíferos marinos carnívoros, como usted mismo si me permite, salvando las distancias. Otra cuestión es la del tamaño, asunto en el que usted y la mayoría de nosotros, aunque no pertenecemos al mismo orden, saldríamos perdiendo. Está bien estereotipado, y debería saberlo, Sr. Mono, que cazar ballenas es una conducta muy, reprochable, salvo que sea usted japonés o noruego, pero podría dedicarse libremente a matar delfines con arpones o manatíes con las afiladas hélices de sus embarcaciones deportivas en Miami. Mientras las ballenas son animales protegidos desde mediados de los ochenta, hoy la peña protectora protege a veces a quien le sale de las bolas, y a perros todos, pero a veces se olvidan de los de caza, actividad sagrada junto con los toros para buena parte de nuestra sociedad en estos reinos de derechas incómodas y vetustas, se olvidan a veces de los gatos, de la cotorra argentina o el ratón común de casa. No obstante, siempre me quedará la duda sobre la manera en que usted pretende pillarlas de tapadillo, a las ballenas me refiero, que otras especies son mucho más vulnerables

En cuanto a si quiere hacerse pacifista o no, es algo que no me concierne, porque por si no se había dado cuenta esa es la clase de decisión que suelen tomar otros por nosotros. En cambio eso de ir contra todo como "Tono", es algo con lo que siempre estaría de acuerdo, lo que de conocerme y haberme leído un poco le resultará seguramente obvio.

Y si usted piensa que las nuevas tecnologías, teléfonos inteligentes, tabletas y Pcs nos han puesto de largo en un sentido u otro, permita que le diga que yo soy de los que piensan, sin estar totalmente a favor del desarrollo tecnológico, que todos, se mire como se mire, estamos un poco cosificados. Desde que la red ha llegado la verdad es que somos insignificantes y bastante poca cosa, unos seres pequeñitos perdidos bajo una montaña de informaciones falsas y verdaderas otras, y hay quien dice es la mayor parte, pero buen número de ellas superficiales e irrelevantes. La velocidad de comunicación de los contenidos, la cantidad de información acumulada y su fácil acceso no nos hace necesariamente mejores, salvo raras excepciones, si no en ocasiones todo lo contrario, ridículos teóricos conspiratorios y terraplanistas que apoyan sin darse cuenta futuros gobiernos secretos, evangélicos, estados profundos, apocalípticos o entrópicos (segunda ley de la termodinámica y principal motivo de porqué prácticamente todo lo que ocurre en el universo es sinónimo de desorden) y la cronología inversa que siempre apoyarán republicanos viejos, teóricos de la conspiración y conservadores radicales, tal como les gustaría a Nolan y con toda seguridad a Qanon, que a esta altura del partido estoy seguro ya sabe usted de que le hablo.

No estaría tan de acuerdo, amigo Mono, con lo de los cortes de pelo hoy de moda que debo confesar, a pesar de mi escasa población de folículos susceptibles de seguir creciendo, lo hago exclusivamente por mi hijo de catorce años que se encuentra ahora mismo en el zenit de su adicción, y por los que por algún motivo que desconozco siento una atracción muy especial y me interesan mucho más que el asunto de los chefs, los cuales a veces comparten ambas cosas. Pero donde haya un buen corte de pelo que se quiten el cocido Hong Kong, el brioche o la croqueta de la Pedroche, el perrito japocoreano o los huevos con limaduras de oro. Y si no sabe porqué lo digo, querido Sr. Mono, le sugiero busque referencias en la montaña de basura informativa de la que disponemos.

*Dr. Frodo,*

*Le voy a contar mi caso. Vivo en una tienda de campaña de Decatlhon, un modelo Quechua dos plazas de Euros 28,99*

*para ser preciso, en la terraza de un pequeño apartamento en el Ensanche de Barcelona. Se me ha concedido el derecho al uso de la cocina durante media hora, entre las doce y la una, también del baño, para usos menores y mayores y a un baño con agua caliente los sábados, creo haber visto que ellos lo utilizan los domingos por la mañana, justo después del sexo expeditivo de primera hora, siempre el séptimo día aunque no estoy convencida sea por motivos religiosos a raíz de los comentarios que lo acompañan. Permítame que le ahorre los detalles que implica vivir en una tienda de campaña en la que no se puede una mantener erguida, los problemas para el salto de longitud o correr los cien metros lisos. Una vez puesto al día, yo le preguntaría Dr., por qué tendría que mostrar temor, no digamos miedo, inseguridad, lo que usted llama sexual implications o pre-nuclear dementia, sufrir estados depresivos o de ansiedad por el futuro que nos amenaza desde todos los frentes, cuando lo peor de todo diría yo es el pasado que revierte o el presente de mierda en el que una vive y no parece vaya a cambiar nunca. Con una respuesta breve, Dr. Frodo, me daría por satisfecha.*

*Sara Sufriente, por email*

Claro que si, Sara, debería estar patentado ya ese modelo suyo de vivir de acuerdo con los tiempos que corren, con los protocolos y el hecho de no buscar fórmulas alternativas. Parece evidente que no quiere usted crear jurisprudencia, derechos y deberes que contemplen la situación jurídica de ambos. Aspectos de este extraño inquilinato que presenta como solución al problema de la subida del precio de la energía y los bienes de consumo. Que tal como están los de la vivienda, el de la propiedad horizontal o el de la hectárea de las tierras de cultivo, que no es lo mío. No digamos el de los alquileres, esos espacios incómodos o agujeros negros en los que caen aquellos que no pueden comprar habitaciones por no disponer de recursos ni préstamos hipotecarios adecuados, por no acudir a los prestamistas, o simplemente porque no es más que un indefenso residente temporal, un estudiante sin un duro o un melancólico migrante que no tiene donde caerse muerto. Poco importa si vive en medio de una guerra u operación especial justificada o invasión, según los puntos de vista, o en tiempos de paz, mucho más políticos que otra cosa, a fin de cuentas cien mil muertos entre soldados de oficio y reemplazos es para los rusos una menudencia.

Premio a la suspicacia, Sara Sufriente, que el precio de la propiedad inmobiliaria no es consecuencia de la invasión de Ucrania, pero de alguna forma sí que lo es del precio de los cornflakes de Kellogs, el del gas, o quizás tampoco tenga ni puñetera relación con el gas ni con el petróleo o los cereales, y de la relación que tiene unos con otros, y que por mucho se lo expliquen, la gente que paga cada mes o dos no lo entiende, y si no lo entiende en realidad es porque no es otra cosa que un razonamiento falso. Juegan al despiste, tanto los poderes públicos como el frente ruso o el ucraniano, y entre ambos un montón de marginados, ancianos miserables, dementes, enfermos incapacitados, padres inmóviles e inmovilizados abandonados por sus hijos esta vez no con una si no con dos coartadas perfectas, una dice que los dejan allí y no los llevan con ellos por motivos obvios, la senectud irremediable y la falta de las condiciones físicas indispensables, y otra, porque ellos no parecen estar dispuestos abandonar el lugar en el que nacieron.

Para ir al grano, al menos históricamente, el hecho
de que no disponga usted de habitación ha sido siempre
un recurso coherente. No debería olvidarse que en la
Edad Media, incluso hasta el siglo dieciocho y en la
época victoriana el no disponer no solo de casa propia,
ni siquiera un lugar donde dormir que no sea ni una
casa ni un espacio reducido ha sido siempre un lugar
común Porque en tiempos pasados, históricamente
como le decía antes, todo sabemos que la gente ha
dormido siempre en lugares sospechosos, muy poco
habituales e inadecuados y nadie ha hecho al respecto
comentario despectivo alguno.

Y por si no lo tiene presente le recuerdo, por
ejemplo, que hemos dormido en cuevas en la roca, en un
agujero en la tierra como los expedicionarios españoles
y el mismo Cabeza y tantos otros expedicionarios de
Magallanes y en general muchos tripulantes varados y
en tierra, y toda suerte de viajeros andaluces, o como
sirviente o asistenta en la misma habitación que su
señor incluso cuando este se despachaba a una de las
damas de la corte o a las encargadas de pelar el ganso y
hacerse con plumas para con el colchón y las
almohadas, y también lo hacían el ama de de llaves y el
sirviente a los pies de la cama de sus señores. Y seguro
que en tiempos de los romanos los pobres desgraciados
dormían donde les pillaba la noche, en los burdeles, en
los baños públicos o junto a una escalera de tres
escalones o como decían los antiguos romanos y en
latín, *ostium* o *vestibulum* o fauces o cualquier otra parte
más íntima del *domus.*

Motivos estos por los que me parece
extremadamente raro que usted no solo duerma, sino
que tenga como residencia una tienda de campaña de la
marca francesa que precede al deporte como ideología,
o mejor dicho que lo sustituye con ella, que allí donde
hay una buena ideología que se quite el deporte.
También le digo que el mencionado comercio tiene a su

disposición todo clase de modelos, de distintas formas y tamaños, y que el Quechua x 2 es de todos uno de los más básicos y baratos, pero no me dirá que no están a su alcance modelos mucho más sofisticados en linea con los proyectos de Calatrava y Frank Gehry y las alternativas que nos regalan los usos domésticos de los volúmenes, la armonía y las pieles metálicas. Por no decirle que puede hacer usted estas compras a crédito, siempre que se lo concedan, fenómeno sobre el que debería informarse. Aunque por partir de algo más sólido, le diré que dar crédito a pequeña escala es algo que a las tiendas y a los bancos no les gusta nada, siendo esta en realidad una posibilidad para comprarse algo para lo que usted no dispone de un chavo, en especial compras grandes como viviendas, objetos que los bancos conceden a crédito no por compasión si no porque les da la posibilidad de vivir chupando de la sangre de sus clientes durante unos treinta años y sin que el firmante muera, que CaixaBank o el Santander son un poco la versión financiera de *Las novias de Drácula.*

Le diría entonces que la guerra al día de hoy no tiene relación ninguna con su precaria existencia, Sonia, aunque sea algo que le han dicho y redicho por activa y por pasiva y en repetidas ocasiones. Y todo para que los pobres sin un duro pensemos que la culpa la tienen siempre otros cuya discontinuo no está a nuestro alcance, pero nunca jamás los bancos, negocios estos últimos generosos e imponderables que le pedirán una libra de su propia carne, como Shylock a Antonio, en caso de no devolver el préstamo en la fecha indicada, pero en lugar de usureros reconocibles los monstruos o gólems de la mitología judía están ahora hechos con montones de papeles y letra muy menuda y son los pilares que sostiene nuestra sociedad toda, con guerra o sin ella.

Tampoco se confunda. El hecho de que el propietario del piso con el que cohabita le haya concedido el derecho a un uso limitado del baño y la cocina, entiendo que una hora diaria para el segundo y apenas unos minutos los sábados por la mañana para el primero, no es de ningún modo un privilegio si no que es solo un puro asunto de formas, como coger a una gallina por las patas cuando la verdadera intención sea retorcerle el cuello. Asunto que en lenguaje ordinario se conoce como compasión, benevolencia o deberes del arrendador que no del arrendatario. Y sepa que en cualquier caso el hecho de poder vivir en la terraza de su vecino en régimen de alquiler y no porque se haya convertido en un canario, jilguero en un mirlo, en una de esas alondras y zorzales en en una jaula de bambú que tanto les gusta a los chinos, o en un balde con su mocho ya dice mucho de usted, como por ejemplo que no debe sentir inseguridad porque cuando llegue el final ya lo habrá pasado usted lo peor, aunque ahora mismo lo vea solo como una flaqueza o debilidad, la condena de los que no tienen cuartos para hacer con su vida lo que les plaza, en especial vivir y disponer 24/24 de un techo propio o un inquilinato a precio razonable.

Creo, querida Sonia, que puedo adivinar sin esfuerzo los inconvenientes de tener que vivir en un espacio reducido de metro sesenta de altura en su punto más alto y un volumen de un par de metros cúbicos, en especial cuando su tienda no llega a Euros 28, 99 y la tonelada cúbica de diesel ronde hoy los ochocientos dólares puesto en casa. Seguro que hay cosas que no puede usted hacer como running o simplemente caminar, visitar el jardín que no tiene o hacerse un asado en el quincho que brilla también por su ausencia, no digamos practicar el lanzamiento de jabalina o el salto de longitud o con pértiga, cosa paradójica siendo Decathlon una franquicia especializada en ropa de etiqueta elegante para el deporte.

Y no sabe lo mucho que lamento y el problema de conciencia que me genera el saber que mi pobre Sonia Sufriente vive en dos metros cuadrados a lo sumo y yo en una propiedad al cincuenta por ciento, excesiva, obscena y en dos plantas de ciento veinte, y no haber hecho nada, y seguramente menos que usted para merecerla.

Y teniendo en cuenta que se ha acabado su tiempo y en respuesta a su única pregunta, le diré que que no, Sara, no debe sentir temor o miedo ninguno, que de alguna forma el frío es el menor de sus problemas, y escribo esto a finales de otoño y al principio de una ola polar como les gusta decir a los noticieros, porque no hay razón para que usted tema al futuro. Mucho menos a lo que yo he llamado pretenciosamente prenuclear *dementia* o *sexual implications*, entre otras cosas porque ignoro si los propietarios del piso y de su terraza han autorizada o rechazado expresamente cualquier visita de naturaleza sexual en sus modestos dominios. No estaría en cambio del todo convencido que no sea usted en algún momento víctima de estados depresivos y de ansiedad ya no en relación con su futuro si no con su presente.

Porque como diría Cristopher Nolan, lo único que podría salvarla a usted, o a los ucranianos en guerra, o el futuro del planeta, dicho simbólicamente, lo único que podría salvarlos es la cronología inversa, y le ahorro los detalles, que entrar en materia le costaría lo suyo, lo mismo que la cosa temporal o cuántica, o lo que leches digan los consejeros de Nolan en materia de ciencia, dimensiones en general o viajes en el tiempo y en el espacio). Porque lo peor, ya que usted lo menciona, no es el pasado que revierte si no el presente que es una mierda, y de banda sonora pondría yo, Sonia Sufriente, a Hooker y *Hate the day* o a Glenn Gould y Bach y sus *Variaciones Goldberg* de 1956, porque si no es de eso, dígame usted de qué exactamente va la cosa.

Dr. Frodo,

Será que lo único que nos queda ("La guerra de los pobres") es lo de Vuillard adaptado a nuestro tiempo y al hecho de que vivimos en un país mucho menos ostentoso y rústico donde los payeses y autónomos son a veces pequeños capitalistas de mierda, defraudadores y prevaricadores, ya sabe a que me refiero si ha pagado usted a un especialista en calderas de gasolina o un fontanero con un posgrado o una maestría en Cambridge, y todo a centurias de Thomas Müntzer y los campesinos alemanes. Quiero decir como respuesta a la inclemencia y abandono hipócritamente gestionado por los que mandan. Me gustaría saber, Dr., si habrá guerras en el futuro parecidas a la de los campesinos alemanes o si serán abruptas manifestaciones con tambores que duran una tarde entre las siete y las doce, y la madrugada siempre para los ladrones de marcas y de tiendas de telefonía móvil, como si no hubiese otras. O si todo ocurrirá en redes, y todo lo de antes será ya como antes del primer gran papel protagonista de Jerry Adams, un lobo vestido ahora de cordero. Que todo irá siempre de castas y segregaciones aunque firmen la paz con Jerry y hayan tenido a un sacerdote católico como James Chesney liderando un comando del IRA y que se iría de rositas para morir de cáncer tranquilo y con la bendición del Señor en una sombría iglesia vecina en County Donegal. Todo lo que hay por aquí ( como en el Ulster) ya no lo cambia nadie, porque los lugares son muy pequeños y todos se conocen, y un Estado sin cohesión, no recuerdo ahora quién lo dijo, es un Estado fallido. Da lo mismo vea usted o no lo vea el biopic de Sir Kenneth Branagah hecho por sí mismo, un buen irlandés de Belfast, así como hay árabes israelíes o catalanes españoles, que una cosa es de donde es uno y otra a veces muy distinta qué es. Al final todo en realidad es una disculpa para empobrecernos a nosotros y enriquecerse ellos. No sé que podrá pensar usted de esto, pero ya le digo en menos de doce palabras que la guerra en Ucrania a mí me chupa un huevo, como

*Carlitos Marx, por email*

Apunta fino, Carlitos, veo que está usted muy enterado de los problemas y graves trastornos de conducta que tenemos unos y otros, y que al final siempre terminan por llamarse política doméstica. Supongo que será verdad lo que cuenta, es lo mismo que decía la RUC o el Royal Ulster Constabulary, que vaya uno a saber qué coño querían decir los ingleses con eso de Constabulary, además de que se trataba de una fuerza policial técnicamente no paramilitar, y me pregunto qué clase de policía sería una que lo fuese, sería como los grupos autodefensa en Colombia, la Triple A en Argentina o cualquiera de los grupos paracos en la lejana sur y centro América, que son legión.

De Éric Vuillard a los entresijos del IRA en South Derry. Es como un salto de longitud de más de doce metros, se diría que *in memorian* de Sonia Sufriente, mi anterior analizante. No le voy a negar, y me declaro inocente y sin cargos en cuanto a su nombre, Carlitos, que sus otras observaciones reflejan un conocimiento profundo de la naturaleza de las cosas y de la cosa política en particular. Y da igual si se trata del IRA o los campesinos alemanes de Müntzer o los políticos que tenemos en casa. Motivo por el que no me negaré a agregar algunos comentarios a los suyos, aunque haya clientes, los habrá siempre, que gustan de jugar al gato y al ratón con su terapeuta, y pretendan conocer de antemano el diagnóstico y lo que pasa allí fuera mejor que nadie, lo que haría -y estará de acuerdo conmigo - esta consulta que le ofrezco, perfectamente irrelevante.

Distinto es que yo vaya a aclararme con ese popurrí de referencias y notas que me ha enviado usted en su correo. Si quiere juntarlo todo, haya usted, pero ya le digo que cuanto más junte información y restos diurnos de los que aparecen en redes, más difícil encontrará salir de allí cagando leches, que a la gente corriente y en especial a los psicólogos, no les gustan los enredos ni los *riffs* de guitarra, ni los fraseos largos ni demasiado complicados.

La verdad es que no he leído a Vuillard, pero lo prometo lo haré en cuanto llegue a casa, y en una sentada, en el tiempo muerto que hay entre el primer plato y el segundo, lo que se dice sin apearse de la mesa, y que debería leerlo antes que hacerse una manola (como se les dice a los jugadores de fútbol) no digamos más de una, incluso dos, lo que a cierta edad es una fanfarronada. Y lo único malo de todo esto, no seamos estúpidos, es el público en primer lugar que al parecer esta donde debería estar que es en su terreno, y dos que masturbarse no hace daño a nadie y no debe confundirse con la pederastia o la violación, masturbarse es como querer hacerse un traje a medida y decirle al sastre que abandone el recinto. Qué quiere que le diga, Carlitos, es lo que pasa con los libros cortos o muy cortos, o aquello que decía Homer Simpson y en su momento Muddy Waters: *I can make love to you honey in five minutes time.*

Tengo una ligera idea, no se lo voy a negar, sobre los problemas del campo en la Alemania durante el primer cuarto del siglo dieciséis, incluso quién es Éric Vuillard (Premio Goncourt) que no le voy a negar me cae muy bien, y no solo por su aspecto, bufanda y barba de tres días, o porque escriba en corto, si no porque habla siempre de cosas que al parecer ocurrieron, y me refiero a hechos históricos y no presume de inventarse ningún cuento. Porque la ficción, buena o mala, es idea generalmente aceptada como sinónimo de literatura, y aquél que la acomete se le considera escritor por definición, del mismo modo en que ocurre cuando ganan el Nobel.

Y dígame ahora, Carlitos Marx, a quién le perdonamos la vida, sabiendo como seguro usted sabe muy bien que los cuentos y las historias son para los niños, debería decir los niños lectores, que los otros no leen ni su sopa de letras. Mientras que los lectores mayores de edad deberían asumir sus responsabilidades y leer al menos a sus periodistas preferidos, a los buenos claro, que es en el periodismo ( y es una idea que muchos no compartirán) en donde debería estar el secreto de la buena literatura.

Estoy muy de su parte en que ya hace mucho tiempo una guerra como esa, que las nuestras ahora se llaman manifestaciones y se hacen con camiones que interrumpen el tráfico en la AP7, o la pendejada en general en chandals y sudaderas con capuchas que no tienen ni puñetera idea de por qué están donde están y hasta cuando, que no sea romper mobiliario urbano y hacerse gratis con un último modelo de Samsung, mientras su idea de la política o ideología se parece mucho a hacer de primeras estrellas en una película de José Antonio de la Loma, y me refiero a pibes como Juan Jose Moreno y El Torete, y a todo el cine quinqui, sin ánimo de faltar a estos últimos.

No contento con esto, Sr. Carlitos Marx, va usted y se pone a hablar de terrorismo y del IRA y de sacerdotes católicos como Chesney, como si nosotros, españoles y argentinos, no hayamos tenido también nuestros propios curas cabrones. Y no digamos ya las cagadas que han hecho contra los republicanos o comunistas la iglesia en la mayoría de las guerras, y a diferencia del sangriento conflicto entre ingleses e irlandeses, de lo nuestro no se ha enterado nadie o muy pocos, porque los españoles siempre hemos sido algo omisos, y los alemanes por lo contrario han sido generalmente omnipresentes y casi siempre por los motivos equivocados o por otros peores.

A mi también me ha gustado eso de que un un Estado sin cohesión es un Estado fallido, y tampoco yo recuerdo quien lo puede haber dicho, aunque no me extrañaría nada que haya sido el mismo Éric, conocido al parecer como acérrimo antinacionalista, y personaje que no se encontraría nada a gusto en el Sacro Imperio Romano Germánico en Suiza o en el suroeste de Alemania, o en Sajonia, la tierra de Müntzer, pero tampoco en Bilbao, San Sebastian o Lérida.

Pero la verdad todo esto me da lo mismo, *me ne frega un cazzo,* que dicen los italianos inspiradamente. No parece necesaria una profunda formación sobre la Reforma y Lutero y el fin de la Edad Media en centro Europa, siendo más que suficiente para adoptar una distancia crítica adecuada y una discreta erudición recordar precisamente en este momento una cita ilustre que dice: *por qué llaman al sexo oral cuando es la práctica sexual en la que menos se habla,* y fue Woody Allen y no Louis C.K (o Éric Vuillard ) el que lo dijo, ambas sólidas columnas sobre las que se sustenta la mejor cultura popular que conocemos y de la que nosotros no vamos, mucho me temo, muy sobrados y los alemanes tampoco. No digamos ya su campesinado, que incluso los malos malotes nazis tenían su propio humor aunque fuese involuntario y peor que el de los romanos, y si todo lo hicieron mal quiero pensar que fue porque no lo dejaron entrar no solo en sus discursos, si no porque tampoco entró en sus planes. Tanto que uno se pregunta por qué el humor está siempre asociado a la buena gente y su ausencia a la gentuza

Y si usted pensaba, Carlitos, que Jerry Adams no era un tipo gracioso, como los curas de la Iglesia de County Donegal y todos sus residentes, debería haberlos escuchado cuando no había ingleses presentes (y en caso del alemán, católicos y autoridades feudales), que de haberlos habido hubiesen mostrado una clara tendencia no a reírse de ellos si no a partirles la cara y luego tomarse las de Villadiego muy serios e irlandeses ellos. Porque el nacionalismo va de eso y de reírse siempre de los otros, y lo hacen también en casa y no entro en detalles. Y si unos te descerrajan dos tiros en plena la calle y la peña pasa silbando por los lados, los otros lo hacen a la callada en sus desayunos de vino barato, butifarras y pan con tomate en el campo que es el lugar en el que por lo general nace el nacionalismo, y comunista el último. Y créame, Carlitos, cuando le digo que estamos mucho más cerca del dolor de la guerra y sus desgracias cuando aparcamos el sentido del humor o lo hacemos en privado y entre afiliados, pero cuando nos reímos primero de nosotros mismos y después de los otros y siempre en este estricto orden es cuando nos da lo mejor de sí mismo.

Y esto vale para el mismo Sir Kenneth Branagah que es, de los actores ingleses titulados uno de los menos graciosos, y quizás sea por eso que le otorgan tan preciado título, el máximo otorgado por la Orden del Imperio Británico. Cuando en Shakespeare había la leche de asesinatos, parricidios y crímenes en familia, cuchilladas traperas y venenos, pero cuando se ponía en plan comedia (véase *La comedia de las equivocaciones o La fierecilla domada* o cualquiera de las otras catorce) se reían no solo en la corte isabelina si no también los machacas y quinquis en las funciones de *The Globe.* Sesiones a las que yo he tenido la buena suerte de asistir aunque unos cuatrocientos años más tarde, y en casa nuestras comedias se han quedado en los puestos más bajos de la tabla, y actores clásicos tenemos que yo sepa, que no sé nada, uno, y es de nombre Rafael Álvarez, el Brujo.

Y sí, tiene usted razón en que todo, la guerra y la política los discursos y los programas de la tele han sido siempre hechos para engañarnos, como Pasapalabra, y con la única intención de empobrecernos nosotros y enriquecerse ellos. Tan verdadero como que vaya uno con su propia guerra y nos deje tranquilos al resto, como algunos hicimos en los setenta y a doce o trece horas de vuelo. Y si invocábamos a alguien como don Carlitos Marx, era a usted y no a la política de sanciones de la UE, que como ocurrió en los Balcanes, nuestra penúltima guerra europea, a la peña que no muestra sus propios colores el resto les chupa un huevo, como a los del Athletic de Bilbao o el FC Barcelona o Barca que más que un club es no se sabe qué, un sentimiento nacionalista, más como la sardana, la carn d`olla o las mongetes con botifarra, no te jodas, expresión con la que cada día que pasa me siento más a gusto.

No, no importa que todo lo que me ha escrito, Carlitos, tenga poco que ver con el asunto que nos ocupa en el presente libro o cuarto resumen de mis archivos confidenciales, porque tal coda me ha servido y dado buen uso para reafirmarme en mi teoría o tontería de que todo está conectado, los alemanes reformistas y católicos, Chesney y la iglesia oficial católica con Müntzer, aunque al final haya terminado torturado y con la cabeza separada del cuerpo. Y me atrevería a decir que todo absolutamente todo se relaciona, como en las redes, que hace tiempo sabemos lo del efecto mariposa y la teoría del caos, y que si Putin se tira un pedo en Moscú, que está de aquí a menos de cinco horas de vuelo, no solo tiemblan sus vecinos sino nuestras sociedades más progresistas y liberales; o si los ucranianos se guardan su grano, los negros en África y los indios en China y los rusos en Rusia, se mueren de hambre, y ya lo sabía Sócrates hace ya la friolera de dos mil quinientos años, uno más, uno menos, sabía muy bien que *no se es un hombre de Estado si no se conoce el problema del trigo.*

Lo mismo si hablamos de nuestros viejos amigos cerealeros y sojeros argentinos, sin ir más lejos, a los

que le pagan la tonelada de soja al cambio oficial del
dólar, cuando en la calle la gente pasa el día bregando
con el dólar *blue*, los puestos de cambio y los *arbolitos.* Y
para acabar con este curioso asunto me siento en la
obligación de decirle que hay algo que me corroe,
querido Carlitos Marx, y es que desconozco si ese es su
verdadero nombre, o es un alias o apelativo, y de ser así
o no, cuál sería entonces su nombre de verdad.

Y ya que estamos en el ajo me preguntaría también si
Carlos Marx, el buen judío alemán, no sería un apodo
también - lo que pondría en jaque a toda nuestra
bibliografía política - un escándalo muy alemán como el
hecho de que Carlitos, no usted sino el otro Carlitos, se
haya pasado la última parte de su vida viviendo en una
sola habitación con Jenny y sus siete hijos y a expensas
de su amigo burgués, Engels, para dejarnos al final un
auténtico ladrillo de obra que al final no ha leído nadie y
menos aún los nuevos campesinos o los obreros
industriales, alemanes o argentinos, y que nos ha traído
a todos, a todo el proletariado y a los que soñamos con
una sociedad sin Estado, por el camino de la amargura.
Del mismo modo en que lo ha hecho la guerra en
Ucrania y la sitcom de Z, *Servidor del Pueblo,* que aquí
por cierto no han visto muchos, y que viene a hacernos
el juego porque también es el nombre de un partido
político.

*Dr. Frodo,*

*No tengo miedo. Nadie nos va a meter un plomo en la cabeza, en toda la frente. Valemos menos que una liebre de trapo en un circuito de galgos. Nadie va a hacer explotar nada, al final habrá de ser mucho peor que una conflagración atómica, con lo mal que suena. El mundo que conocíamos ya ha acabado y va a empezar otro no se sabe bien cual o de qué manera, lo ha dicho hace un par de años el Ministro de Universidades. No te jodas. Aun así sigo y seguiré luchando por las causas perdidas, diría la Birkin,, Jane, el genocidio de los pobres tibetanos, la mujer en el mundo árabe, Podemos o la República Libre Catalana, dicen en el barrio en el que vivo. Aunque yo - a diferenciu de lu Birkin - prefiero un JRT antes que un bulldog inglés, porque este último a pesar de no parecerlo es más afectuoso, aunque no tan simpático, como el primero.*

*Lourdes, por email*

Me congratulo, Lourdes, de que no esté asustada. Es una suerte no tenga usted ni asomo de incertidumbre, inseguridad o miedo, que de todas las emociones es la más barata. Me alegra hacerla saber que ya somos dos, o tres, la verdad ya he perdido la cuenta, que entre mis clientes no son pocos los que le echan un par de huevos al asunto. Es tranquilizante saber que nadie se va a acercar a usted lo suficiente como para meterle un plomo entre los ojos. Los malos muy malos, como es habitual, suelen quedarse en la retaguardia y los que tiran son sus reemplazos y por encargo. Lo que nos enfrenta, Lourdes, a una realidad indiscutible, que cuando todo se acabe resultará al final que aquél que nos mate será un completo desconocido.

Lo mismo con el asunto de una gran guerra atómica y un despliegue disparatado de armas políticamente incorrectas, cuando mucho más probable es que todo sea un pelín cuántico y a una escala mucho más tímida y recóndita. Todo relacionado con el suministro universal de energía, la corriente eléctrica, el robo generalizado en el centro de las ciudades por parte de las mayorías olvidadas de las periferias y la desatención de los enfermos en los grandes hospitales, que la medicina privada no tardará nada en abrir sus nuevos negocios allí donde al apocalipsis todavía no haya llegado o tarde aún un poco en hacerlo.

Tampoco está nada mal lo de la liebre de trapo, que simboliza de alguna forma lo que todos, o muchos de nosotros hacemos, los que vivimos a crédito y endeudados, correr detrás de un sueño, y en el caso de la pobre liebre, un sueño inalcanzable. Con la única excepción, Lourdes, y que quizás no haya tenido usted en cuenta, es que las liebres corren mucho más que nosotros aunque en círculo o mejor dicho en elipsis, que es lo que tienen en los canódromos y se ajusta mucho más a las trayectorias elípticas de mucho planetas y otros sistemas que conocemos.

Mucho me temo que no he tenido el gusto de conocer o leer al Ministro de Universidades diciendo algo tan categórico y estúpido al mismo tiempo como lo que usted menciona en su correo, por si ya se ha olvidado que el mundo que conocíamos ya se ha acabado aunque no nos hayamos dado cuenta y ya ha empezado otro que no sabemos bien cómo es y cómo ha cambiado en relación a aquél hemos abandonado o destruido nosotros mismos, lo que sería mucho más probable desde cualquier punto de vista.

Me apunto, por cierto, a su apodíctico *no te jodas*, expresión que tienen el ritmo y armonías adecuadas para aquellos que desdeñamos los tópicos y los clichés, a los que nos gusta responder con frases cortas y rotundas y con una raigambre en el lenguaje popular que haga muy difícil el no entenderlas en una primera lectura.

Sin embargo ese otro cliché del esfuerzo y la lucha por las causas perdidas, la verdad, no me resulta muy convincente. Hace mención a la Birkin, Jane, y dice que ha dedicado años a las causas perdidas, hace usted mención somera a los tibetanos y a la mujer en el mundo árabe. Tengo serias dudas de que el tema del nacionalismo catalán y el republicanismo, por no mencionar asuntos más cordiales, como el gorila de montaña, el leopardo de las nieves o el tigre de Sumatra estuviesen en su ideario, pero esta claro que yo no me había enterado. Si le soy sincero, Lourdes, de la Birkin solo recuerdo un desnudo parcial en una peli de Antonioni (*Blow up*), más el hecho de que le pidiera a Hermés que desvinculara su nombre del famoso bolso de piel de cocodrilo, y más recientemente el *Je t`aime moi non plus* con el que Z le pidió más armamento militar a Macron y menos cassolulet, baguettes o macarons.

Personalmente estoy convencido que el esfuerzo dedicado a las causas perdidas, primero no es esfuerzo, y segundo, perdidas es solo un adjetivo plural del participio perder, porque en la vida, incluso la de aquellos que no hacen nada y en ningún caso esfuerzo alguno, todo supone de alguna manera un esfuerzo; ni tengo muy claro que podamos dar nada por perdido de manera definitiva, o me atrevería a decir que si algo puede perderse, perdido está desde el principio, mientras lo que perdura uno tiene la sensación de que ha estado aquí siempre, como su hipoteca. La vida para muchos, Lourdes, ha sido siempre y según como, un esfuerzo inútil, y conseguir lo que se dice conseguir, algunos no hemos conseguido nunca nada, si pensamos, por ejemplo, en gente como Elon Musk o Bezos, o desde el punto de vista espiritual, Bernard Arnault, el pope de la nueva religión del consumo entre los ricos, que los pobres están hoy sin un duro, con una mano atrás y otra adelante, mantra acuñado hace ya años y en el 14

(2014) por la matriarca del republicanismo nacionalista catalán de los pueblos más retraídos y disimuladamente corruptos que no estoy en condiciones de nombrar.

Y si le soy completamente sincero, no logro entender el objetivo de su consulta. Me está diciendo usted que no me preocupe que nadie va a llegar a mi casa y darme un tiro en la cabeza, ni que nadie va a hacer volar la mitad del planeta en mil pedazos, o que sea el descalabro de naturaleza cuántica y prácticamente invisible el último responsable. Y aún así parece recomendable que luche todo el tiempo y no escatime esfuerzos, que las causas perdidas a veces no lo son aunque lo parezcan, y dígame si me equivoco, pero estoy convencido que una cosa y otra son sencillamente contradictorias y refutables las dos. Debería saber que no estoy preocupado en lo absoluto, por lo menos en aquello concerniente al fin del mundo, y que este se presente como un auténtico fregado o follón de proporciones escandalosas, o una decadencia lenta y perniciosa en donde no tengas dinero para la compra de la semana o un par de botellas de escocés barato 7/7.

Ahora que lo dice, me he quedado pensando en eso de si un bulldog francés o un Jack Russell Terrier, si uno es más afectuoso y cariñoso, y el otro solo más simpático, puede ser algo relevante para que su terapeuta lo tome en consideración aunque solo sea brevemente. Si le digo la verdad en una primera reflexión no me pareció susceptible de análisis serio, como tampoco lo es la primera parte de la respuesta a la primera parte de su pregunta, en segunda reflexión me he planteado en la intimidad de mi estudio mientras escribo junto a Jack en mi sillón Oxford de cuero mate. Si de llegar, por ejemplo, el misil ese de los de los rusos de nombre Satán, un nombre muy evocador por cierto, los chechenos de Kadyrov o los mercenarios de Wagner hasta nuestras fronteras, o las nubes de ceniza flotando amenazantes sobre mi casa, a quién me gustaría tener a mi lado en tan oscuros momentos, si a Jack o a un bulldog inglés que podría perfectamente llamarse Brad (de apellido Pitt), o el de Ozzy Osbourne, el de Dwane Johnson o el de Angelina Jolie o Jessica Biel.

De lo que he sacado dos importantes conclusiones, que el bulldog es mucho más apocado y manso se mire como se mire, y por dichas cualidades parecería más apropiado como compañía fiel al final de nuestros días; mientras que un JFK convencional al uso y de pata corta o *short leg* es tan efusivo, simpático y frenético, que se diría no es la mejor raza para un momento tan solemne o decadente, según del lugar desde el que lo mire. Porque cuando a uno la muerte lo anda rondando, lo último que quiere es un Jack peleando por su gallina de trapo que, dicho sea de paso, está literalmente hecha pedazos como si la hubiese pillado el Ave de las 6.06 pm. O si al final cortamos por lo sano y elijo quedarme solo sin un amigo de tan respetable especie, porque a fin de cuentas la muerte, no importa cómo o cuando llegue, tengo la sensación de que debería ser una experiencia íntima, y mi única tranquilidad será la de haber tomado antes la precaución de haber firmado los derechos universales de mi obra y haber repartido a voluntad mis escasos bienes entre los deudos.

Y para terminar, y a título de consejo le diría, querida Lourdes, se olvide no solo de ser así de osada e intrépida, que cuando llega tan fatídico momento ha habido gente más entera y valiente que usted se ha hecho pis en los pantalones. Actividad que junto con expulsar sus heces en los pasillos de palacio se ha venido haciendo hasta hace dos días y justo antes de la llegada de los tiempos modernos, y no hace mucho damas y caballeros cagaban donde podían, en los rincones, en las esquinas y en los lugares ocultos de las ciudades, o por la ventanas, tanto en el París medieval y sus peores barrios como en Versalles. A veces, Lourdes, el miedo es nuestro mejor consejero, y si no se lo cree déjele al menos un pequeño espacio a su lado en caso pueda resultarle conveniente, mejor el miedo, en cualquier caso, que un conocido o un familiar coñazo o inoportuno, y no digo más, porque muchas veces cuando las cosas viene muy mal dadas se mete uno las genealogías por el culo, ese mismo lugar que aloja el esfínter culpable de todo este embrollo.

Y olvídese de los perros, por favor, de los chuchos en general, más aún si ha de ser un bulldog inglés o un Jack Russell Terrier (el inglés también, que no el americano) su último compañero, y piense en quedarse con el que tiene y va a cumplir ya sus doce años, salvo que sea él el que le diga *a otro burro con esa albarda.* Eso claro, si es que tiene uno, sea este un bergamasco o un crestado chino. Y si resulta que no tiene perro alguno ni ningún otro mamífero de cuatro patas, ni un cerdo vietnamita ni una escurridiza y antropófaga marta (y no incluyo a los gatos porque el *Felis catus*, estoy seguro en el último momento preferirá estar a la suya y solo o con otros de su especie), habrá de resignarse. Piense entonces en compartir su último momento con su señor esposo, novio o amante o con su teléfono inteligente o el gadget que toque en ese momento, un versátil y complejo pequeño megaverso de bolsillo, o un procesador de algoritmos que seguro será su próximo terapeuta y para entonces se habrá convertido sin que usted se haya dado cuenta en su asesor personal imprescindible para tomar cualquier decisión importante, y si no es importante, cualquiera intrascendente.

*Dr. Frodo,*

*Se matarán entre ellos, nos matarán a nosotros, habrá muertes aleatorias, al albur, cambio no habrá ninguno y arrepentimiento menos. Y si no habrá ya huelgas de hambre como las de antes, ni Omertá como en Belfast, ni treinta mil desaparecidos, tenga por seguro que habrá mucha más hipocresía de la que hay ahora. Motivo este por el que, querido Doctor, pienso que no importa lo que hagamos, el final llegará de todos modos, y que de ser así no será mejor acaso que vivamos todos nuestros últimos minutos como si fuesen los primeros. Y no quiero decir en un estado pueril y semiinconsciente como el de los recién nacidos, en una especie de estado larvario, sin ánimo despectivo, si no entregarnos a la parodia, al cachondeo y a la fiesta permanente como los zetas, que para ellos la fiesta no empieza ni acaba nunca, o en brazos de un colega. Nada como el amor, Dr., entre dos hombres o dos mujeres que se quieren, y se abstienen de dar al otro género lo que requiere, cosa que el tiempo ha demostrado imposible o peor aún, inútil. O si deberíamos dejar fuera el amor también con el resto de nuestras ambiciones y deseos, y conformarnos con una conducta desencajada y pasiva, siempre que uno tenga huevos para enfrentarse a semejante desenlace, al que sus analizantes llaman fin del mundo, o que el impacto psicológico sea de tal calibre que nos quedemos mirando al horizonte al principio gris y muy tranquilo, como en las pelis (en especial una que ha gustado mucho pero no recuerdo el título) y una magnífica ola de cuatrocientos metros frente a tu idílica casa en la idílica costa del California, los Ángeles sur a ser posible, las luces cegadoras de múltiples explosiones nucleares con sus hongos y vientos huracanados o el dolor de la enfermedad, una inesperada pandemia de ébola, por ejemplo, o de viruela tipo x provocada por las armas biológicas o la mala gestión del biohazardous waste que en provincias almacenamos ilegalmente que nos matará dolorosamente con pústulas y chancro y que nos dejará a todos más feos que el Salvatore de Ron*

*Iván, por email*

Resulta curioso como muchos de ustedes no solo coinciden en sus predicciones, como lo es también el hecho de compartir ideas afines en relación al fin de las cosas. Lo que los estructuralistas o postmodernos hubiesen llamado *el orden de las cosas*, hace ya unos años nada menos que cuarenta o así, cuando la PlayStation original de Sony cumplirá en diciembre, si no me equivoco, los treinta, la edad de Cristo. Un ingeniero de software, por cierto, como muy viejuno que con toda seguridad, querido Iván, no entendería nada de lo que está ocurriendo hoy, por lo que tendría que recurrir él también a sus algoritmos, lo más parecido en el presente a la idea de religión. Mientras las religiones o cultos que tienen ahora o conservan aun algún poder de convocatoria más que de auténtica fe o falsos algoritmos - que siempre lo son - van más de *Archive 81* que de otra cosa, y no sé si entiende lo que quiero decir, siendo que entender o inferir se ha convertido en un prejuicio más y de muy baja categoría.

Motivo por el que no puedo más que mostrarme afirmativo y abstenerme, como dice usted en algún lugar de su comunicado. Y no me refiero a no sentir nada por el genero opuesto, conocido por el nombre de mujer (que tal como están las cosas todo se habrá de aclarar) si no de llevarle la contraria, que de todas las posturas, el hombre y la mujer al revés y la cabeza en los pies, le confieso es una de mis favoritas. Advertencia que ruego tenga usted en consideración a partir del momento en que inicie la lectura del presente documento.

No puedo estar más de acuerdo cuando dice que se matarán entre ellos y a nosotros, que nadie sabrá a ciencia cierta de donde vienen los tiros y que todo será aleatorio, y nosotros sin entender nada, como lo hemos estado desde siempre y desde el principio mismo de la realidad, concepto que nunca hemos tenido demasiado claro. Que al final no habrá arrepentimiento, vale, pero que tampoco lo echaremos en falta, parece no haberlo tenido en cuenta o entendido bien. Por no mencionar que las muertes son siempre de algún modo al azar o aleatorias, y resulta obvio que los muertos del IRA o de ETA, no digamos ya los muertos de las dictaduras y los genocidios todos, de los que tenemos para dar y vender, han resultado perfectamente inútiles. Tanto despliegue y cálculo y ajustes de cuentas entre vecinos para terminar votando juntos o firmando alianzas.

A lo que yo añadiría que los motivos aparentemente justificados han sido siempre inexistentes o muy escasos. Y si no fíjese en las mafias, diga sicilianas, napolitanas o calabresas, no es que hayan desaparecido, extinguido o emigrado a otras partes, si no simplemente que han cambiado el método, y si antes eran sobreactuadas o dramáticas hoy están todas integradas en las administraciones locales, los gobiernos centrales u organizaciones internacionales avocadas a supuestas ayudas desinteresadas al necesitado, y hay quien dice que hasta en la cúpula no clerical del Vaticano y sus Bancos, las mismas mafias que hoy se han pasado al Método Stavinski (que no Kominski) en donde todo se replica pero nada es verdadero, igual que antes pero esta vez imperceptiblemente.

Estaría también de acuerdo en aquello de falsos e hipócritas hasta los últimos minutos por no decir siempre, o *antes muerta que sencilla* como en su momento dijo una de nuestras mejores jóvenes lingüistas. Ya no estaría tan de acuerdo en eso de recuperar nuestro estado de inocencia absoluta y estar así en disposición de aguantar todo lo que venga como si nos importara un pito, y si esto fuera teóricamente probable, desde el punto de vista fisiológico sería todo lo contrario.

Otra cosa diferente es si aquello a lo que usted se refiere es un acto voluntario de desconexión como en el alzheimer, pero inducido por algún tipo de droga, como hacían antes muchas madres, con el láudano en los cincuenta y oportunamente llegarían Xanax o Valium, y últimamente con las microdosis de LSD o la psilocibina. Lo que sin ninguna clase de dudas era antes mucho más elegante que chupar ahora de un frasco o hacerlo con un cuenta gotas como Diane Lockhart en *The Good Fight.* Aunque debo reconocer que los psicodélicos se han puesto otra vez de moda, igual que las plataformas, los relojes de pulsera disparatadamente grandes y las suelas muy anchas anatómicas adaptadas a los andares de la gente que no anda nunca, del verbo caminar, que no de practicar deportes con las extremidades inferiores.

Buena opción esa de salir de fiesta y ya no volver más, aunque los pobres rusos (de siempre) y no McDonald`s invadan tu país esta vez y se carguen a todos los miembros de tu familia, por intermedio de sus kalasnikovs AK-47 o las grasas saturadas, que familia solo hay una y con frecuencia no la ha elegido usted. Una fiesta permanente, pero no como la de Hemingway u otros usuarios de nuestra antropología exótica, artefacto cuyo uso banal, como aquél del que hizo uso Hem, sería una cursilada. Mucho mejor la fiesta como estado de ánimo, una continuidad que se pierde en el espacio y mucho más allá de las estrellas y el sexo raudo de *Autodefensa*, un chute que a muchos nos gustaría. Más aún si ronda los veinte y no tendrá otra que entender sin necesidad de palabras o sistemas de pensamiento, estructuras binarias o juegos tridimensionales de los que ya solo quedan en las máquinas y matrices, un conocimiento inmediato que se dará a conocer a partir de unos pocos estereotipos o clichés lingüísticos y del lenguaje corporal, como con los perros. Porque una vez que uno está en la fiesta ya no puede salir de ella, salvo que lo bajen a tiros, porque la fiesta es una manera de vivir en la que parece no vas a morir nunca.

Y también de acuerdo con eso de qué tiene que ver el amor con todo esto, cuando no haya nada mejor que amar siempre distinto y a distintas personas y cometer la hipótesis ganadora de no casarte jamás, no caer en el matrimonio salvo que esté pensando en el mío ( una excepción como cualquier otra) institución decadente y disfuncional condenada a morir a corto plazo, como los abuelos en los pueblos del norte de Ucrania. A lo que yo diría, Iván, no conoce ni se imagina usted el volumen de mis archivos confidenciales que hablan del amor y matrimonio como frustración o desesperación y angustia contenida en la búsqueda de modelos psicológicos ergonómicos para socializar un poco mejor. Por lo que de amor nada, mejor cierta promiscuidad elegante sin salirse nunca del género, los hombres con los hombres y las mujeres con las mujeres, por no mencionar las múltiples variantes con las que hoy nos enfrentamos, tan obtusas y seudo científicas como que usted se clave un clavo en toda la mano.

Y es tanto y tan grave todo lo referente a nuestras incompatibilidades más obvias pero que nadie menciona, que la ciencia está ahora mismo pisando el acelerador para proveer a los más necesitados o a los muy ricos con bizarras compañías, alternativas biónicas o CABs. O mucho mejor una amplia línea de modelos robóticos según las necesidades más inmediatas, que con uno de esos y un viaje de bodas a los limites de la atmósfera con Space X o futuros competidores, megamillonarios neuróticos o bipolares, dispondrán del mejor repertorio de modelos sustitutivos a futuro, pensados para reducir al mínimo nuestras expectativas pretendidamente humanas. Porque la humanidad se ha acabado hace ya mucho tiempo o está en vías de hacerlo y lleva integrado un dispositivo de obsolescencia programada para un marketing de lanzamiento y caducidad simultánea, que la extingibilidad y no la elegibilidad, será el secreto de todo y para todo lo que a partir de cierto momento ocurra o decida manufacturarse bajo estos mismos parámetros.

Y si nada de esto le sirve, y no lo digo yo lo dice usted mismo, adoptar un impulso de muerte, uno de los favoritos en nuestro oficio y del que también se habla muy poco, junto con una actitud espartana y quedarse esperando el final con un par de huevos y viendo venir la ola, o en una cena con roastbeef, puré de patatas y guisantes, como en las pelis. O quedarse mirando la luz cegadora y cautivadora de un explosión atómica, siempre que los átomos en el futuro exploten para adentro como la bomba de hidrógeno, una bomba de fusión o implosiva y con una sensación indescriptible igual a la que se tiene cuando le sacan a uno médula espinal con una recia punción lumbar entre la L4 y L5 o a través de un agujero en la clavícula, una sensación indescriptible como si una extraña fuerza desconocida o un vampiro le estuviera a uno chupando la sangre.

O una tercera alternativa que curiosamente muy poca gente menciona, y definitivamente usted no lo hace, una fábula pos-apocalíptica en la que usted y sus amigos armados hasta los dientes precariamente, empezarían una larga marcha en busca de un lugar remoto en donde un grupo muy selecto de humanos han conseguido por una razón desconocida permanecer a salvo; o como variante, dedicarse en plan Bardem y *No es país para viejos* a dar muerte a cualquiera que pille en su camino y quedarse con su botella de cincuenta centilitros de Font Vella o Solán de Cabras. Desafío, debo decir, que pocos de mis analizantes contemplan, actitud que yo atribuyo a un estado latente de cobardía encriptado en nuestra psique desde que J C nos echó del Paraiso terrenal por una puta manzana, que de manzanas, ya le digo, Iván, ha ido siempre y siempre irá la cosa, y nunca de motivos de verdad importantes.

Debo decirle también que la sola idea de acabar hecho unos zorros por el despliegue de una arma bacteriológica o el contacto con *Hazardous waste* es una de las ideas que menos me gustan. Independientemente de si se habrá de adoptar, una vez enfrentado a semejante desaguisado, la actitud relajada de un recién nacido o una estoica y muy masculina, que decíamos antes, como si la que se viene nos importará menos que llevarse un décimo en la lotería de Navidades, a sabiendas que en menos de cuarenta y ocho horas todo se habrá ido a la mierda, y habrá de empezar alguna otra cosa para la que tendremos como referentes nada más que las pelis apocalípticas o pos o los podcast de Dan Carlin y la *Hardcore History*. Solo pensar que su familia y usted mismo, y toda la peña con la que alternaba hasta hace solo unos días, le ha quedado la cara (y probablemente el cuerpo también) pero que muy fea, como usted elocuentemente dice, más fea que la del políglota italiano de Salvatore en la Sacra di San Michele, o eso otro desmedidamente cruel, reconózcalo Iván, de mandar a por droga a su abuela con riesgo de que tropiece en la acera, bajando la escalera o acaben con ella en un atentado terrorista, que es la clase de guerra de la que disfrutábamos hasta hace dos días.

En otras palabras, si pongo sobre una misma tablilla lo referente al amor, la hipocresía, el arrepentimiento, la inquietud por la lectura, la trivialización, el re-descubrimiento del amor, y no hablo de lo nuclear que ha sido siempre privilegio de las democracias en situación de estrés... y tantas otras cosas que ha mencionado usted, llego, no sin dificultad, a la conclusión de que el miedo y la guerra y en la misma medida los dos, hablan una sola lengua, la de la decadencia y el apagado de las luces de nuestra civilización tal como es o la vemos. Y si la culpa la tenía antes el comunismo con sus cosas, el racionamiento, la estética gris, la mala alimentación, las salchichas o el vodka y la sensación irrepetible de que bastaba con tener el Carnet del Partido para entrar en el círculo del poder, cuando hoy en el gobierno hay muy pocos y ya sabemos quienes son, parece que ahora la vuelve a tener, la culpa quiero decir.

Y saco también la conclusión que lo que sentimos por ellos han sido siempre un prejuicio generalizado hacia todo lo que viniese de allí. El mismo que sentimos porque el pene de Rasputín en formol mida veinticinco centímetros y en estado de semierección. Mientras que lo que sucede hoy con las democracias de importación es que cada una tiene la suya y la viste como quiere, de Barbie vestidos, de buena burguesa conservadora o de leninista del Komintern. Y aunque no lo parezca sí se parecen y es solo una cuestión de grado y condición, y comparten la misma fábula de independencia y emancipación en abstracto bien orquestada por los poderes, los intelectuales adscriptos y las leyes, o en su defecto por los servicios secretos o de seguridad.

Un viejo tópico, el de la libertad, que ya viene siendo hora deje de existir, el tópico quiero decir. Porque la libertad del día a día, la de tener un techo bajo el que dormir y hacer la compra sin mirar la factura, comprarse la ropa en otro lugar que no sea Decathlon, pagar la luz o un billete de avión, el ticket de metro, su tarifa de Vodafone o el gasoil de calefacción... en fin, la fina red de impuestos, retenciones, mentiras, obligaciones y derechos, con la que han tejido el paño suave de la libertad, que es buena para unos y para otros no tanto.

Y dicho esto, Iván, que no viene a cuento por mi profesión, que más elitista y burguesa no las hay, le hago saber a título estrictamente personal, que yo también echo de menos un comunismo con rostro humano, *feliz* como el de Brézhnev y Gagarin en los sesenta. Que de haber un día un proceso de transición de un régimen a otro, como si no hubiese más entre los que elegir, no sería descabellado decir que debería ser uno al revés, del capitalismo sangrante y desigual a uno austero de pérdida de libertades sí, pero que pusiese a salvo al menos nuestra precaria cuando no inexistente identidad, como en el *Nadie* de Bob Odenkirk. Y basta ya de caña a los rusos (a las mafias sí) que es ahora de apuntar a los otros, americanos, republicanos y demócratas fariseos y a los de las nuevas derechas, a los lobos con piel de cordero.

*Dr. Frodo,*

*He escuchado algunos podcasts y mantenido conversaciones con mis amigos del primer curso de Ayuda social FP. Debo decir que apenas he cumplido la mayoría de edad, soy algo precoz y no he leído nada aun y no tengo intenciones de hacerlo en un futuro inmediato. Miento, sí que he leído El principito que no necesariamente al Juan Salvador Gaviota, de Richard Bach, y un primer volumen de Tolkien y El señor de los Anillos. Vale que soy una chica, y los chicas de siempre solemos leer, mucho más que los chicos según tengo entendido, que prefieren el fútbol bien pagado o simplemente gratuito a otras actividades culturales, y algunas chicas también. Pero el caso es, y resulta gracioso, que esas lean también muy poco, como si hubiesen nacido trans y con el sexo cambiado, o si leen y todo habrá de decirse, libros escritos por futbolistas o mejor dicho por sus negros. Futbolistas e intelectuales, por catalogarlos sin pensar mucho, vienen a veces en un solo paquete, pero al menos yo he conocido muy pocos, y ahora mismo estoy pensando en Galeano y Javier Marías, en Santi Segurola y en Roberto Fontanarrosa. Aunque se podría decir que por motivos todavía no analizados los escritores hoy son también de alguna forma fútbol adictos, cuando no hace nada era todo lo contrario, y el balón pie un simple ejercicio o deporte de masas. Y créame que lo entiendo, entiendo que la peña no lea nada, hay tanto libros y cosas para aprender que a una le entra cierta inquietud e inseguridad y una sensación de desasosiego, y al final una (debería decir uno, si lo mirásemos retrospectivamente) se dice a sí misma: mejor callarse, ser discreta y seguir con eso de patear un objeto esférico de cuero con una o sus dos extremidades inferiores nunca con las manos. Me gustaría que me dijese, Dr., si conociendo todos lo que le ha pasado a otras culturas en materia de crisis económicas, pandemias, guerras o enfrentamientos de cualquier naturaleza, si teniendo una visión histórica de la cosa nos haría eso*

*mejores personas y nos daría al menos la discreta
posibilidad de elegir con acierto el próximo paso que
habremos de dar a partir de ahora y en un futuro que
pinta muy oscuro. O si es y será de aquí a poco, me
gustaría decir con el renacido de Trump en la América
redneck o la España del PP o el Partido de los pelotudos -
que diría usted - aquí en casa, y todo lo contrario, no
saber nada, nada de nada quiero decir, y lo poco que
sepamos resulta que es fake y no nos darán al final una
mejor oportunidad de sobrevivir sin tener que vender el
alma al diablo.*

    *Jenny, por email*

    La cosa es así, así de jodida, estimada Jenny, si una
vez le toca no va a tenerlo claro si está ahí, y si está
definitivamente no va a entender una mierda de lo que
está pasando, si ir en coche o a pie, hacia el norte o
hacia el sur, si emigrar a Sud América, en particular
hacia la selva amazónica o a Costa Rica que no tiene
ejército. No sabrás tampoco si fregar los platos o
dejarlos en la pica para otra ocasión, llevar el coche a
limpiar o bajar las persianas, porque si uno está en el
puto medio de un *riot* o super manifestación no solo no
tiene una 360 view, ni tampoco siquiera una puta visión
parcial, o más aún, ninguna visión u opinión que hoy, tal
como están las cosas, es una de las pocas formas de
conocimiento que oficialmente ponen a nuestra
humilde disposición.

    El caso es que si empieza usted hablando de si leer o
no leer, de la gente que lee y la que no lee nada, la cosa
se empieza a complicar y nuestros lectores seguro ya se
están tomando las de Villadiego y saliendo por la puerta
de atrás, que ante la verborragia que se expone aquí,
uno simplemente no puede abandonar sin perder la
cara. Y después está usted que al parecer si ha leído

algo, al parecer *El Principito*, que es un clásico entre las sectas del *love bombing,* y Juan Salvador Gaviota, de Richard Bach, que a su manera lo es también y además estajanovista. Y no veo la relación que pueda haber entre eso y la supuesta ficción que nos parece proponer, que es lo mismo o parecido que se ponga un vestido rojo y se convierta usted inmediatamente en comunista de pro. Debería saber que en este sentido hay gente muy peligrosa y que también ha leído unos cuantos libros, y algunos incluso han leído muchos, aunque probablemente, y no voy a ser yo el que lo niegue, habrán sido seguramente las lecturas equivocadas, lo que invalida cualquier vínculo o relación.

En cuanto a lo de fútbol, sí que me divierte, y es verdad no lo dude que hace tres días todos los escritores entre los que me incluyo, manteníamos una mirada sesgada sobre cualquier deporte que no fuese el cricket o el tenis de los torneos del Grand Slam. Mientras hoy resulta que la mayoría de escritores son futboleros, aunque vaya a saber usted de qué manera. Los habrá eruditos que miran al fútbol como Hernán Cortes miraba a los mayas con una pelota de caucho y por la cabeza del ganador, y otros que lo hagan a título de consejeros o asesores intelectuales, pero ya nunca más de manera despectiva. Y eso se debe quizás a que en el fútbol, excepcionalmente claro está, se gana dinero, mucho dinero, una pasta obscena, y allí donde se huele dinero siempre hay una muchedumbre de escritores babeando profusamente. Y no es que el fútbol y la literatura compartan espacio, lo que parecería a primera vista una relación antinatural, ya no por género si no por coherencia. Ahora dígame si no es mucho más probable que el escritor se sienta atraído por una perfomance física que él es incapaz de imitar y por la que el otro percibe una retribución que el escritor antes era incapaz de imaginar, y que sabe muy bien está fuera de su alcance.

Resulta que la peña, como bien dice, no se siente capaz de leer nada, primero porque no hay navegador posible que nos lleve a un destino correcto, y la escritura y su lectura es siempre algo tan personal que estaría dispuesto a jurar que hay libros, novelas, artículos periodísticos o poemas que han sido escritos por una sola persona y para un solo lector. Pues eso es también muy creíble, y me refiero tanto a mujeres como a hombres.

Comparto con usted, aunque no lo parezca, eso de callar, mantener un perfil bajo y darle a la pelota con los pies nunca con la mano, si se trata de que usted juegue o simplemente se quede mirando el fútbol en la tele o en el campo como hacen otros. Y cómo diablos unos lo hacen tan bien que se diría pertenecen a una especie diferente, una que ha nacido con un esquema orgánico y atrabiliario en la cabeza que tiene mas que ver con el instinto y la capacidad de respuesta que con la formación intelectual. Y bajo el augurio de otros que aunque no le hayan dado nunca a la bola hayan nacido ellos también con un curioso esquema Ponzi en toda la cabeza, y se las arreglen para convertir nuestro legítimo entusiasmo y las cuotas de la Federación y del Club en beneficios personales de los jugadores y de ellos mismos, sus padres putativos.

Y no se ha preguntado usted si esto al final sea reversible y no llegue el aciago día en que los que juegan a la pelota quieran escribir ellos los libros y llevarse nuestra pasta, cosa que de alguna forma ya está ocurriendo, los libros que con tanto esfuerzo algunos apañamos e incluso los de los otros que escriben más rápido que Dalton Trumbo.

Al final se pregunta si por haber leído un poco no estaría llevando al planeta a esta especie de ultimátum, a un agujero oscuro y no como pensaba, dicho de otro modo que sus escasas lecturas o sus lecturas equivocadas no la hayan convertido a usted u a otros u otras en mejores personas. Y si no sabemos como podrían ser los futbolistas reconvertidos a la política, si sabemos, y lo comprobamos a diario, como son los políticos que se han dedicado a ella. Y si no será que la política tenga como condición *sine qua non* existir tal como existe hoy, y no haya la posibilidad de que otros menos formados ocupen sus puestos. Y que al final no sean ni los futbolistas ni otros pringados que en ausencia de titulación precaria (los políticos suelen ser abogados, funcionarios, inspectores de Hacienda o registradores de la propiedad) y en ningún caso escritores, los que se ocupen de tan bien remunerada gestión. Basta ver a los chicos y animales de Trump vestidos como los indios de las praderas y entender porqué no pueden ocupar un sillón en el congreso o en el senado. Pero qué me dice de los reclutas imberbes del PP o de VOX y sus obedientes y solícitas mujeres, que ríase usted de Búfalo Bill y otros neomorfos entre los golpistas mágicos de Trump, para anticipar que la noche que nos espera ha de ser oscura y tan silenciosa como la muerte misma. A lo que debería añadir que si se quiere subir al carro, querida Jenny, el diablo ya no invierte en subprimes, y al precio de mercado hoy su alma, vale menos que el bitcoin y toda la tecnología del *blockchain* de don alias *Natoshi Sakamoto.*

De verdad cree usted que leer más nos proporcionaría una mayor visión histórica. Pues, va ser que no. La historia la conocemos todos, lo único que nos diferencia de los historiadores es la erudición. El resto conocemos la historia por contagio o simple contaminación, y porque nos guste o no, está en nuestros genes, de la misma forma en que desde pequeños sabemos todo lo que podemos hacer con un balón, o el hecho, por ejemplo, de que si nos ponen algo cálido y blando en la boca tenemos que chupar. O la conocemos para repetirla exactamente igual, salvando las distancias, o para hacer exactamente lo contrario de

lo que han hecho nuestros antepasados, invocando esta
vez una supuesta evolución. Alternativamente, recrear
la historia como mejor nos conviene, haciendo oídos
sordos a la voz de los historiadores que viven ocultos en
sus cátedras de universidad y muy en especial a los más
inteligentes y oportunistas que se las han arreglado
para conseguir un puesto de profesor visitante en
alguna universidad extranjera, en el Medioeste
americano, a ser posible

No cree usted que ya va siendo hora de que se ponga
al ejercicio de la lectura en el lugar que le corresponde.
Me he tragado toda la larga primera parte de su correo
tratando de entender qué le pasa a mis clientes, y no
solo a usted, con eso de alimentar los prejuicios contra
el fútbol y al mismo tiempo sobredimensionando la
conveniencia de leer. Ya le digo yo que si fuera usted
Messi pondría el asunto de la lectura en un lugar muy
distinto, porque a él, aunque no se haya percatado aún,
no le hace falta leer para ser y hacer feliz o desdichada a
una gran parte de la población mundial. O quizás resulte
al final que lo que ha sucedido con el pibe no solo es que
no ha leído una mierda, si no más bien que ha dejado de
leer los libros equivocados, y si los malos tampoco los
leyó eso actúa en beneficio de su extraña erudición. Que
las barras bravas de Boca tienen la solución a esta
curiosa dicotomía, y dice que a los dioses no les hace
falta leer, y no les falta razón. De lo contrario dígame si
ha visto usted alguna imagen de Hermes o Poseidón, de
Afrodita o Atenea, o de cualquiera de los dioses
romanos como Júpiter o Minerva (los mismos perros
con distinto collar), o al mismo JC, a falta de
patronímico, que no solo no leía los edictos del
gobernador si no que probablemente no supiese
escribir, y todo porque leer y escribir nunca ha sido
cosa de dioses o de un solo dios verdadero, que a saber
no escribía tampoco, porque al parecer leer y escribir
nunca ha sido cosa de dioses si no de subalternos o

empleados a tiempo parcial y fijos discontinuos, mientras que a los autónomos no se les conoce religión.

Y si no me cree, le recomiendo la lectura de Pepín Bello, de Huesca, Aragón, que de obra digamos no puede presumir, entre otras cosas porque de entre los escritores sin obra es uno de lo más divertidos, y solo necesitará una tarde de domingo para hacerse con él, *Un cuento putrefacto* o la *Visita de Richard Wagner a Burgos,* cosa que nunca tuvo lugar obviamente. Opera magna esta última, un poco como la consulta de este Doctor de usted, que ejerce sin licencia y contra la ley, tanto de analista como de escritor, y que predica solo en el desierto y sin acreditación, un poco como todos lo hacen hoy en la red.

Y si usted tampoco sabe que tienen que ver esto con el miedo a la guerra, la depresión prebélica o a que se la metan a uno por detrás, o a Messi con el balón en el área y a escasos metros de la portería, se lo digo yo. Ambos son desatinos, el no leer o el leer los libros equivocados, lo mismo que conocer el presente a través de las noticias de las agencias internacionales, los enviados especiales y corresponsales de nuestra prensa local obligados a escribir sus crónicas en un par de horas y copia y pega de los textos mucho más fiables de *The Guardian* o del *Times*. Y no me negará que ambas representantes de nuestra a veces patética y siempre inestable condición si no son la misma cosa, son primas hermanas, y al fútbol de momento déjelo estar.

*Dr. Frodo,*

*Resulta evidente que no ha mirado usted en todos los rincones. Imagino por mantenerse fiel a las pobres inquisiciones y transferencias de sus clientes. Vale que haya una gran mayoría que se muestre decepcionada e impotente para hacer nada ni en lo referente a desviarnos un poco al menos del camino que parece sigamos con destino a la nada, y que por este mismo motivo no siente otra cosa que miedo. Y luego están los otros grupos, aquellos que son especuladores y deductivos y parecen inspirados para encontrar alternativas a veces inteligentes, otras apenas mediocres y algunas estúpidas; los que están dispuestos a enfrentarse a lo que les echen a la moda Mad Max o Bad Mux u otros parecidos; los estoicos e idealistas que esperan el último momento para resolver sus problemas familiares y personales y domésticos en general, y que incluyen entre otros, grandes super millonarios, presidentes y seudo científicos del estatus quo, y a final observan resignados las consecuencias del cambio climático y la llegada de los clásicos monstruos de la naturaleza, entre los que sin duda se llevan la palma, los tsunamis, las glaciaciones y las olas gigantes; y como tercer o cuarto grupo, ya he perdido la cuenta, los que buscan las solucionas más hilarantes, aunque deberíamos decir coherentes con los hechos que en esta ficción históricamente que nos estamos planteando y que es ridícula pero no hace reír a nadie. Sin embargo, Dr, nadie ha reivindicado las opciones más claras y evidentes (estoy haciéndome a este hábito suyo de poner dos y a veces tres adjetivos al hilo), como podrán ser desertar de una u otra forma y acabar con tu vida antes que sea otro el que le ponga fin, lo que en términos estrictamente militares sería el equivalente a desertar; o alternativamente pasarse al enemigo, no importa que mueran al final todos como en Black Krab, por ejemplo, una extraña ficción escandinava sobre patines, pero si alguien tiene alguna posibilidad de sobrevivir a este fundido en triste. Y lo que siempre nos*

*quedará, no le quepa duda a nadie, ya no le digo que sea
pillar el coche, porque en los episodios posapocalípticos
nunca hay gasolina, y en el futuro no habrá gas, gasóleo,
ni combustibles verdes, como ya hemos comprobado
cientos de veces en las ficciones que hemos leído o visto
antes, y no quedará otra que caminar que es algo que hoy
nadie hace salvo que esté en las últimas o pueda llamarlo
walking lose o caminar despacio, como en La Carretera, y
caminando hacia el sur, siempre al sur, con un
compañero de viaje aleatorio, que podrá ser un niño en
especial, siempre un niño antes que una mujer, en ningún
caso otro hombre, que hombre con hombre y ya tenemos
montado un tercer o cuarto o quinto conflicto, porqué la
socialización del miedo y del derecho a matar a
desconocidos es parte de nuestra identidad de mierda
(otro, querido Dr., de sus adjetivos preferidos.)*

*Lucía, por email*

Entiendo, Lucía, que lo suyo no vaya de los miedos e
inseguridades que pueda generar el futuro entre los
más débiles, y lo que reclama es una respuesta
equilibrada a lo que ahora mismo esta ocurriendo,
incurriendo (y no me negará lo bien que suena aquí la
homofonía) en conductas que por lo visto a usted le
resultan obvias o poco inteligentes. Si tenemos en
cuenta que la inteligencia no ha sido nunca un rasgo que
defina con credibilidad nuestro comportamiento social
o político, no me negará al menos que en relación a
nuestra mediocre historia universal (por mucho que
seamos la especie más sofisticada junto con el
chimpancé que se han quedado en una fase anterior por
los pelos y con el noventa y seis por ciento de nuestro
código genético) todo esto le resulte al menos coherente
y continuista.

No podría estar más de acuerdo, querida, es verdad que no he mirado en todos los rincones, pero es que está en mi voluntad dejar algunos resquicios por donde se puedan colar las respuestas que nos den la UE y la ONU u otros organismos internacionales a nuestras ansiedades. Organismos que son como los dioses contemporáneos por poco que esperemos de ellos. Y otros rincones que he dejado intencionadamente para los historiadores, sociólogos y antropólogos del futuro. Y un pequeño agujero pero para él sólo, que no *in memoriam* de los intelectuales franceses ya fallecidos, ahora mismo todos condensados en un impresentable nacido en una isla o departamento francés del Índico y de nombre Michel Houellebeq, más tonto que se echó una carrera él solo y salió segundo. La clase de escritor para los medios, para la televisión en especial, y para los lectores más perezosos que suelen leer una novela cada tres años, el tiempo que necesita el rarito extraterrestre para escribir una de esas. Muy aclamado el francés de Reunión (otro que se casó con una comunista, como Woody Allen, y todo para escribir un rollo chino que ya habría podido haber escrito cualquier otra cosa, y ya que está, tratar de dejar sus singulares super ochos para Friedberg y Seltzer y otros directores de franquicias.

Sin embargo para nada estoy de acuerdo en que me diga que subestimo las transferencias de mis pacientes, que eso no se lo consiento ni a mi madre, ni a mi editor ni a mi amanuense, tal que ahora ausente disfrutando de un puente, como lo llaman ustedes, de cuatro días, algo impensable en las culturas anglosajonas con las que me identifico. No, Lucía, las transferencias de mis clientes si bien no son las que me pagan el sueldo ni mis caprichos, son las que me mantienen con vida, que sin ellas y otros dispositivos los analistas no somos nada.

Estoy de acuerdo en que hay gente que se siente satisfecha con lo que está ocurriendo, en lo que no coincidimos es en poder hablar de mayorías cuando los afortunados en realidad son unos pocos. Y a saber cuando de crisis económica, desequilibrio militar y político o de cualquier otra naturaleza se trata, en realidad son los bancos, algunas empresas y los grandes distribuidores los que salen mejor parados. Porque lo único que estos temen es el fin de la civilización toda, digámoslo así, y que no quede gentuza para abrir cuentas y comprar seguros, y las grandes superficies que los jubilados ya no compren pescado fresco o marisco, y las distribuidoras que cada vecino tenga sus propias gallinas y pollos, huevos y hortalizas, y volvamos todo a una economía de medioevo. No, no tienen miedo alguno los jodidos cabrones, de hecho pasan el día entero contado su fortuna en billetes pequeños y líquidos como los quinquis de la gomorra, así que tranquilos, mamones, que al menos esta vez a ustedes no les toca, nos toca a nosotros.

Podría aceptar también su *art clasificatoria* y la existencia de diferentes grupos, que resumo de la siguiente manera: los que cita en primer lugar no son otros que los deductivos y especuladores que sacan de todo esto su alimento más energético, grupo en el que tengo la impresión usted estaría incluída; también cita a los resignados románticos que quedan a la espera de que lo peor venga de la forma en que venga pero sin mesarse los cabellos ni pasar de los setentas latidos de contracción de sus cavidades; o el curioso y muy sintomático grupo de los hilarantes, aquellos que a la vista de un tsunami que los dejará tiesos en menos de 48 horas se dedican a robar el iphone 14 que siempre han querido, los polos Levi`s, Lacoste o Tommy Hilfiguer y sus últimas Nike Air (Yeezy); y dentro de este tercer subgrupo otro, igual de ridículo, en el que sus miembros buscarán soluciones que ellos imaginan coherentes con lo que habrá de suceder, y si es una ola, una longboard de *High Perfomance*, y si es un terremoto, un parapente Bantam, y si es un gran

incendio de dimensiones escandalosas, un mega
incendio, hacerse rápidamente con un paquete grande
de toallitas de cara empapadas en agua fría, o de un
montón de bolsas de basura de las negras y grandes, y
en caso de que la amenaza sea tóxica o *biohazardous* o si
lo que ha explotado es algunos de los 450 volcanes del
Cinturón de Fuego del Pacífico entre la fosa de Tonga y
la de Perú y Chile, tener que sufrir el insoportable estrés
de encontrar rápido una manera económica y efectiva
de eludir materiales incandescentes a más de 1200
centígrados.

Más me gusta aun, Lucía, el que piense usted que
nadie ha reivindicado aún las soluciones más evidentes
como el suicidio colectivo al estilo de algunas sectas
conocidas, o el personal muy personal suicidio con la
cabeza en el horno de gas, a lo Silvia Plath y otros
suicidas domésticas, o Virginia con un montón de
piedras en el bolsillo, que no me va a a negar fue una
salida como muy poética; o caminar al pedo, porque de
acuerdo estoy que los coches se los habrá de meter uno
por sabida parte, y da lo mismo si se trata de un
modesto Duster o un Tesla Roadster, que energía es lo
primero que desaparecerá dejándonos solos con la
mísera cantidad que produce en nuestro organismo la
quema de los ya escasos carbohidratos.

Sin embargo no ha tenido en cuenta que caminar al
pedo como bien dice, no es una solución que le guste a
nadie, lo habrá visto ya en las pelis, aunque no en todas
y tampoco en muchas, salvo que sea usted Viggo
Mortensen y su hijo Kodi. En especial por dos motivos
muy obvios: el primero que ya no habrá donde comprar
o pedir prestados unos bastones de marcha nórdica, y
segundo que ya habrá experimentado alguna vez que
caminar es muy cansado y a dos días de marcha y si ha
cumplido usted los sesenta ya estará, lo que se dice
hecho polvo, y porque la gente joven hace mucho ya que
no camina, prefiere tumbarse y esperar el 112

fumándose un peta o con una microdosis o un fentanilo y viendo el fin del mundo como no lo ha visto nunca nadie, envuelto en una nube de estupidez e ignorancia.

No obstante, si a pesar de todo la gente decide caminar que lo haga, pero que lo haga a sabiendas que por motivos obvios una camina hacia el sur porque de ir al norte se le helarán los huevos y las partes equivalentes en las mujeres. Pero lo que en realidad usted no sabe es que si va hacia el sur habrá de encontrarse - y más o menos en este mismo orden - primero con que los billetes a San Diego, California, estarán por las nubes que es lo suyo, pero digamos que si logra llegar a Ciudad Juárez habrá de encontrarse primero con narcos chaparros pero muy cabrones, coyotes y maras de toda clase, Salvatruchas, Sombra Negra y Latin Kings, bien pertrechadas y con sicarios menores de quince o catorce años que hacen perfectos asesinos en serie, con empalagosos costarricenses neurotizados con el cambio climático, milicos golpistas o viejos héroes revolucionarios reconvertidos en dictadores plutócratas, adormilados bolivianos y jujeños, y porteños sobrevalorados.

Y todo para llegar después de mucho caminar al sur, a Gallegos o a Calafate, una especie de paraíso en la tierra que para entonces estará superpoblada y tendrán que construir carreteras de circunvalación alrededor de la Plaza de los pioneros y la Av. Del Libertador. Pasarse a Tierra del Fuego y más lejos, a las Malvinas, por ejemplo, no sería una opción descabellada, siempre que haya tenido en cuenta que un porteño cruzado con un inglés arrogante en una isla semidesierta en los 52º de latitud Sur pueda ser algo incómodo y una manera de morir como otra cualquiera. Si en cambio durante el largo camino, imaginemos por un segundo, que decide usted pasarse a las bandas armadas en el mejor estilo Bad Max y agarrarse a tiros con la peña que viene hecha unos zorros y desarmada, permita que le diga, y supongo que en eso estamos de acuerdo los dos. Mil veces mejor eso que empatizar, cosa que ya hemos intentado pacientemente durante miles de años, mucho mejor será bajarlos a tiros, la solución más parecida a la identidad que estamos a punto de perder y de la que todos somos parte a fin de cuentas.

Para al final quedarse con su modesta ración de Barricada, The Williams Casanegra, EM&C o cualquier otro escocés argentino y un kilo de carne por persona y día, mientras no se agoten las vacas, las cimarrones salvajes que otras no hay en Patagonia, y dar a luz así a una nueva e insólita civilización argentina o *argentinoneanderthalis* que de todos modos mucho se parecerá al *argentinosapiens*, con el que podrán convivir durante un tiempo. Una cultura nómada sin Kristina Kirchner ni neoperonistas, una a la que le gustaría seguro caminar, despacio y sin perder la huella, por lo menos mucho más que a los cuatro pelotudos que se habrán quedado mirándose el ombligo en Estados Unidos o Europa, o a los escandinavos, germánicos y animistas, que no hayan podido escapar y acabaron con las bolas, símbolo chovinista y supremacista de género en su sentido más precario y anatómico, literalmente congeladas.

*Querido Doc, y sepa que no estoy bromeando, véndame usted su ADN, que quiero impregnar con él a mis hijos y futuros herederos, o a mi misma llegado el caso, siempre que exista la posibilidad de que nos veamos, cosa que dudo si tengo en cuenta que allí donde yo vivo hace mucho frío y los pájaros anidan en las ventanas con la esperanza de ser alimentados, porque que aquí son todos muy raros y discretamente depresivos, como una película polaca. No sé si me entiende, la clase de lugar al que, por diferentes motivos, nadie viene a instalarse salvo que tengan una buena pensión garantizada, y ya le adelanto que no es Serbia o Albania, que no es Alabama, el grupo responsable de lo mejor de la BS de Los Soprano, tampoco ninguno de esos aparentemente civilizados a la par que retraídos como Islandia o Finlandia incluso, o por qué no algunos de los departamentos subtropicales más desconocidos de Uruguay, como Artigas o Lavalleja, país que garantiza ser uno de los mejores en el cono sur y con mejor calidad de vida, siempre que pueda pagársela.*

*Iris, por email*

Quiero pensar que me pide usted mi ADN, no para su uso personal o para hacerse unas perras vendiéndole a precio de saldo a un banco de datos genéticos. La verdad no tengo otra idea que no sea el guardarlo congelado en hidrógeno para empezar con él una nueva y primera generación de supervivientes, una vez que los rusos, quién sino, terminen arrasando con sus cosas el planeta entero con su triada. Me pregunto por qué motivos seguimos pensando en la terrible amenaza del PCUS y del comunismo en general, sin tener para nada en cuenta el alma rusa ( estado no autorizado de la materia durante el estalinismo), por la que yo personalmente siento una fuerte inclinación. Su valor, resiliencia y muchas peculiaridades de su carácter con las que me identifico, como ya alguien dijo... *qué buenos los rusos, qué buena la ensaladilla rusa...* y no se refería necesariamente a la política, si no la afición al alcohol, al tabaco y a la melancolía. Qué nos han hecho los rusos, uno se pregunta, además de parar a los nazis con más de treinta millones de bajas, dejado una larga lista de grandes escritores y cineastas y ser los primeros en poner un hombre en órbita en una lata de sardinas sobre trescientas toneladas de combustible que imagino Gagarin habrá mirado con disimulo cuando estaba subiendo. Porque los políticos, primeros ministros, secretarios generales, Iris, no siempre nos representan, o al menos no nos representan a todos, ni representan la voluntad popular, ni tampoco nos representa aquél viejo y lánguido dictador (y buen gallego), ni la tortilla de patatas con cebolla, ni la paella con marisco o Almodóvar, antropólogo y buen salvaje a la vez, en el colmo de nuestro alto índice idiosincrático.

Y permita que me tome una licencia y le sugiera qué pasaría si fuesen nuestros buenos amigos americanos y conservadores republicanos junto con un ejército de veinte o treinta millones de zombis trumpistas, toda una nueva generación de paletos muy básicos armados hasta los dientes, una raza amarillo blanquecina como esperamos sean los extraterrestres. Y si no recuerdo mal como los alienígenas de Utrilla en Vorónoz, todos ellos muy altos y delgados y en un intenso blanco cadavérico y tres ojos, y el tercero no siendo necesariamente el del culo. Que tratándose de Trump permítame también que no me pare un solo momento a reflexionar. De ser así no me sorprendería nada que terminásemos todos como una típica mayoría minoritaria a su servicio, como la población latina y los morenos en general en el país de Thomas Jefferson, padre fundador de la nación, y los siempre subestimados habitantes negros o de color y los hispano hablantes aunque tengan una titulación de NYU o UCLA.

O si fuesen los coreanos del norte los invasivos y nuevos colonizadores, aunque sean hoy regordetes y bajitos, al menos aquellos que no comen siempre la misma papilla. Y sepa que los coreanos del norte ( y los del sur tampoco) nunca han hecho nunca nada por occidente, no digo ya por los de Burgos, extremeños, murcianos o catalanes, que los de Cartagena, o los gallegos al menos, hemos sido siempre un poco rusos. Decía mi abuelo materno que no nos pudo embarcar en Vigo en los años cincuenta, cosa que haría o haríamos un tiempo después pero con destino a Montevideo, Uruguay, con una breve escala en Santos, gran puerto del atlántico sur en el Estado de San Pablo, por cierto hasta los alféizares de morenos, cuando en Punta conocería solo a uno y entregado en adopción. Y no sigo en esta línea porque esto terminará mucho peor de lo que empezaba.

O imagínese que los que acaben con nosotros al final sean los mismos ucranianos, fruto del agradecimiento, dirían ellos, ansiosos por hacerse de una vez por todas con nuestras mega infraestructuras neoliberales y otras modernidades, representando con Z un papel muy David Brent como en *The Office*. No se fie usted de nadie, Iris, ni de imperialistas, ni de demócratas europeístas recientemente estrenados, ni de los del grupo Wagner, y menos de aquellos que invocan al pueblo y la necesidad de defender a aquellos que dicen representar. No se fie de sus enemigos por supuesto, ni de sus aliados más tiernos, no se fie de su madre si es usted Patricia Highsmith, mejor quedarse sola en casa, con su voto y un cargador de siete balas, que pocos son los que desean su bien, mejor adaptarse por necesidad y firmar un pacto con el diablo para que nadie tenga que morir y/o perderlo todo de un plumazo, porque solo así hablaremos la misma lengua de aquellos que dicen querernos bien.

O si los malos malotes no fuesen la mafia rusa o cualquier otra, calabresa, siciliana o la gomorra, que son organismos protofamiliares y aunque hagan mucho ruido son pocos y muy suyos, si no un ejército cosmopolita de negacionistas que vendrían a juntarse en una capital histriónica, *Andorra la vella* por ejemplo, y entre los que hubiese además de andorranos y portugueses, suecos, islandeses, neozelandeses, streamers, grupis y fans de Miguel Bosé, Andrea Vocelli, Alaska y Enrique Bunbury, por no mencionar a Van Morrison y Woody Harrelson, que tanto joder con *True Detective* y mira por donde, entre otros personajes del almanaque nacional y del exterior. Una pandilla enorme capaz de dar el *do* de pecho dominada por una idea salvaje de los cuidados médicos a juego con su peculiar visión del universo que, honestamente Iris, no consigo imaginar.

En cualquier caso, por mi no hay problema, salvo el hecho de que usted viva en algún lugar remoto como Dunedin o Invercarggill o Hobart en Tasmania, o aquí al lado, en Camprodon, cosa que intuyo ligeramente por la naturaleza de su mensaje. De ser así uno tendría que acercarse al otro, o el otro a uno, con intención de impregnarlo o ser impregnada. También cabe la posibilidad, que diría Alma Malher, que yo mismo me preocupe y deposite mi ya escaso líquido seminal en un sobre perfumado y luego usted se apañe de la mejor manera posible para que llegue a fecundar su óvulo. Auténtico e irresponsable este último acto, milagro de la ciencia, que si usted me escribe desde un lugar remoto y no de una gran ciudad desarrollada, difícilmente consiga sacar de esos pobres y extenuados renacuajos, de apellido y linaje espermatozoide, sus pequeñas moléculas o nucleótidos de la hélice y una de las dos cadenas.

Bien, seamos positivos e imaginemos que el encuentro ha dado sus frutos, que ya tiene en su poder y en calidad de madre, estatuto único y sobrestimado en futuras culturas, y si no lo sabe le recuerdo que los niños no existieron hasta los tiempos modernos. Mucho más positivo al menos que nuestros esforzados trabajadores que sin pies y sin manos, con una cola miserable y escuálida, se marcan un pequeño, disparatado e importante recorrido allí donde no se esperaba. Y resulta que la nueva especie ya está aquí, un bebé rollizo provisto ya de todos sus respectivos implantes de dientes, premolares y molares y de pelo o marcando precozmente una discreta alopecia como su padre. Me pregunto, Iris, qué clase de civilización sería esa, qué clase de especie en aislamiento habremos creado entre los dos. De todos modos, y si no le importa me he tomado la molestia de elaborar unas cuantas hipótesis plausibles teniendo en cuenta los materiales con los que estamos trabajando:

Resulta importante saber si es usted rechoncha o delgada, alta, baja o no muy alta, rubia o morena, aria o judía, católica o protestante, rica o pobre, o cuales son las moléculas que enlazan las dos cadenas que componen su ADN, la variante a fin de cuentas más importante. Y luego manejar estas variables con cuidado y siempre en relación a las del padre que usted imagino conoce solo parcialmente, y de no ser así se lo digo yo en este preciso momento: caucásico, ciento setenta centímetros aproximados, poco pelo, 3.5 dioptrías, y una cierta tendencia al consumo de alcohol (escocés por lo general, nada de cerveza que está como muy extendido) por la tarde, y en muy raras ocasiones antes de comer, a eso de las dos.

Pero antes permita que le diga que quizás puede usted seguir llamándose a sí misma, madre, después de todo lo ha llevado los nueve meses que corresponde en su vientre y lo ha parido con todo el esfuerzo y desconcierto que eso implica. Pero me pregunto si debería yo ser llamado padre, teniendo en cuenta que me he puesto a su servicio en una especie de transferencia o lo que es igual dejar que las cosas, una vez el recién nacido haya sacado su cabeza a través de la abertura vaginal, ocurran por si solas y no sean provocadas. No sea que en el futuro la maternidad de gestación natural se convierta en una actividad menor, como el mercado de proximidad, y la gente prefiera adquirir su descendencia en línea con Amazon y según los logaritmos con los que usted provea al Sr. Bezos, que más brillo en la pelota y acabará pareciéndose al Ciro de *Gomorra.*

Motivo por el cual y en caso de esta aparente paternidad tenga alguna trascendencia, debería al menos encontrar un nombre un poco más técnico y apropiado a las nuevas circunstancias, algo como de jerga de abogados, *brokers* o asesores financieros. Asunto que como usted imaginará, Iris, el analista no habrá de asumir en ningún caso, que lejos está esta vieja ciencia del psicoanálisis anterior a la escritura y a la lectura de entender qué cojones es eso de tener que asumir las responsabilidades habituales de un padre al uso y no de un simple proveedor de servicios.

Y yendo de una vez al grano, paso a contarle como imagino yo sería esa nueva civilización después del gran *Big End* o que se joda el último, dependiendo de la manera en que manejemos las variables que acabo de mencionarle, o por o menos algunas de ellas:

Puede que nos encontremos con una cultura precoz que ha nacido provista ya con buena aparte de los recursos intelectuales que necesitamos para la supervivencia. Que su padre sea un poco el Dr. Frodo, yo mismo, y la madre una de mis analizantes, en la medida de lo posible una que no presente los síntomas habituales de las mujeres del pasado, y me abstengo en comentar cuales serían estos por motivos obvios y porque usted es mujer aunque carezca de más datos. Como imaginará, todos esos que giran alrededor de sus problemas con los hombres y las maneras siempre imaginativas en que estos deberían administrarse. Una cultura afeminada, que no feminista, que habrá de sobrevivir sin los aspavientos y truculencias de los hombres y la intensa carga hormonal que suelen llevar las mujeres sobre los hombros, para desparecer un día exactamente del mismo modo en que antes desaparecieron las sociedades mixtas masculino-hegemónicas. La misma historia de siempre entre sociedades matriarcales o patrilineales.

Puede que la nueva sociedad posapocalíptica sea peor que la que dejamos detrás y quizás exactamente por los mismos motivos. Una sociedad de mujeres en donde los hombres una vez asumida la penitencia por años de marginación y maltrato hayan perdido emocional y físicamente la capacidad de impregnar a las mujeres, dedicadas ahora a crear su descendencia en función de los algoritmos femeninos que manejan enormes empresas gestionadas por el género, aumentando irresponsablemente el ritmo y la incidencia de muertes durante el nacimiento que sumada a la escasez de hombres reproductores determine la creación de una sociedad menguante con una fuerte tendencia a la desaparición a medio plazo y el hecho inevitable de que al final el resultado no sea otra cosa que un fenómeno femicentrista.

Puede incluso que en definitiva no seamos capaces de crear grandes o pequeñas (serían sectas entonces) sociedades distópicas, que somos individuos todos incapaces de inventarnos grupos sociales equilibrados que no utópicos a cuenta de carencias históricas que giran alrededor siempre de nuestra mezquindad y ambiciones y la incapacidad de tolerar *la différence* que en tiempos lejanos y más ingenuos, hace ya más de cuarenta años, tiempos en los que uno podía leer a

Barthes o a Derrida y eso nos hacía pensar que podríamos encontrar un día el sesgo cultural que nos permitiese vivir relativamente en paz unos con otros. Hoy, cuando solo nos queda a leer a Kurkov, a los árabes nacionalizados, a los ex-yugoslavos y los libros que los pobres afganos nunca escribieron, la sola idea de una sociedad utópica nos resulta o debería resultarnos intolerable.

*Dr. Frodo,*

*Sabía usted, Dr. que hace poco más de ciento cincuenta años vivíamos en casas con veinte dormitorios, familias enteras, y sin baño, o con dos baños para cincuenta o sesenta personas, claro está si es que se tenía casa, me refiero a una casa propiamente dicha. Y se ha fijado ahora que con la invasión de Ucrania hay montones de ucranianos o ruso-ucranianos, ruso afines o ruso fóbicos en las pueblos y ciudades del Dombás, no solo se han quedado ya sin sus casas, no digamos si tienen baños en las ruinas o tienen que cagar en los bosques. El caso es que eso me obliga a interrogarme de qué extraña manera funciona esta coincidencia. Que en tiempos de Luis XVIII cagaban en los rincones de palacio o en los jardines de Versalles, supongo que también lo harían en Villandry o Giverny, y que esto haya seguido así hasta los tiempos de la Reina Victoria en Inglaterra, que los arquitectos victorianos proyectaran residencias de cuatro, cinco o veinte mil metros cuadrados con cien invitados habituales al té de las cuatro y otros tantos a cenas opíparas, y hayan proyectado para ellas apenas tres o cuatro baños por lo general ocultos en rincones o en los rellanos de las escaleras. Por qué unos aristócratas en tiempos de paz y sin la amenaza de misiles y drones, e inmensamente ricos, y otros que lo han perdido todo y no solo no tienen dónde dormir como no sean los túneles del metro, ni para comer o vestir para no morirse de frío, terminan cagando en lugares que nadie conoce o se mantienen en secreto. Será que cagar era en el pasado un acto vergonzante y sin contenido social, destinado a la parte banal de la intimidad, al secretismo y la falta de pompa, y en los tiempos que corren al contrario se hayan convertido en una actividad placentera y gozosa de la que nada puede ser menospreciado, aristocrático en alguna medida (basta ver los baños en los que cagan algunos) y gratis al menos en sus principios básicos. Me pregunto Doc, si estando en guerra uno tienen el derecho a decir no tengo dónde cagar y no se le confunda por eso* con un cortesano en palacio, o en un caballero inglés defecando aparatosamente en cuclillas frente a las obras completas de Richardson, Defoe o Swift y en la biblioteca de su residencia aristocrática. No será que necesidades las pasamos todos, en tiempos de paz y en guerra, y que la gente siempre ha cagado abundantemente no solo donde ha podido sino donde ha querido, y que si los rusos nos tumban ahora nuestras facilidades nosotros no les daremos nuestros cereales para su papilla, ni cebollas, ni grasa para untar con las galletas, que las raciones militares rusas, según Curiosidades con Mike, están para chuparse los dedos.

Lo que quiero decir con esto, Dr, no lo entiendo ni yo mismo , pero vendría a ser algo así como que las guerras o eventos de parecida naturaleza lo que hacen es mostrar quienes realmente somos, sujetos que defecan siempre en cuclillas nunca de pie, acción de consecuencias devastadoras, y que son muchas las cosas que hacemos irresponsablemente no importa cual sea la situación y atenuantes. O quizás quiero decir que tanto nos sorprendemos de guerras o agresiones entre países cuando en el 2021 el Ministerio de Defensa en Kiev ya invitaba a la mujeres entre dieciocho y sesenta, embarazadas incluídas, al reclutamiento ante cualquier posible agresión, cuando en la intimidad y a la hora de evacuar todos sabemos bien como somos y lo poco que nos importan los demás mientras podamos ocultar nuestras verdaderas intenciones. Mientras el pueblo ruso preferiría mil veces quedarse en casa con su vodka, su borsch, sus pirochskis y queso de ajo antes que los manden contra su voluntad al frente ucraniano.


Martín, por email


Una carta maravillosa, Martín, y no solo por la información con la que nos provee si no por darnos la oportunidad de compartirla. No tengo muy claro que espera de mí, algo que me está pasando con relativa frecuencia los últimos tiempos. Pero debo decirle que lo que usted plantea y raya en la brillantez es uno de esos argumentos muy difíciles de explicar, y cuando uno lo hace resulta que la gente se queda igual, impávida y como con ganas de largarse y dejarte a tu bola, lo que en tiempos de Lacan uno estaría tentado en llamar *dissolution.* Que una cosa es firmar la carta de disolución de tu propia empresa, la EFP, y otra muy distinta es que alguien la firme por ti.

Y eso es algo que siempre ocurre cuando usted pone algo así como una invasión o un desastre de grandes dimensiones junto a un baño y en particular junto a uno de sus muebles menos polivalentes, que es aquel que se utiliza para cagar, aunque pueda sentarse sobre él con cualquier otra intención. Porque una cosa son las guerras, Martín, con todos sus muertos mutilados y arruinados, y otra muy distinta un váter convencional o su ausencia, sea ya en palacio o en una residencia aristocrática, y cuando digo *disolución* me refiero al estatuto jurídico del que nuestra relación es condición. Y le aseguro entiendo que para los dos, el tiempo que transcurre entre la palabra que se habrá de emitir y el momento de hacerlo, ocurre que los dos nos liamos o embrollamos o *embrouiller*, que diría Lacan.

Entiendo que se preocupe usted por qué los aristócratas después de hacer una residencia ostentosa, diseñada y barroca, no se les pasó por la cabeza, tanto a propietarios como arquitectos, crear un espacio pequeño para aliviarse y no tener que hacerlo por los rincones o en sus jardines paisajistas. Y si hablamos de las pobres víctimas y de sus aparentes parecidos, dado que no me negará siempre ha existido una relación entre la metafísica y la matemáticas, qué clase de relación puede haber entre unos y otros, entre víctimas de una conflagración y los aristócratas y sirvientes que no saben donde cagar. Supongo es fácil llegar a la conclusión de que si bien entre ellos no hay ningún parecido sí podemos decir que los dos cagan fuera de sitio, no porque quieran si no porque sencillamente no tienen dónde hacerlo. Y son estas la clase de ausencias que en última instancia provocan el enfrentamiento, la rabia y el odio que llegado el momento nadie puede justificar, y en uno u otro caso desde siempre y seguro que en el futuro nadie tendrá que hacerlo porque habrá perdido ya *la esperanza de hacerse escuchar.*

Mucho me ha gustado la visión de esos mismos aristócratas, que el servicio doméstico y ayudantes de menos categoría estoy convencido elegían lugares diferente para cagar. Me ha dado mucho placer imaginar esos mismos señores en cuclillas frente a los libros de Jonathan Swift, Richardson o Defoe, que tengo la sensación no produciría la misma sensación que era mucho más de cagar tranquilo y sin testigos desde Robinson Crusoe. No cabe duda de que se trata de un hallazgo soberbio, y no hace sino entrar en contradicción con un ruso o un ucraniano, un japonés de Hiroshima o Nagasaki, un berlinés después del bombardeo de su ciudad o un abuelo o abuela del Dombás mirando consternadamente los muros caídos de su modesta casa de apartamentos y de su baño. Y de contradicciones, no me negará usted, va todo, las guerras y la paz, incluso la combinatoria entre ambas, y es contradictorio que después de una guerra todos salgan perdiendo, unos más que otros pero perdiendo todos.

Otra reflexión que usted me inspira es que son muchas las cosas que hacemos de manera aleatoria e irresponsable, y si hacer la guerra o cagar en un rincón digamos debajo de una tela de Jacques Daret o Gerard David en una casa en los Países Bajos, se parecen solo en su dimensión metafórica o simbólica. Cuando su combinatoria nos da sin duda una idea de lo absurdo que resulta hacer la guerra no importa por qué o en qué circunstancias, lo mismo que elegir los bajos de un pintor flamenco cuando al menos podrían haber elegido cagar en los canales que el agua se lo lleva todo. Y aunque parezca frívolo comparar una cosa con otra es algo que si se mira bien no podemos dejar de hacer, es la historia la que nos obliga sin piedad a poner juntas cosas que deberían estar convenientemente separadas para evitarnos la tentación de querer compararlas.

Y hablando de contradicciones y paradojas, busque usted entre sus papeles y fíjese eso de que el Ministerio de Defensa se dedique con muy poca anticipación a encender el fuego del patriotismo en los hogares ucranianos, como si alguien podría salir indemne de una guerra con Rusia aun ganándola. Y eso lo saben los alemanes sin ir más lejos que apenas rechistan ni levantan banderas reivindicativas del derecho a ser independientes y libres, como los americanos o los ucranianos hoy, y son ellos, los alemanes, los que lo hacen mejor y en beneficio de un pasado brutal y no menos siniestro que han conseguido expulsar hasta del subconsciente.

Mientras que el otro asunto, el de los rusos que no quieren ir a la guerra y les importa un carajo si amplían su mapa territorial con las provincias pro rusas del Dombás, solo por tener un pasillo seguro hasta Crimea y un puerto en el Mar de Azov para cuando estalle la gorda, y no para que después en tercero del instituto uno no termine de aclararse donde están ahora los límites de su grandioso y extenso país. Geopolítica sentimental que genera en nosotros una aceptación profunda del sentimiento de abnegación y frustración, la incómoda sensación de que irse a morir no se sabe bien por qué o porque te lo manda el padre putativo de la nueva Rusia, que sigue pareciéndose mucho a la que antes fue y a aquella que fue antes aún.

Está claro, y se ha dicho muchas veces, que los rusos, salvo los pro-rusos del grupo Wagner, preferían quedarse en casa con su botella de vodka, aburridos aperitivos y áspic (gelatina) de carne. Del mismo modo en que las madres con hijos, las embarazadas y todos aquellos que se han visto chantajeados por las consignas de Z invocando el sentimiento patriótico del pueblo ucraniano tan diferente al ruso. Aunque Kurkov que ha escrito siempre en ruso, la lengua de Tostoi, haya salido con los primeros en coche y en dirección oeste, que no es solo un punto cardinal, si no mucho más, y lejos de las ambiciones de los cosacos y las del nuevo zar con z de *Así habló Zaratustra,* zulo, zambomba, zopenco o zafarrancho de combate, sin contar los verbos que empiezan por z como zurrar o zorrear, ruzificar o ucranizar, y a gusto con el capitalismo de nuevo cuño y las ayudas del BCE.

Y a título de conclusión, debo confesar que me siento incapaz de contradecirlo, estimado Martín, o ampliar su punto de vista, al menos en todo lo referente al delicado asunto de que invadir, intervenir al estilo *american assassins* o Kissinger, hacer la guerra y cosas así, lo mismo que en lo de defecar o evacuar fuera de lugar o incluso, me atrevería a decir, en lugares adecuados o elaborados o manufacturados con este tan noble objetivo, porque mucho me temo que ambos muestran al final cuales son nuestras verdaderas intenciones.

En cuanto a cuáles son en particular, ese es otro asunto mucho más delicado. Lo que está claro es que comparar resulta siempre una experiencia frustrada, fácil de poner en duda, rechazar o contrastar, y que tampoco parece políticamente correcto comparar unas cosas con otras o juntar churras con merinas. Que la verdad o lo verdadero es siempre una fantasía, un objetivo inalcanzable, y no sabemos nunca qué es o si siquiera existe. Por lo que nunca sabremos por qué vamos a la guerra unos contra otros con tan inexplicable entusiasmo después de lo que hemos pasado, con tantos exterminios, abusos, y genocidios, que no alcanzan los dedos de las dos manos para contarlos. O lo que es lo mismo, por qué diablos habiendo escrito las obras completas de Shakespeare o Don Quijote de la Mancha, el *Tough Times* de Dickens, o para los menos leídos David Copperfield u Oliver Twist, y en otro orden de cosas haber desarrollado la física cuántica, y pintado como Velázquez o Goya, por qué tenemos todavía que cagar en cuclillas o no, y no importa en que lugar o no lugar, que diría Marc Augé, y como cualquier omnívoro que camina él solito sobre sus dos extremidades inferiores.

Por qué diablos al final terminamos siendo tan zafios, marrulleros y belicosos, y nos sentimos incapaces de conseguir una paz duradera y un espacio geopolítico de desarrollo igualitario, y no pasarnos la vida peleándonos por el mismo hueso y cambiando cada vez de nombre, como Austria, por ejemplo, condado de los Babenberg (los últimos que vi, por cierto, estaban en Punta) y luego de Leopoldo I, otomana primero, de los Hasburgo después, republicana luego y nacionalsocialista después y federalista hasta hoy; o Mauricio en las Islas Mascareñas, junto con La Reunión (tierra del ilustre Houellebecq), pero primero neerlandesa, luego francesa, inglesa y hoy República Independiente según *Le Mauricien*... que así no hay quien se entere.

*Dr. Frodo,*

*Put this in prospective: un mundo destruido y los que han sobrevivido, vagando por los rincones, comiendo de la basura, una ducha al año, y una longevidad de cincuenta como en la época medieval... etc. Qué clase de nueva civilización seremos capaces de construir, tiene usted alguna idea al respecto. Y de ser todas malas cuáles serán las soluciones que podríamos proponer como analista, para ser al menos ligeramente más elegante o sofisticada. O si lo que ha sucedido ya volverá a ocurrir una vez más y sucesivamente, que es lo que antes llamábamos eterno retorno.*

*John, por email*

No lo sé, no tengo muchas ideas al respecto. Mi estado de ánimo habitual me conduce inevitablemente a pensar que las cosas en ningún caso habrán de mejorar, niego la mayor siempre pero conservo la ilusión de que un día el destino me sorprenda generosamente. Soy un bipolar que toma claramente la opción negativa por defecto, como primera elección, pero que no se queda ahí si no que espera un final en donde otros tomen su reemplazo y le enseñen que todavía nos queda algo en lo que creer y en donde poner todo el entusiasmo.

Qué puedo decirle en relación a lo que usted llama *prospective* ( suena más humilde que futuro), poco o nada, no pertenece al *realm* (suena mejor que reino) del análisis el hacer de manera improvisada una futurología con los datos del subconsciente, estadio de la psique que nos lleva siempre a la pubertad del psiquismo más brutal, que poco tiene que ver con la política o el desarrollo tecnológico y en general con lo que suele llamarse progreso. Nuestra mente está en pañales y a leguas de distancia del crecimiento material. La naturaleza de la mente tienen muy poco que ver con el desarrollo de los lenguajes artificiales, la carrera espacial como la llamábamos antes, no digamos ya con el capitalismo de reciente invención, y con quien mejor se relaciona es con arquetipos antiguos que rigen nuestra pobre vida intelectual. Somos mucho más neandertales u *homo sapiens* que otra cosa, mucho más hombres de pensamiento sencillo que nada más complicado o ambicioso.

O peor aun, somos tan ignorantes de nuestras anomalías mentales, vicios de conducta y la serie finita de estereotipos dentro de la que nos movemos que no parece prudente hacer predicciones con lo poco que algunos sabemos, que es nada, cuando *in prospective* y todo a la vez resulta impredecible e imposible reunir en un par de conceptos o en una visión global de como será el futuro, prospección que se parecerá al futuro solo en lo que de pasado habrá quedado en ella. Al final retenemos mucho más que renovamos, y el futuro que nos gusta imaginar tengo la sensación nos queda un poco grande.

Nuestra generación, John, la suya no, está en vías de desaparición. De aquí a nada ya no estaremos presentes, y lo que es peor quizás, nada quedará de nuestro pensamiento o de aquello que lo inspira, entre otras cosas porque este se reduce cada vez más al estrecho y asfixiante espacio que el presentismo nos ha asignado. Estoy bajo la impresión de que alguien por algún motivo ha decidido que dejemos de ser nosotros mismos para ajustarnos a los patrones que se nos tiene asignados, y en el futuro, y esto sí lo puedo anticipar, John, serán modelos cada vez menos y menos singulares, negros y blancos, pares e impares, primos y en el mejor de los casos, compuestos, como los números que tienen otro divisor natural aparte del uno y de ellos mismos. Y si no me entiende, piense en todas aquellas cosas binarias exclusivamente y en las desgracias que nos han traído, frio/caliente, PSOE/PP, bueno/malo, hombre/mujer, mujer/hombre... y si se siente capaz imagine aunque no sea más que unos pocos segundos, un LGBTI miembro de una ONG de la federación, laico, feminista, apartidista y no sindicalista como primer ministro en un contexto como el nuestro, que no ha superado aun aquello de mojar su bizcocho en el café con leche, que no en Islandia o en el Reino de Redonda.

Pero dejemos volar irresponsablemente nuestra imaginación y pensemos que puedo esperarnos de aquí a nada y a la vuelta de la esquina , aunque no tenga otro motivo para hacerlo que complacerlo a usted, querido John, en esta transferencia que tan poco tiene que ver con el análisis. Porque que lo lean a uno hoy o lo escuchen, mucho me temo, es un auténtico privilegio, y esa es precisamente una de las señales del futuro que creo poder anticipar, aquella en la que se habla pero nadie lo escucha, o porque no se entiende nada de lo dicho o porque se entiende otra cosa.

Cierro los ojos entonces e imagino un mundo medieval como el que usted me propone, gente en harapos comiendo y buscándose la vida en los basureros, algunos a escala disparatada, como el vertedero de Ghazipur, en India, el de Ghana o el de Bishkek, en Kirguistán, más el frio, la indigencia, la soledad, que un poco de todo eso ya lo tenemos hoy y basta con mirar al lugar indicado, y descubrir que llegar a usufructuar una condición similar es algo que está al alcance de todos, una vez satisfechos los requisitos necesarios, la guerra, la explotación, el abandono... Motivo por el cual me sorprendería muy poco encontrarme en una situación similar de aquí a nada.

Y no hace falta ser un intelectual para advertir esta pequeña anomalía, basta con mirar con atención lo que nos rodea. No obstante y una vez llegados a esta mísera condición echaría en falta ciertas cosas, no necesariamente de mi agrado, pero si del de muchos, como podrían ser la ausencia de un orden feudal, la posibilidad de vivir dentro de una estructura anárquica y provisional alrededor del castillo del señor. Otra sería la falta de la religión de la que ahora carecemos, cuando en aquellos tiempos era un elemento de cohesión por el que había que pagar un precio. Otra podría ser la ausencia de libros que leer, o su escasez o la censura que ejercía entonces la iglesia sobre ellos, carencia que probablemente si no es similar se le parece mucho a nuestra presente condición, en la que no leemos porque no queremos y no porque nadie nos lo impida. Y uno, a propósito de esto, se pregunta si quizás sin libros estaríamos mucho mejor, y como escritores frustrados también, que cualquier escritor que se precie de serlo debería renunciar hoy por imperativo moral. Mientras no leer porque no se tienen libros o porque estos están celosamente guardados por la iglesia que nos quiere ignorantes para que creamos mejor, puede que sea más conveniente, junto con el retorno a una oralidad sin prejuicios, mucho mejor. Habrá quien diga, que ser un mal leído o un leído a medias no es necesariamente malo, que en la mediocridad se encuentra a veces el origen de muchos de nuestros males.

Vuelvo abrirlos y a cerrarlos otra vez, y veo veo, ¿ qué ves ?: un mundo utópico si usted quiere llamarlo así, en donde la riqueza se distribuye con igualdad, no hay guerras ni disputas, ni grandes disparidades con frecuentes recaídas patológicas, un mundo climáticamente empático gracias la voluntad popular por salvar el ecosistema, mucho equilibrio social y personal, y los analistas y terapeutas sin otra cosa que hacer si no dedicarse a temas menores y buscar respuestas para los que todavía las necesiten. Qué echaríamos en falta en una situación parecida, uno se pregunta, probablemente habremos perdido la capacidad de sentir, de emocionarnos o de ser capaces de gestionar nuestra ira y los objetivos que últimamente se nos proponen, el progreso, la dirección de empresa, el sueño del CEO, la competitividad, la casa propia con piscina... un lugar plano con una única linea en el horizonte, como General Villegas, en la Pampa seca, un lugar inexplicablemente feliz, porque sin emociones negativas, las positivas no tienen razón de ser.

Los cierro y abro otra vez, y veo un mundo incapaz de evolucionar en ninguna dirección, congelado *freeze to the bones* como Ötzi, el hombre o la momia de Similaun, en la frontera entre Austria e Italia, como los fósiles de mamut en Siberia, un período histórico inamovible que dejará las cosas como en determinado momento han estado, nada de viajes a los confines de la atmósfera, nada de iphone 15 o 16, nada de nuevos escritos filosóficos o teorías epistemológicas, nada de hidrógeno verde, ni de fusión, nada de intergenitalidad todavía más diversa de las que vemos ahora, nada de esto ni de aquello. Habremos llegado al punto de no retorno, al punto final que es también el principio de algo que ya no habrá de cambiar nunca.

Qué clase de mundo sería ese, lo ignoro, ni siquiera sé si podría imaginarlo. El solo hecho de no poder evolucionar o involucionar resultará paradójico al extremo de no saber quién diablos somos, por carecer de un punto de vista o perspectiva. Una inmovilidad intelectual que no tardará nada en generar un vértigo para el cual todavía no disponemos de palabras, de un mecanismo capaz de nombrarlo. Algo así como entrar en el vacío de un agujero negro que nos habrá de conducir a otro espacio dimensional, uno en el que ya no podremos saber si es algo estúpido o la respuesta a todo lo que nos hemos preguntado una y mil veces.

Estaría encantado en decirle, querido John, que el mundo habrá de seguir exactamente igual, un pasito delante y otro atrás, izquierda o derecha, giros naturales o inversos y tiempo de galope, como en el vals, o baldosa, caminata sincopada, cunita y sacada, como en el tango. Que el mundo en el que vivimos, ahora se mueve un poquito hacia adelante y luego un poco hacia atrás, y a veces en círculos o zigzagueando, para terminar conciliando todos los puntos de vista en uno solo o en dos, el mismo que conocemos ahora y que conocíamos antes, solo cambiando ligeramente la manera en que proyectamos nuestros pobres y ambiciosos planes de progreso, aquellos que parecen conducir a un lugar nuevo, cuando en realidad conducen siempre al mismo que ya conocemos y no nos cansamos de repetir.

Z no es lo que parece. Nadie lo es, salvo unos pocos. El cómico estaba esquiando y snowboarding en Bukovel, la mejor estación de ski en los Cárpatos, cuando los rusos ya estaban en la linea del frente y muchos ucranianos haciendo las maletas. Él sabe que cuando los buenos llegan a la política, la política va y los mata, y el futuro es el malo que regresa con traje nuevo. Y si piensa, John, que soy proruso, se equivoca, y si piensa si ver como destruyen tu país para salvar valores que no pertenecen a las mayorías, pero se les ha dicho lo contrario, es algo patriótico, o que la patria es un valor añadido para los que pueden pagarlo, también se equivoca, pero menos. Porque lo que de verdad pienso es que ni una cosa ni la otra tienen que ver con nosotros, si no siempre con ellos, siendo *ellos* la incógnita (x) en la ecuación que cada uno resuelve como puede.

*Dr. Frodo,*

*Déjenme morir tranquila, dijo la abuela, hija de Coronel Suárez, bisabuelo de Borges que murió en Junín, en una escaramuza que duró tres cuartos de hora, y que al final prefirió el destierro y vivir en pobreza en Montevideo antes que bajo la dictadura de Rosas... Eso como el amor hacia la carrera militar. Será que la épica, Dr,, es mejor de lo que pensábamos, no en balde allí es donde nació la poesía o la literatura toda, me atrevería a decir.*

*Florencia, por email*

Me congratulo, Florencia, que a escasos minutos de que termine esta mi sesión ya tan prolongada, me hable usted de dos cosas que para mí han sido siempre muy importantes: una, vivir en libertad no importa el precio; dos, que morir tranquilo, no sé por qué, pero a algunos nos parece irrenunciable.

Y ya que usted menciona a mi admirado Borges, y al alférez Suárez, del Ejército de los Andes de San Martín, de un tiempo en la que apenas había argentinos en el regimiento que era de caballería peruana y colombiana. Permítame que yo haga lo propio y le recuerde al Coronel Francisco Borges, atrapado entre su lealtad a Sarmiento y a Mitre, y recriminado por ambas partes, y que decidiría morir de un tiro con poncho y caballo blanco y a manos de su amigo el teniente coronel Arias, cuando los de Mitre iban solo de sable y lanza.

Y eso nos habla también de dos cosas: de guerra y paz y de lealtades, y de la audacia que muchas veces, si no todas, resulta inútil. Es decepcionante ver como el pasado se repite, y que no importa si hablamos de Argentina en el siglo XIX como si lo hacemos de Ucrania en el XXI. El poder entonces pasaba de mano en mano, de Mitre a Sarmiento y luego a Avellaneda, y la revolución o las guerras parecían ser las única soluciones a las muchas veces repetidas elecciones y democracias fraudulentas, o como decían ellos... *a un gobierno ilegítimo se lo baja con una revolución.*

Y en Ucrania, de Kravchuk a Yanukovych, de Turchinov a Poroshenko y de Poroshenko a Volodymyr Zelenski... y tiro porque me toca. A lo que usted dirá, Florencia, de qué habla este chiflado ¿? Y a lo que yo contestaría, chiflada usted, querida amiga, en cualquier caso, que ha despertado de su largo sueño bajo la lápida a insignes militares y políticos, que lo cortés no quita lo valiente, para terminar dirigiéndose a nosotros con ese su ánimo tan gratificante, honesto y caballeresco, valores hoy todos olvidados.

Es lo que tiene el análisis, no va nunca de que usted entienda, ni siquiera de que escuche, sino de que hable, hable de lo que le venga a la cabeza, de lo que le venga en ganas, para descubrir después de un tiempo como esos decires o dichos terminan por conciliar y darle a usted la respuesta buscada.

Si estas notas que he recogido de mis análisis van de aquello que una guerra de proximidad a la que tenemos acceso cotidiano, provoca en nuestro imaginario la sensibilidad que tenemos a flor de piel y con ella la facilidad de tomar partido, cosa que a los analistas nos resulta impracticable, porque la orden del día nos dice de esperar al analizante y volver a encontrarlo en el momento preciso en que se revela su secreto.

Si esto es así, y usted me pregunta si la épica tan desprestigiada en estos tiempos en que las nuevas generaciones llaman épico a cualquier cosa, cuando esta ha estado desde siempre en el origen de nuestros mitos y de la literatura, se me hace difícil darle una respuesta clara. A lo que añadiría por deformación profesional que durante siglos y en ausencia de terapia alguna, uno solía resolver muchos de sus problemas en el campo de batalla, como lo hacen hoy en Ucrania , o lo hicieron hace casi dos siglos en la Argentina decimonónica, y permítame no abundar aun más en referencias.

De qué han servido todos esos largos e interminables discursos sobre el peso de la verdad en las decisiones que tomamos y en los juicios sumarísimos a los que sometemos las decisiones que toman otros, o sobre el balance existente entre unos y otros, si al final terminaremos matándonos unos a otros con piedras y palos y pensamiento el justo.

Si lo que propone, Florencia, es que ante la inminencia de la muerte, la pobreza o la entrada en una depresión social y económica que resulta baladí ante la fiereza y brutalidad de las guerras, sin embargo es para muchos una manera de perderlo todo o casi todo, parece inevitable. Pero resulta que vota usted por la épica, lo glorioso y legendario, y pueda sea esta la solución que, aunque no lo digamos, todos estábamos esperando. Levantarse en armas contra los autócratas y los déspotas, olvidarnos de los códigos y máximas de la OTAN, la UE, la Federación rusa o cualquier otra, que se ocupan sin derecho, a lo sumo el que le otorga el voto de la mayoría, a regular y reprimir nuestras emociones y, según como venga dado, liquidar nuestras exiguas propiedades y el derecho a la vida, o escapar a tiempo si somos afortunados.

Resulta gracioso, llamándose usted Florencia, que tome partido por la épica como terapia y enfermedad al mismo tiempo, cuando lleva el patronímico de una ciudad en la que durante el Renacimiento se reinventó la política (del Príncipe). La política y el maquiavelismo al arte de decir y no decir o decir a medias, o sencillamente engañar, con la sola intención de ganar sin necesidad de matarse unos a otros, para lo que, llegado el caso, estaban los *condottieri*. Un nombre el suyo, Florencia, que me trae a la memoria a Maquiavelo y a la filosofía política hecha a mano, y el recurso a toda clase de artimañas para detener el conflicto antes de llegar a las armas. El maquiavelismo como teoría y practica del poder, sobre el que no hemos aprendido nada nuevo desde Nicolás, Nico para los amigos, del que nos ha quedado en usufructo el discurso político de la democracia con apenas algunos retoques, el poder a sangre y la *pasta e patate* o los fideos con almejas de la gomorra. La política italiana de las pandillas, de los Savastano o los Conde o la de la *famiglia* (los Medici o los Albizzi, Pazzi o Sforza), todos parientes directos de la política con mayúsculas de partidos, de familias a fin de cuentas, como todavía se dice.

Y renunciando a todo su pasado onomástico deje caer su inclinación hacia la toma de medidas de fuerza, la guerra o la resistencia incluso, pero en ningún caso el verbo y su predicados que Borges tan bien siempre ha usado, y se inclina por la audacia gratuita y el suicido militar en familia pero estrictamente dentro del orden de su regimiento. Regimientos aquellos a los que en su momento pertenecieron los antepasados de Borges, que los abuelos de su amigo Manucho, tengo la sensación eran más de la frivolidad y la obtención de objetos y colgar en la pared del zaguán el sable de los suyos, que algo habrán hecho los aristócratas mucho antes de que él escribiera Bomarzo, de todas las novelas que seguro usted nunca ha leído, la más erudita y manierista, y que por si no lo sabía habla de un ficticio duque Orsini, en Bomarzo, en el Lacio, *contrahecho, cínico e intrigante,* pero buen *condottiero* a fin de cuentas.

Un viejo capitán italiano, entre otros, al frente de fuerzas mercenarias multinacionales al servicio de papas, monarcas y guerras religiosas, o si a usted le parece como Habu al Husein al Huseini del Estado Islámico o Yevgeny Prigozhin y el grupo Wagner, o puestos a decir tonterías, la Legión Internacional ucraniana, entre otros contratistas-mercenarios. Por no mencionar al heroico, y no menos gracioso, *Volodymyr il grande,* de cómico a Presidente y de Presidente a leyenda viva del capitalismo a la fuerza y el arte de entrar en la UE sin ser más europeos que Taras Bulba, los Atamán o los cosacos zapórogos. Los mismos del cuadro de Repin y del *demonio caga y tú ejército lo traga*, entrar por el camino más corto y en un tiempo récord, un poco más del que necesitó *Heil Führer* y la *blitzkrieg* (la guerra relámpago) para hacerse con los sudetes y un poco después con Polonia, Dinamarca, Noruega y toda Europa.

Y eso me recuerda a Colleoni y Malatesta, a las guerras italianas y las que hubo entre Milán y Florencia, y entre las ciudades-estado italianas que eran de tácticas y maniobras con la única intención por parte de los mercenarios de prolongar el conflicto y seguir recibiendo así sus salarios Es probable que tenga usted razón, Florencia, el futuro sea cuestión de hacerse con un par de pistolas, y de tratarse de un país, con armás tácticas y reservistas hasta los setenta, como Israel o Corea del Norte, ambos casos, muy diferentes entre sí, de ejércitos con un Estado (que no lo contrario), el modelo que quizás usted sin darse cuenta nos propone, y en el que esta vez podría utilizar el saludo Bellamy, que el otro está ya muy connotado. Siempre, claro está, que la haya entendido bien y no haya querido decir usted exactamente lo contrario, como suele ocurrir en política.

*Dr. Frodo,*

*Hablando de Borges, y perdone que me entrometa. Yo también lo recuerdo, a Borges y a Suiza, a Ginebra en particular, y a algunos hoteles que parecían pasajes secretos a otro tiempo y lugar, el Churchil en especial. Patrimonio de los caciques negros. Por qué la gente aborrece a Suiza, un país enormemente civilizado con franceses, alemanes e italianos que han decidido olvidarse de quienes son y sus diferencias y convertirse en otra cosa, en suizos, un país ejemplar en donde se puede ir al cine y tener una versión original y subtítulos en dos lenguas, siendo la original la tercera, y en donde las palomitas nos las vendió una morena dominicana, uno se pregunta por qué lo rechazamos o menospreciamos. Un país con una política bancaria muy especial, uno en donde los malos guardan sus divisas y sin embargo ellos no dicen nada, sus salarios se le transfieren y resulta que son tres o cuatro veces mejores que los nuestros. No sería esa la solución a los problemas de la guerra en Ucrania o en cualquier otro lugar, que se distribuya el dinero con equidad, que negociemos, ajustemos beneficios y pérdidas, y dejemos la política, la que sea, para tiempos mejores, para cuando seamos un poco más inteligentes si llega el deseado momento, y las guerras para los más tontos.*

*Pepo, por email*

Resulta gracioso, Pepo, no se lo va a creer, pero yo también pernocté, ya que estamos con la *p*, en el Churchill. Con la *pe* de Pepo que no de Churchill, aunque el inglés fuese mucho de pint & Partagás, o Romeo & Julieta después de su visita a Cuba. El caso es que no va usted muy errado, y puedo y debo acreditar que el susodicho hotel situado en la Rue du Simplon, a tiro de piedra del Jet D`eau, debía conservar las sábanas de tiempos de Patrice Lumumba, y no me sorprendería si me dijesen que haya dormido en la misma cama que un emisario de Obiang con visita concertada en el Gonet, el Hyposwiss o el Paribas, con una maleta de dinero, los mismos muebles de dormitorio que el dictador y de Roche Bobois ni señales. Y no entro en detalles porque no es de mi conveniencia, da igual que fuesen los dólares de sangre, que los míos o los francos de Lacan, de esto sacamos la enseñanza de que el dinero vale igual, da lo mismo su procedencia, venga de París, del subcontinente, del África negra, del crudo invierno cosaco o de la Federación, estoy convencido de que el dinero va y viene por caminos que no podemos siquiera imaginar. Y si no está convencido piense por un segundo cual era la política electoralista del Defensor del Pueblo, y si no lo sabe se lo dice Kurkov, un smartphone para todos los mayores de sesenta y todas las aplicaciones necesarias para recibir ayudas monetarias puntuales o cualquier otra plusvalía y votar por teléfono sin mover el culo de casa, y no tener que movilizar funcionarios a los hogares de los abuelos y hospitales como se hacía en tiempos rusos, y todos cargados con paquetes de regalo como Santa Claus a saber con que aviesas intenciones, y todo esto con la invasión a la vuelta de la esquina en la frontera bielorrusa.

Y sí, efectivamente, los bancos suizos han estado siempre entre los preferidos de los corruptos, rangos militares africanos y de tantas otras partes del mundo, incluídos los mismos rusos y oligarcas ucranianos, aunque ahora habría que corregir los datos a la baja. Y eso a los suizos les importa menos que la guerra de moda o las de los unitarios y federalistas en la Argentina hace casi doscientos años, siempre que les garanticen un PIB de casi 700.000 millones de euros en su propio país y no tengan que mover el culo, ellos tampoco, y emigrar a otros en donde o hace mucho calor o disparan con balas de verdad y no con su ya bien conocida capacidad para la gestión de activos, que si matan lo hacen despacio y sin ayuda médica alguna. Porque los suizos no son nacionalistas, y de alguna forma tampoco lo eran antes de la guerra los ucranianos, que tan pocos eran en los grupos organizados que no tenían ninguna representación parlamentaria. El patriotismo llega con la guerra, que en Maidán lo que querían era los símbolos fáciles del capitalismo, y hoy esperan que después la guerra y los aviones cargados con armamento táctico y estratégico llegue la jugosa ayuda monetaria a fondo perdido o bajos muy bajos intereses del BCE, y vuelta al circuito habitual con los Bancos suizos de los que hablábamos antes.

También estaría de acuerdo en ese extendido síndrome de rechazo hacia todo lo que sea suizo, con la excepción del chocolate, los relojes de cuco (originales de la Selva Negra) y la navaja oficial del ejército suizo, y encuentre usted en otra parte un ejército que tenga una navaja como arma icónica de defensa corporativa y no una AK 47, por ejemplo, y no misiles nucleares por todas partes, en el cielo, mar y en tierra.

Por qué, uno se pregunta, la gente en Europa, y en especial la Europa mediterránea, aborrece a Suiza y tiende a minimizar su importancia y calificarla de mezquina y conservadora, cuando hay mujeres suizas que se casan por lo civil con ciudadanos libres del pueblo indígena Masai ( novela autobiográfica de Corinne Hoffman, o si prefiere la peli, *La masai blanca*) y con mapuches en la Patagonia chilena. Que son muchas las hembras suizas que deambulan por el mundo en busca de emociones fuertes, y suizos machotes que hacen lo mismo pero en bicicleta y comiendo lo que pillen y de raclette o fondue de queso, una mierda.

Y seguro dirán que es porqué los suizos no tiran papeles en la calle, ni mascan chicles en presencia de otros, ni tiran las servilletas al suelo después de usarlas, ni hablan a gritos en lugares públicos, o comen en McDonald`s con traje y corbata, como los brokers en Wall Street, aunque ahora la tendencia se haya movido hacia Shake Shak y las hamburguesas gourmet. Y diría más, como casi todo lo otro, las tapas y los menús de quince euros del mediodía, para que los currantes puedan hacerse una mejor imagen de sí mismos. Si va a ser que al final todos suizos o soñando con serlo, aunque con nuestra hoja de resultados, Pepo, qué le diría yo, ya nunca nos haremos hombres.

Tiene toda la razón, Pepón, cuando dice que mucho joder con la *finess* y la fría intermediación suiza, pero todos se olvidan de que es el único país cosmopolita que junta a alemanes con franceses e italianos, que antes en una guerra se limpiaban las botas en los uniformes de los caídos y ahora van al cine los tres juntos, y cuando le preguntas si son suizos o alemanes o suizos y franceses o italianos, declaran todos a una como en Fuenteovejuna, que son suizos a secas con sus pequeñas ciudades estado y toda la política municipal que quieran pero política a secas ninguna.

Uno se pregunta cómo diablos puede existir un país así en los tiempos que corren en que nos matan a tiros o con misiles o con drones y se muere hasta el gato, que siete vidas no tenía y por menos se la fiaba. Mientras otros, lejos de allí, viven al día haciendo transacciones y convirtiéndose de la noche a la mañana en gestores de divisa o especialistas en gestión de riesgo cambiario, y todo para pagar el alquiler o el asado de los domingos, a sabiendas que la ayuda humanitaria no pasa del Ecuador hacia abajo. Y muchos más se suben a una bicicleta con ruedas de goma que han comprado con los ahorros en dólares de los últimos veinte años pensando que cruzar a Lampedusa es cosa de horas, y no se lo piensan dos veces en abandonar su querida patria africana, origen de la humanidad entera. Que el patriotismo al final es de los que se quedan pero tienen sus cuentas en Suiza, como algunos la tienen en Andorra o bajo el nombre de testaferros panameños a falta de otros mejores

Tampoco va desencaminado, Pepo, cuando dicen que mejor quedarse en el molde y dejar que la guerra la hagan otros, que entrar en el juego del melodrama y los buenos sentimientos, cuando todos saben que en los regímenes que nos controlan el único que habla es el dinero, y cuando otro pide la vez no se la dan o lo hacen esperar al último. Las guerras son siempre una cuestión de límites y dinero. Los sentimientos suelen quedarse en los discursos parlamentarios, en donde diputados de uno y otro lado al falta de una buena redacción y valores semánticos apelan a los corazones de los que los votan con el único recurso que tienen a su alcance, el de amplificar emociones que no tiene cabida en el espacio de los intereses políticos.

Es verdad que los rusos no apelan tanto a esta sentimentalidad colectiva, que durante años han preferido aquello si no te gusta el régimen dos tazas, y si sigue sin gustarte, pues ya sabe Pepo, se lo meten a uno por el culo. Hay muchos que incapaces de desarrollar su discurso emocional para llegar al otro, lo que hacen es dirigirlo a los occidentales y a sus instituciones, que no son mejores que las de ellos pero sí mucho más ingenuas e hipócritas, y porque llevan sobre su conciencia el peso de cientos de años a cuenta de guerras estúpidas que nadie ha querido pero en las que han involucrado a todo el mundo. Y los que mueren son los reservistas, grupos de apoyo, voluntarios y reclutados forzosos, en defensa de una patria o una lengua o ambas cosas que con frecuencia se presentan juntas e indivisibles, y no los que fuman Romeo y Julieta, que no es un detalle sin importancia, porque el Che o Maradona gastaban Cohibas y ron de caña.

Personalmente, Pepon, vengo de un país destruido por una dictadura, y vivo en otro destruido por otra (y por unos cuantos monarcas ineptos), y si en el primer caso todos se han dado cuenta, en el segundo se diría que no, y basta solo con ver una de sus sesiones plenarias, ver flotar la pesada atmósfera y materia oscura sobre el techo del Parlamento (o el Tribunal Constitucional para el caso) del odio y el resentimiento, las únicas dos emociones válidas con las que aquí se negocia casi siempre sin llegar nunca a un buen resultado.

Puede que los suizos sean fríos e hipócritas, puede que se sientan importantes con una botella de Sembrancher (agua de los Alpes Suizos) en la mesa de la cocina, que sean pulcros y estirados, pueden que no partan nueces con el culo (uno de nuestros mejores Guiness), pero si me lo permite, y es algo que el mismo Borges anarquista individualista spenceriano, como él diría, son muchos los que se quedan quietos y no dan ni quitan nada, esperando que llegue el día en que nos hagamos merecedores de muy poca o ninguna política, y dejemos los sentimientos para la gente, y los hombres públicos que queden rindan cuentas en silencio - que más discursos no queremos - y si los números no dan, a la calle todos y callados, y ni una sola palabra de amor, filantropía o ayuda internacional saliendo de sus bocas. Suizos todos al final y patria ninguna.

Si después de lo que le he dicho, Pepo, todavía piensa que la solución está en una distribución justa de la riqueza, le diré que es una utopía a la que no llegaremos nunca, porque la desigualdad es el principio oculto que rige nuestros destinos. Y que se jodan los más pobres entre los pobres, y los menos ricos entre los ricos. Aunque a falta de mejores protocolos esta farsa se presenta siempre con diversos aspectos, institucionales, representativos, flácidos o autoritarios, y mantienen el manual del Príncipe a buen recaudo. Y claro que sí, las guerras para los más tontos, pero mucho me temo que en materia de deterioro cognitivo de naturaleza política, estemos todavía en el primer capítulo de la primera temporada.

*Dr. Frodo,*

*El sufrimiento no es ninguna corona, ningún premio.*

*Luisa, por email*

Diez puntos por su brevedad, querida Luisa. Así me deja tiempo para lavar los platos del mediodía y poner una lavadora. Estoy con usted, no le quepa duda. De acuerdo, es una frase hecha, un tópico inteligente probablemente, pero que en una segunda lectura empieza a parecerme sonso, ligeramente estúpido. Que estúpidos no son precisamente los desafortunados, si no más bien los más crédulos o incluso me atrevería a decir los más ingenuos y desinformados. De clichés estamos hechos, a partes y a veces incoherentemente, con partes de los que unos y otros han dicho y repetido hasta el cansancio, que lo del sufrimiento y la corona lo tenemos muy visto en todos y cada uno en los capítulos de nuestra historia y con frecuencia para nuestra desgracia, para la de quién si no. Y si sufrimiento es algo que todos conocemos a veces íntimamente, de coronas no sabemos nada y sus brillos y sus hierros nos pillan muy lejos.

Qué pasa si quitamos el o los vocablos corona y premio, y los sustituimos por otros, labor que dejo esta vez a su cargo, entre otras cosas porque si la consulta es tan breve que no es ni siquiera consulta, no tiene sentido ninguno que me extienda en mis comentarios. Por lo que le diré que a mí personalmente la sola idea de premio o corona me produce un malestar incómodo a la altura del estómago. Supongo que ambos por diferentes motivos, o pensándolo bien quizás por el mismo, el vértigo y la sensación de poder que transmite el vivir sin dolor habiéndole vivido antes en nuestras propias carnes, y la omnipotencia y la euforia contenida que se deben sentir cuando uno tiene sobre su cabeza un dispositivo en hierro o en metales preciosos de parecidas características, aun sabiendo que el sufrimiento más atroz pueden estar esperándolo a veces a manos de sus propias familias, si se trata de monarcas en tiempos antiguos, o de la perplejidad, la venganza y el tener que vivir en un lugar paradisíaco como Montecito en California, en el caso del príncipe Harry.

Corona me hace pensar en Iván "El Terrible", Juan I o Eduardo III, Leopoldo de Bélgica, en Felipe III y IV, los dos de España, en el delirio del poder, sus frivolidades y fanfarronadas. Que en la estupidez de los monarcas estaba ya toda la política que nos esperaba cientos de años más tarde. Además, quien quiere una jodida corona de hierro, de oro o algún mineral desconocido y mágico hecho por los enanos, o una como la corona imperial británica de oro con un birrete de terciopelo púrpura y con miles de diamantes y algún que otro zafiro y esmeraldas, es que algo falla en su autoestima, un punto álgido en el proceso que lleva de la estupidez a la demencia.

Y deténgase un poco aquí para imaginar sin alargarse mucho por temor a los efectos secundarios, imaginase, Luisa, la pinta que tendrá Carlos, Carlos III del Reino Unido me refiero, con una corona de fémina o una de hierro incluso, sobre tan elongado perfil y semejante ñata, narigón o narizotas, en línea con nuestros viejos reyes endogámicos y los Palacios Nazaríes, que los moros de la Alambra no tienen culpa de nada.

Y la palabra *premio* me hace pensar en premios como el la Reina Sofía, El Formentor de las Letras o el de Torrevieja, y por supuesto en el Nacional de las Letras y en el Cervantes, el Planeta, el Nobel o el premio de la sociedad de veteranos del Dombás a la literatura castrense autopublicada, la misma sociedad que es propietaria de la franquicia ucraniana de Pizza Veteranos o Café Veteranos. Sumados al hecho de que un servidor (no del pueblo) nunca ha recibido uno, ni ha estado siquiera cerca. Pero en el caso de que llegase, y en la medida de lo posible, antes de que nos sorprenda la muerte, me habría de plantear básicamente tres cosas a título personal: una, por dónde habría de meterme mi hieratismo, y no me diga usted por culo, porque es una frase que tengo como arenga y si no puede decirse que sea de mi propiedad la tengo en arriendo por tiempo indefinido, que hierático soy como Humprey Bogart, salvando las distancias, y no parece ser la actitud adecuada en el caso de tener presente a la monarquía sueca encarnada en alguien tan continuista como Carlos Gustavo.

Dos, qué habría de ponerme para semejante ocasión, si la peña escritora, en especial aquella que escribe en bolas o en pijama o no se cambia de ropa de trabajo en meses, y ahora tiene que alquilar un frac o un esmoquin que deber ser la leche de incómodos, y si usted no se ha puesto uno de esos nunca antes le garantizo que los putos suecos, como se dice ahora, se darán cuenta un segundo después que se levante usted de la silla para ir a leer sus papeles. Aunque siempre le quedará la posibilidad de vestirse como García Márquez con guayabera blanca, aunque yo me pregunto querida Luisa, que dirían los suecos tan formales y los funcionarios del Ayuntamiento de Estocolmo y en el Salón Azul o en la Sala de conciertos cuando me vean a mí (su servidor) vestido con los atavíos del gaucho oriental cerril y desaprensivo con bombacha, faja y chaleco, pañuelo, sombrero de fieltro de ala ancha y un cuchillo de 30 cms y un solo filo con empuñadura de plata o alpaca y con incrustaciones de oro como atravesado subrepticiamente a la espalda.

Y en tercer lugar, y no menos importante, leer un discurso frente a una audiencia enmudecida ante la visión del poeta divino, que sería mi parte preferida. Por qué se preguntará usted, porque haría lo imposible de que mi discurso no tendría nada que ver con ninguno de los que nunca se leyeron en tan honorable lugar y con el culo apretado, diciendo cosas a aveces que no habría escrito nunca probablemente ni teniendo el cañón de una pistola en la nuca. Pero muy distinto sería estar a punto de pillar un cheque de diez millones de coronas y solo imaginar los suculentos derechos de autor a futuros cuando en ocasiones no has vendido una mierda en toda tu puta vida, como se dice ahora.

Y yendo al grano, Luisa, en ese discurso le prometo que haré mención al hecho que nadie discute que los suecos de literatura no saben una leche, que lo suyo es mucho más desde siempre la lectura de la Biblia de Lutero, que seguro usted ya sabe era mejor helenista que traductor del hebreo, y que siempre eligen al premiado como los cardenales eligen al papa, relajados y bien arropados a fuerza de conservadurismo y por votar a buen seguro. Y siempre por uno de estos motivos, porque nadie conoce al premiado, ya sea porque es de izquierdas o porque a nadie le importa que premien a alguien que todos conocen, que los hace sentir bien, como muy anticipatorios y proféticos y más entendidos en el mundo de la letras que otras nacionalidades que no se gastan un duro en asuntos literarios, culturales o libros que no sean propaganda del propio régimen o hablen de cosas que de manera directa o indirecta lo ensalzan.

Y les diría también que muchos son los premiados que se ríen detrás de la cara de pelotudo que se les queda en la Sala de Conciertos. El escritor honesto que piensa que nadie, por el solo hecho de escribir, merece un premio, porque a fin de cuentas qué es un escritor si no un enfermo que goza del privilegio de no ser nunca diagnosticado, al menos de ese su primer padecimiento, que los de patologías al uso como misóginos, misántropos, envidiosos, alcohólicos, melancólicos y bipolares abundan más que los yuyos en el campo, y a los enfermos como usted debe saber no le dan premio alguno si no más bien se los quitan todos.

Y les diría también quién carajo son los suecos para dar un premio de esa magnitud, lo mismo que Planeta para dar el suyo, con la única intención (este último) de vender anticipadamente, porque los lectores ignorantes, aquellos que sencillamente no saben lo que leen o lo único que leen son los libros que les dice el caballero José Creuheras, un catalán de Barcelona en un premio muy castellano, y sus acólitos de siempre, que estos últimos cambian menos que los príncipes y princesas en la dinastías endogámicas.

Y por supuesto si el premio me lo diesen a mí este año y no a Zelinski, por cómico o por autor en ciernes, o a Kurkov por sus diarios, o se lo diesen los vikingos en Oslo y no los suecos imperialistas herederos del rey Gustavo, en Estocolmo, les hablaría de la invasión, la guerra rusoucraniana o a la inversa. Y cuales son las diferencias entre un capitalismo eslavo ruso y uno ucraniano o la *derechita sin complejos*, y qué mas da pollo que gallina, cerdo o ternera, y si la ucranización lingüística del país en cuestión que sueña con ser europeo, siendo Europa un espacio socio-económico y diplomático en donde se hablan todas las lenguas y ninguna, y el inglés a fin de cuentas, que es la lengua de un país consolidado que acaba de mandarla a la porra, dicho en castizo. Y dígame, por favor, señores del jurado que bien habrá de hacerle a la literatura y el ucraniano a la fantástica lengua rusa. Y si no piensa usted que el asunto vaya de esto, les sugiero lean a coro la poesía de Alexánder Kabánov, el último poeta *à la mode* que escribe en ruso.

Y a modo de epílogo o últimas consecuencias sin importancia, le diría yo a esos caballeros suecos del Nobel que se olviden de pensar que la guerra y la literatura van de la mano, que los escritores si valen por sí mismos tienen derecho a mear, como Domínguín, en donde le salga de los huevos. Frente a reyes suecos o noruegos o dictadores españoles, frente a los rusos o los ucranianos, que los escritores nunca pensamos la vida o la política a gran escala, pensamos en nosotros mismos obsesivamente y en los adelantos, y una vez llegado los premios o las grandes cifras de venta, pensamos en donde vivir para pagar menos impuestos, como los youtubers de Andorra, por poco que nos guste.

*Dr. Frodo,*

*No creo en ninguna épica, no creo en la historia, la ruina o salvación de un país a manos de un solo personaje.*

*Jack, por email, Russell*

No será usted el perro del desconocido escritor del que nadie habla, porque da la impresión que ya nos conocemos. Lo que me plantea alguna duda. La primera y más obvia, si los perros, por mucho JRT que sean o por el simple hecho de que se trate de colegas de escritores, tengan contra todo pronóstico pensamiento racional y sean capaces de interrogarnos sobre cuestiones tan complejas y abstractas, políticamente sin respuesta. Ya no porque un perro no sea capaz de convertirse precozmente en usuario de las redes o de escribir sobre un teclado adaptado para presionar con sus sensibles almohadillas sobre símbolos como los del alfabeto latino, y vea que no digo el tibetano o el armenio, en apariencia mucho más complicados.

Eso por un lado, por otro - y no tienen nada que ver con perros u otros animales que participan de nuestra vida personal y experiencias - me cuestiono cómo nadie un poco formado, perro o animal racional el que sea, pueda poner en duda que siempre ha sido un hombre y solo uno, si no contamos a sus esbirros y aduladores, los que han cambiado de una manera brutal y desproporcionada la historia. Y me atrevería a decir la historia universal empezando por los griegos, siendo Pericles el primer responsable de que hoy un montón de políticos mediocres, ninguno de ellos helenista, nos venda la idea de que la democracia no es para cuarenta mil ciudadanos escasos, los extranjeros de paso (unos setenta mil) y ciento cuarenta mil esclavos, si no para todos los boludos que votan, y para los que no votan también, y a los extranjeros que les den por donde usted ya sabe. Esclavos, y es una suerte para algunos, ya no tenemos, pero hemos encontrado medidas ingeniosas para sustituirlos por mano de obra barata o muy barata, fruto de las guerras de otros, por exposición, nacimiento o antecedentes, que dirían ellos, los griegos que no los esclavos, que de voz y voto andaban ya como muy jodidos en el siglo quinto a. c.

Imagino que visto lo visto y esta manera más explícita de exponerlo, nuestro vínculo con hombres funestos no necesita de nombres, o son nombres que todos conocemos: los emperadores romanos, todos ellos, los turcos en general, el bigotes, y no me refiero a Aznar que también lo ha hecho a su manera pero menos espectacularmente, y otros tantos bigotudos o fans del chevron o el cuadrado nasogeniano, el muy delgado y elegante de tiempos de la Falange o el de Lukashenko, y los del subcontinente que se han llevado por delante a tantos colegas, tipos con puros, el italiano de Predappio, el primer dictador fascista de Europa y el muy popular georgiano, poeta discreto y descubridor del Gulag o cómo conseguir mano de obra gratis y eliminar a la oposición en los mismos presupuestos.

Otra cosa es que estos grandes cambios - y entiendo que esta sea la verdadera pregunta que deberíamos hacernos - hayan sido buenos o malos, relevantes o intrascendentes, o simplemente aleatorios que por lo menos a mí, y supongo que para usted también, Jack, es lo que más le preocupa. Respuesta que habitualmente nadie tiene, porque el futuro no hay quien lo conozca, si es mejor la guerra o los pactos, ganar que rendirse, quedarse o irse, cuando con frecuencia los que se van son los que más hablan y los que se quedan no dicen nada, y podría darle nombres, si es mejor ir de civil o con uniforme de campaña, si la culpa de lo que ocurre la tenemos todos y hay que indemnizarlos por los daños recibidos, a ellos sí, pero no a todos, y ya sabe a que me refiero.

Y es por eso que me pregunto, y le pregunto a usted, Jack, qué debería hacer uno en caso de una invasión del color que sea, si quedarse en casa y ver qué pasa y no decir ni pio, y en caso de que proceda escribir al respecto, hacerlo años después y preguntando a la gente que lo vivió de cerca, que es lo que hacen los autores serios, y otros que se largan incluso antes de que la guerra empiece y escriben un Diario, que por alguna razón en España, sin ir más lejos, es número uno en ventas. Por si no lo sabe, cosa que no me sorprendería nada que siendo usted un perro no esté bien informado, y estoy hablando de Svetlana que se quedó en su apartamento en Kiev, y de Kurkov, ruso, que se fue a los Cárpatos, con un paisaje estupendo y muy cerca de la frontera húngara. Será que uno ha hecho lo correcto porque tiene poco más de sesenta y otra ha cumplido ya los setenta y cinco, y a los setenta no te cases ni te embarques, te quedas en tu saloncito con tus libros esperando con suerte que no te caiga en toda la cabeza un Iskander de siete metros y medio de largo o el proyectil de un dron iraní de origen chiíta.

O desde otro punto de vista y a sabiendas de que no conocemos el futuro, por qué extraño motivo los que compran lotería, por ejemplo, y nunca ganan, muchos apuestan siempre por el mismo numero toda la vida sin llevarse siquiera un reintegro y otros dejan que la lotera elija el suyo. Cual de los dos es el verdadero patriota, el que se obstina o el que deja que el destino, que no es invasor ni invadido, sea el que elija su destino. Seguro que usted dirá que esta comparación no tiene sentido, y eso es precisamente lo que diferencia a los perros de los humanos, que estos últimos no tienen imaginación, pues del mismo modo los delirantes como Putin y los cómicos no deberían jugar en la misma liga. Créame que soy parcial, y si después de esto P se va a la mierda, y Z sale ganador, habrá hecho feliz a todo el mundo que es la razón a fin de cuentas de tan honorable oficio, de

Aristófanes al *Comedy Cellar*, felices a los americanos y a los ingleses, a la OTAN y al Parlamento Europeo, ambos muy populares por generosos y por ser políticamente no intervencionistas, en cuanto a los ucranianos todos, a unos sí y a otros no, en cualquier caso habría que preguntárselo a ellos.

En relación a esto le diría que prácticamente sin excepción me inclino a pensar que siempre ha sido un hombre solo y nunca una mujer el menda que ha metido la pata a un altísimo coste. Y no está de más decir que los responsables del cambio suelen ser siempre varones y por el mismo precio un fraude, y las mujeres en casa. Cierto es que a veces cuando ellas se hacen con un cargo público se marcan un programa para el desarrollo sostenible o un Greta Tintin Thunberg, Premio Glamour por Mejor Activismo, y si no lo consiguen se manifiestan en tetas o se pegan con Leroy Merlin a carísimos e irrelevantes cuadros expresionistas o impresionistas, que tengo la sensación eso les da exactamente lo mismo. Pero cuando se quedan en casa con sus tareas y las matan, y solo por ser mujeres, la cosa es todavía mucho peor y ganan por goleada en las estadísticas.

El caso es que sí, es de esperar que siempre sea un hombre solo el que la la líe, y las consecuencias nefastas. Da la impresión de que hacerse responsable de millones de muertes no es tan malo como serlo de una. Y por si no le vienen a la mente le recuerdo, querido Jack, la dictadura argentina, las guerras mundiales, el sitio de Troya o el de Leningrado, las Galias, la invasión de Irak o la de Ucrania (que seguro le suena mucho más), el estalinismo, el nazismo, el genocidio de los jazidíes en Mosul, el terrorismo internacional o las guerras del Peloponeso, que como se imaginará esto viene de muy lejos. Por no mencionar, como seguro usted sabrá, que los pobres perros se llevan la peor parte, entre otras cosas porque de política entienden muy poco o nada, salvo quizás que se trate de Blondi, el pastor alemán de Hitler, que solo con verlos sabría distinguir a un ruso blanco de un judío ucraniano, *Siervo del pueblo* y procedente del hasta ahora políticamente subestimado, mundo del espectáculo.

Uno solo mucho se equivoca, pero si se empecinan debería permitírsele escribir un libro a lo sumo, Mein Kampf, Almuerzo desnudo, Los Discursos de guerra por entregas o El Señor de los Anillos, en donde la culpa de todo la tiene Sauron, también conocido como El Nigromante o El Señor Oscuro, pero nunca mandar un ejército de cientos de miles de orcos o reclutas normales con armamento pesado. Porque una cosas es el *legendarium* de JRR Tolkien y hacer discursos, y otra muy distinta es morir aplastado por un tanque T-90M de fabricación rusa o un T-64 ucraniano.

De hecho, me atrevería a decirle, Jack, que incluso una solución puramente aleatoria a muchos de nuestros problemas sería más o menos lo mismo, o incluso mejor en ocasiones. O sin pararse a pensar, decir que son los soldados en el frente y no la inteligencia o los cuarteles generales los que deberían salir en la tele, porque una imagen vale más que mil palabras. Tonterías, Jack, que con frecuencia decimos los humanos.

Dr. Frodo,

*Me gustaría hacerle unas cuantas preguntas, sin ánimo de que se vea obligado a responderlas. Me daría por satisfecho con que hiciese usted un par de comentarios al respecto para que me tranquilice, porque últimamente, si le soy sincero, no entiendo nada. Quiénes son los buenos y los malos, ni por qué motivos se hacen las cosas, y me gustaría saber si esto pudiese ser reductible a unas pocas premisas más claras por su parte.*

*Asuntos así al azar tales como: se podrían comparar los ucranianos de hoy con los hebreos de tiempos de la guerra del Yom Kipur, tienen ambos algún parecido; son los rusos los malos y los ucranianos los buenos, o son los dos malos o buenos a su manera, o por qué a los eslavos no hay quien los entienda, van casi todos armados y guardan comida en un zulo bajo la tierra, o dicen querer ser capitalistas cuando su sueldo medio es de trescientos euros.*

*Por qué cuando son otros los países invadidos o directamente exterminados miramos para otro lado, por qué unos estamos con los israelíes y otros con los palestinos con la que tienen montada entre ellos, o que se jodan los árabes, no los ricos que nos dejan comer de su mano, sino los pobres, porque no tienen donde caerse muertos o no están geopolíticamente alineados. Mientras a los refugiados ucranianos nos los llevamos a casa y les hacemos tortilla de patatas a los otros los dejamos que se ahoguen en el Mediterráneo, mar turístico donde los haya, o los metemos en campos, que no son los de los nazis ni los rusos pero se le parecen.*

*O por qué si se trata de árabes, chiítas o sunitas, pero ricos, no decimos ni pío, no abrimos el pico y dejamos que nos patrocinen prácticamente en todos los sentidos, nos alojen en suites y en hoteles construidos por sus esclavos nepalíes y pakistaníes y nos regalen relojes Vacheron Constantin o Rolex Daytona y bolsas con dinero, o alojen a nuestros reyes corruptos.*

*Y para terminar me gustaría preguntarle qué pinta la terapia o el análisis en todo esto, en este matadero. Si piensa usted poner en el diván a toda esta panda de energúmenos y esperar tranquilo a que hagan allí sus transferencias y usted las suyas, como si todo el campo fuese orégano. Y si la guerra es una locura, morir de viejo es una carnicería, que diría Philip Roth.*

*Leonid, Yuri o Mijaíl, el que más le guste*

La verdad no sé con cual quedarme, si digo Leonid seguro que los amigos comunistas de antes se me tiran al cuello, y eso no me gustaría nada, que el rojo corre en mi sangre desde mi abuelo materno; Mijaíl, bueno, el pobre hizo lo que pudo, cosa que en democracia es más que suficiente, pero cuando el PCUS es el que manda otro gallo es el que canta. Así que si me permite lo llamaré Yuri, que disfrutó de sus buenos quince años de Director en la KGB. Salvo que estuviera usted refiriéndose al otro Juri, a Juri Droznov, jefe de los superespías de la misma organización, algo así como Bob Odendkirk y *Nadie,* que en tal caso me abstendría, uno nunca sabe lo que puede pasar con las fuerzas oscuras de las agencias, y para muestra un botón, que en otra ocasión le contaré la historia de María Luisa en Uruguay, coordinadora española de la red de espionaje rusa en América del sur.

Los malos, Juri, y los buenos, son los mismos dependiendo cómo y dónde se ejerza la presión adecuada. Los alemanes lo fueron al principio, socialistas supremacistas, rubios y arrogantes, una raza elegida, y después fueron lo contrario, asilaron, que no asimilaron, un montón de morenos musulmanes no sin antes contratar a sus viejos altos cargos del nazismo para sus poderosas marcas registradas que serían la envidia de democracias menos formales y relajadas, los mismos super hombres que lloraron como niños antes las imágenes de la muerte de su Führer.

Le gustaría saber a quienes se parecen los ucranianos, dice usted si a los hebreos del Yom Kipur. Resulta tentador hacerlo si no fuese porque hay quien dice, y no soy yo, que los ucranianos llevan una veta fascista en su sangre y si no es necesariamente antisemita tampoco se puede decir que sean filo. Y los judíos en Israel, dependiendo si son askenazis o árabes, que el judaísmo lleva en su tejido conjuntivo cierto arabismo no religioso y da la impresión de que no tengan a muchos de su parte. Pero basta que uno sea invadido para que se le perdonen todos los pecados y se encuentre en situación de recibir jugosas ayudas, y es probable que en este sentido se parezcan un poco.

Porque en casa también los tuvimos y a raudales, y todos eran simpatizantes de Hess y muy pocos de Golda o Sharon, por no mencionar la simpatía por el nazismo de la pérfida Albión. con la que podrían hacer una buena pareja. Lo dicho, sórdidos unos, sórdidos también los otros. Resulta difícil hacer comparaciones sin saltarse las reglas, pero a muchos les importa un carajo que sea la misteriosa Corea del Norte que invada a Corea del sur, o viceversa, o que los rusos invadan a las ex-repúblicas o a cualquier otro país con un PIB de mierda, lo que haga falta mientras no nos toquen nuestros garbanzos.

Estaría absolutamente de acuerdo con usted cuando se pregunta qué pasa cuando invaden otros países, con alarmante frecuencia árabes, pobres o africanos, o cuando dictaduras armadas y con ayuda de la inteligencia de la CIA van y matan más gente que muertos hubo en las provincias pro-rusas orientales y en el Dombás hace siete años. Y si nosotros no estamos ya en guerra, o lo estamos pero en una sorda y disimulada contra los desplazamientos de población en el mundo. Unos mueren y nadie les da bola, a otros los aceptamos en calidad de ciudadanos de segunda o subasalariados, pero la mayoría se queda en campos indecentes, que si les preguntásemos a ellos no me extrañaría nadie preferirían les dieran asilo en Corea del norte en calidad de invitados simpatizantes del régimen. Un *status quo* por fin ecuánime en el que pelotudos como Alejandro Cao de Benós, conocido y misterioso tarraconense y aristócrata catalán, puedan ocupar cargos privilegiados en la muy loca y surrealista diplomacia internacional del país, que más que un país es una enfermedad autoinmune.

Lo mismo con nuestra hipócrita tolerancia con las teocracias de los Emiratos, los tratamos de iguales y se nos cae la baba cuando nos alojan en sus hoteles y nos muestran sus megacentros comerciales. Hacemos la vista gorda y pretendemos que nuestra democracia burguesa es graciosamente tolerante y su capital especulador es primo hermano de las suyas, con la salvedad que en las de ellos los hombres van en falda y llevan sus pantalones impecablemente blancos debajo, lo que hace pensar que sean un poco mujeres, hombres y tribales todos a la una, y a las mujeres de verdad leña al mono Porque son estos regímenes ocultistas y contradictorios los que más no gustan, aún cuando bien sabemos que son sustentados por una variante rara del mismo fascismo financiero de siempre.

Qué puede hacer la terapia frente a esto, se pregunta. Ya le digo yo que nada, absolutamente nada. Que el poder es terapéutico en sí mismo, y los usuarios del análisis suelen ser burgueses, clase media alta o incautos que tienen pasta para pagarla y todo para darle la chapa a su analista con eso de que no aguantan a su pariente o les molesta el ruido en las terrazas frente al Parque del Oeste. Y si no, haga usted Yuri, un pequeño esfuerzo intelectual e imagínese al Führer, a Stalin, a Pinochet, Videla o al Secretario general Kim Yong-un o una terapia de grupo con los miembros todos del

Partido Comunista Chino, y tiene usted dónde elegir, tumbados e indefensos en el diván de un terapeuta conductista o un analista lacaniano.

Mucho me temo, Yuri, que ellos ya hacen sus transferencias a su modo, unos a tiros y diezmando poblaciones enteras o torturando y matando a sus ciudadanos, o convirtiéndose en héroes patrios desde un despacho climatizado y a golpe de discursos diarios con un guion de medio folio, e imagine que estemos hablando en el primer caso de Putin y en el segundo de Z, o elija usted otra pareja que le guste más, y dígame qué, qué carajo de conclusiones saca usted. No, mucho me temo que no tengo premisas claras para ofrecerle, lo mismo que usted no es Yuri Andrópov, ni el otro Yuri, Droznov.

Tampoco tengo una respuesta en relación a porqué las cosas son como son y no de otra manera. Y si no será que los ucranianos nos preocupan porque están peligrosamente cerca, o amenazan con romper el equilibrio, o cuando nos empujan a una guerra fría, segunda o tercera temporada. Y si los espachurrados y olvidados están lejos, ya sabe, mucho mejor, no hay que preocuparse porque aunque tiren con piedras, cualquiera sabe que las piedras no llegan tan lejos. Y la verdad yo ya estoy muy cansado de nuestras múltiples originalidades, nuestras nacionalidades, regionales, autonómicas o nacionales, como si hubiesen algunas que no lo fuesen. Harto de tantos nacionalismos ofuscados, resentidos, ridículos y ambiciosos, harto de que haya tanta gente todavía que piensan no solo que son diferentes y dueños de una civilización anterior a la de sus vecinos, sino definitivamente mejores y por motivos que nadie conoce.

Y rusos y ucranianos, van por esa misma senda, e invadidos históricamente hablando siempre hemos estado todos, en uno u otro momento, que nacionalismos seguro los hubo siempre hasta en tiempos prehistóricos aunque no tuviesen más que veinte o treinta miembros cada uno, y hoy tienen algunos más, como los veinticinco mil de Andorra (aunque la mayoría sean portugueses). Y el negro de Banyolas, ya de vuelta en el terruño, seguro también tenía la suya, con el inconveniente de que era uno solo y estaba muerto, más muerto que un gato en un restaurante chino. Así que cada uno haga lo que pueda, y usted y yo, Yuri, o quien coño sea, no seamos partidarios claramente de ninguna, da igual que hablen ruso o ucraniano, occitano, catalán o la lengua de los bosquimanos, con chasquidos y cliqueos.

Dr. Frodo,

*No puedo creer que tome usted partido por los invasores rusos. Con lo listo que es, pero esa sensación que trasmite de haber sido comunista, no sé... qué quiere que le diga. Si hubiese un PCE como hubo un PCUS, seguro que aspiraría a secretario general. Y con lo neo liberales que son los ucranianos... no sé, que hasta los soldados veteranos de las primeras guerras ruso ucranianas en el este, en el Dombás, montan franquicias, ¿que esperan del capitalismo que hace tiempo ya ha mostrado sus colmillos? O si nunca vuelve el comunismo, anarco o narco individualista, lo suyo, Dr, seguro sería una especie de revolución puritana a lo Oliver Cromwell, o en su defecto convertirse en un liberal de marras como lo son los escritores en aplastante mayoría, aunque vayan siempre de otra cosa.*

*O si resulta que lo he malinterpretado, cosa nada rara, siendo la clase de terapeuta al que no lo entiende ni su madre, la pobre que murió como quien dice a los noventa sin haber pillado nada después de haberlo engendrado, verbo que por cierto era muy de su agrado según me han dicho. Imagino lo mucho que habrá sufrido después de criarlo y de no haber entendido lo que se dice una mierda de ese hijo suyo lacaniano o lo que fuese. Que a esa tampoco había quien lo entendiese, pero al menos le paga hoy las lentejas a su yerno Jacques Alain Miller. Le ruego, por favor, me aclare su postura, que seguro tiene sus razones, o dígame si usted ve cosas que yo no veo, o qué diablos va por ahí diciendo. Será que se cree usted Walter Benjamin, un poquito judío y místico, materialista histórico y romántico, sin un duro y sin un lugar dónde caerse muerto, que en Por Bou no acaban ni las gaviotas ni las vías férreas y las putas prefieren Paradise en la Junquera, "paraíso sexual de los franceses". Lo mismo con Ibiza, que si lo elige usted como un buen destino para suicidas, pobres y deprimidos, mejor que vaya en invierno. En cualquier caso sepa que lo último que tengo en mente es renunciar a las tardes locas que me paso leyéndolo, con la mierda de novelachas y novelones y thrillers de los cojones que hay ahora por todas partes.*

*Antonia, por email*

Por cierto, Antonia, conozco mujeres que hablan y escriben con un poco más de continencia. Dejemos las malas palabras, que decía mi madre, para los hombres, al menos hasta que aparezca una nueva ley que reivindique el derecho de las primeras a hablar como les salga de santas partes, ya sabe, en la línea de *Autodefensa*, comedia de situación y joya de la corona de nuestra incipiente cultura no depilada.

Pero vayamos al asunto que es de lo que se trata, siendo sincero le diré estoy ya un poco aburrido de las superficiales e indiscriminadas críticas a mis escritos por parte de analizantes y/o lectores ( y no lo digo por usted) aunque más les valdría contener al menos por cortesía y buenos modales esa viperina lengua suya, aunque solo fuese en cuestiones sobre las que apenas tienen competencia. Pero vayamos de una en una:

Si lo fui y los soy en alguna medida simpatizante del PCUS, es decir antes de Solzhenitsyn y no por los motivos equivocados, si no por los otros, aunque son muchos los que dicen que el comunismo ha muerto sin atributos, lo cual no le voy a negar a usted pueda ser verdad, pero me reservo mis comentarios. No obstante y en lo que a mí respecta, tiene un flanco, un lado brillante que nos toca el corazón profundamente. Ese lado del comunismo ingenuo y utópico que tiene mucho más que ver con nuestros anhelos y aspiraciones más modestas, y no con los secretarios generales y otros cargos del Partido, los congresos generales, sus ambiciones imperialistas que en occidente tienen otro nombre, la KGB o el actual Servicio Federal de Seguridad o el SVR, el Servicio de Inteligencia Exterior.

Que el capitalismo, el de antes y el de ahora, han mostrado sus colmillos lo sabemos todos, sin embargo mayoritariamente somos adictos a su enorme poder de seducción, como a sus *gadgets* que acabarán con todo, como lo hizo el teléfono de mesa en el 1876, y a instancias de Benjamin. Del mismo modo en el que lo hacemos ahora por ondas electromagnéticas en lugar de personalmente, que lo *personal* fuera de las redes bajo una mierda de régimen así, por el que muchos mueren hoy y otros que apenas se apañan sin más, terminarán cayendo en bucle hasta desaparecer. El capitalismo nos da por culo desde que nos levantamos hasta que nos acostamos y sin embargo nos gusta un montón, más que a un tonto chupar un clavo (conocida expresión higienista políticamente incorrecta), y saque usted, querida Antonia, sus propias conclusiones. Y a título de nota a pie de página permita que le diga que el capitalismo es bueno y malo, y las guerras, inexplicablemente, las claves de su éxito.

Que sea yo un puritano inglés como Oliver Cromwell, esta vez le voy a decir que probablemente no se equivoque, pero lo llevo profundamente, quizás al nivel de los genes paternos que asoman a veces en mi prudente teoría moral, de mi moralismo de bajo perfil, todos ellos modestos muy seglares o seculares y legos, pero no de misa los domingos. Pienso en la intimidad que el puritanismo es una cosa diferente a lo que se nos ha dicho siempre, ninguna relación con el sexo o la manera de vestir, con conductas escabrosas u obscenas, sino que nos habla de la manera de comportarnos sin intención de herir o imponer nuestro ego sobre los demás. Y si Cromwell fue capaz de campañas brutales contra los católicos y torturar a los blasfemos que supongo, dadas las circunstancias adecuadas, yo también lo sería. Allí donde sobran razones no hay motivo para inhibirnos y no reaccionar, más no sea intelectualmente, y en caso de ser necesario violenta e impúdicamente.

Que se me malentienda es también una constante, Antonia, por la que no asumo ninguna responsabilidad. Pero habrá de saber que en el malentendido está la clave del psicoanálisis todo, en el malentendido y en la ocultación de lo que en realidad somos y la manera fraudulenta que con frecuencia nos presentamos. Mi madre no me entendía, dice usted, y yo no se lo voy a negar, pero permita que la corrija más no sea ligeramente, lo que madre no entendía era mi trabajo y mis libros, afortunadamente, que de entenderlos me pregunto qué clase de escritor sería uno. Entender está sobrevalorado y lo que no entendemos, y no me cansaré de repetir, es de lo que deberíamos ocuparnos. Y si las cosas fueron así, sí le aseguro que madre veía en mi interior todo lo que había que ver, del mismo modo en que yo lo veía todo en el de ella. Y eso podría ser una cualidad, no lo sé, de la que no se debería de sacar ventaja por ética profesional y la confidencialidad que exige nuestro dudoso oficio.

Y si Walter Benjamin goza de todas mis simpatías, como no podía ser de otra forma, y no por su judaísmo, romanticismo o materialismo histórico, sino por sus otras cosas, su memoria y frustraciones, por su escasez y pobreza y su pésimo sentido de orientación a la hora de buscar exteriores. Visto lo visto, cuando uno es judío y logra escapar de los nazis, atravesar la Francia ocupada para que la inmigración de Franco lo retenga en la frontera con el tiempo justo para tomarse su frasco de morfina, que siendo escritor y judío en tiempos antisemitas debería ser siempre parte del equipaje de mano.

En cuanto a Port Bou, el de hoy que no el de Benjamin, sé perfectamente de que me habla, pero eso entra en una categoría diferente, la de los lugares que no solo están vacíos o vaciados, en sentido pronominal o verbal, sino que tienen una gravedad tan fuerte que la luz no puede escapar como con los agujeros negros, en donde si uno entra allí ya no sale y no sabe qué hay del otro lado. Y sepa que si algo dejo de enseñanza a los niños de mi pueblo es que si vives en un lugar que tiene diez veces la masa del sol y es tan compacto como los cuerpos más pesados del universo, lo mejor es que se largue de allí cuanto antes. Si no fíjese, Antonia, lo que le pasó a Stephen Hawking, que era un agujero negro todo el, aunque gocen hoy de una perfecta salud. Porque hay cosas y lugares que te la quitan antes de que cuentes hasta tres. Y Port Bou hoy, finales del 22, es muy probable sea uno de ellos, y que en cualquier caso del Molino se quedó con su *España vacía* un poco corto, que -y sin ánimo de menospreciar al autor - con menos de mil habitantes, no digamos de cien, no se llega a ninguna parte, y el pobre pueblo entra en una categoría oculta como de secta o culto aletargante.

No sabe lo mucho que me alegra, Antonia, el que siga leyéndome y que seguir leyéndome esté todavía entre sus planes. Porque son muchos los que me abandonan por cansancio o por el tedio que trae consigo el romper mis códigos. No quiero decir con esto que hacerlo valga la pena, lo que quiero decir es que ha tenido la inteligencia y el buen hacer de descubrir a tiempo, como dice usted, que entre todos esos novelones, novelachas y thrillers de los cojones que nos venden hoy en tapa dura, la posibilidad de tener cerca las auténticas *confesiones de un comedor de opio,* digámoslo así, o de un escritor que nunca existió, una oportunidad que tal como está el patio es un auténtico privilegio.

El que cada lector tenga su libro y el que cada escritor tenga su lector, de tal modo *customized* que el mito de las ventas y cuartas o quintas ediciones y la falsa idea de que cuantos más lectores se tengan mejor será el libro, vuele por los aires. Y si no se tienen ninguno, ya le digo yo que se trataría de una categoría diferente, parecida a la de aquellos que lo pierden todo o los que se mueren en las guerras sin saber porqué ni para qué, ni por qué no se ha muerto otro, mientras que su libro ha superado ya el millón de lectores, más que plaquetas tienen algunos en su sangre.

Dr. Frodo,

Soy un viejo lector, y debo confesar que me sorprende algunos de sus comentarios, pero sin extenderme más, lo que me gustaría es que me respondiese brevemente a unas pocas preguntas:

¿Es usted partidario de la invasión rusa?

¿Se puede ser partidario, siendo que todo el mundo, salvo los rusos o su mayoría, está en contra?

¿Qué pasa con el comunismo, y no me refiero a Stalin o al estalinismo, sino a una utopía en la que la gente antes creía?

¿Si las guerras acaban siempre con un pacto o una negociación, que carajo está haciendo Z con tanto victimismo y estereotipos bélicos?

¿Se puede salvar un país destruyéndolo y vaciándolo parcialmente?

¿Qué clase de país será Ucrania cuando se negocie una salida digna para ambas partes, habrá un muro invisible entre rusos y ucranianos dentro de sus propias fronteras, desaparecerá la lengua rusa del mundo lingüístico de los ucranianos y de Ucrania?

¿Por qué?

¿Qué pasará con el dinero, las ayudas de la UE y la de los Republicanos?

¿Es Kurkov lo que parece, lo es Z, lo es Svetlana que se queda, es Putin tan malo o ha sido un error de guion y sus asesores, y no está la historia llena de tipos como él y no siempre nos llevamos las manos a la cabeza?

¿Y si ganase el ruso, quedaría Ucrania como Por Bou hoy (como decía Antonia), el menos independentista de los municipios españoles, triste y abandonado. Y acaso morirán todos o solo unos pocos, y quizás moriremos como Walter Benjamin sin poder salir de allí nunca, pagando una o dos noches en el hotel Francia. O debería ser Port Bou, ni español ni francés, sino judío y en Medio Oriente, como todos los lugares de paso que da la impresión todos quieren ser otra cosa y acaban no siendo nada, o siendo nada, que la nada tiene ella misma su

*propia entidad, y en casos como este, la guerra*
*rusoucraniana, asume un especial significado.*

*¿Es verdad que los libros y las fulanas, los dos se*
*pueden llevar a la cama? Walter Benjamin, a fin de*
*cuentas, que no todo será mística judía, romanticismo o*
*materialismo histórico.*

*Oscar, por email*

Con mucho gusto Oscar, más aún trataré de hacerlo
en el orden que usted establece por los motivos que
sean, siempre sin ánimo de categorizar y en la medida
de lo posible de manera breve, como le gusta a la gente.

No, no simpatizó con la invasión rusa. Nadie querría
que lo invadieran los rusos, especialmente los rusos que
son tan suyos. No digamos los chinos o los japoneses.
Sin embargo creo recordar con una claridad inaudita
que en el 73 y con el golpe, éramos muchos los que
soñábamos, ya no con que la CIA enseñara tácticas y
estrategias contra la guerrilla urbana o métodos
saludables de tortura a nuestros cerriles oficiales de las
Fuerzas Conjuntas, si no con que se dejaran de joder de
una vez por todas y nos invadieran, que la economía
hace años ya estaba dolarizada. De haber sido así
algunos se hubiesen ahorrado diez años de dictadura,
torturas varias y no esperar una auténtica eternidad
hasta la llegada de McDonald`s.

Sí, se puede, de hecho, son muchos en Ucrania que lo
son, pero prefieren mantenerse callados hasta ver quien
sale ganador en esta pelea de gallos. Se puede si uno es
pro-ruso, del mismo modo en que hoy se puede ser
antisemita y ocupar puestos relevantes en el mundo
político de católicos y protestantes. Y se puede ser
(proruso o proucraniano) de oficio, y por motivos
pasionales. Especialmente si uno piensa que el ser
nacionalista es, en cualquier caso, una manera simbólica

e irresponsable de invadir a todo los otros de manera metafórica, en especial a los que reivindican que nacionalidades hay muchas y pensándolo bien no sirven para nada, salvo para que el dinero (el capital) se distribuya étnica o mejor, genéticamente.

Qué pasa con el comunismo, se pregunta. Pasa que se ha ido al garete, se ha fosilizado o enervado en formas mucho más liberales, o se quedado en el microcosmos maníaco depresivo de unos pocos intelectuales nostálgicos de la colectivización y los bonos de racionamiento. Y en el imaginario de los escritores, teóricos e ideólogos del régimen que hoy en plena democracia formal hacen exactamente lo mismo que hacían Zola, Lenin o Bulgákov, salvando las distancias. En cuanto a las creyentes de antes, mucho me temo se han muerto todos, y no sabemos aún qué forma habrá de adoptar con las generaciones posteriores, aunque honestamente no espero muchas sorpresas.

Qué están haciendo Putin y Z que no terminan con esto, sabiendo que las guerras rara vez acaban con el exterminio de naciones enteras, incluso en el caso de kurdos y palestinos, sabiendo que al final todo acabará en una negociación, una reunión secreta en Bruselas y en la ONU, un nuevo tratado de límites, una política conveniente de indemnizaciones y un intercambio de estatuas o realización de otras nuevas con sus respectivos héroes posando con un libro gordo o una nueva constitución, en ningún caso a lomos de un caballo de guerra y con sable, no digamos ya en un cohete con ojiva nuclear como Peter Sellers.

Sí se puede, Oscar, pero todo dependerá de la idea de país que usted tenga. Y sin ponernos líricos o melodramáticos, hay docenas de países que cuando uno va y los visita se queda con la incómoda sensación de que no ha visto nada, salvo la representación magnificada y ostentosa de sus líderes, como Venezuela, El Salvador, Guatemala, o a veces ni siquiera eso, como

Myanmar, Paraguay y tantas comunidades indígenas en el Pacífico o en Sud África, en Extremo Oriente o en el sudeste de Asia. Un pueblo ausente, un país arrasado o exterminado, parcial o totalmente. Personalmente creo que mientras sobreviva un solo habitante y no salga de sus fronteras, será un país *sui géneris*. Por no hablar de aquella gente que siendo solo una también es su propio país o dictadura, tanto en las formas como en los contenidos.

Si quiere saber como será Ucrania después de la guerra, gane o pierda, puede buscar referencias en Mad Max o cualquier película posapocalíptica de su elección. Se parecerá a Chernóbil después de la explosión de cuarto reactor, o al Sinaí después de la guerra del Yom Kipur, un lugar al sol plagado de minas antipersona y misiles que no han explotado. O todo lo contrario, un *risorgimento* que hará muy ricos a contratistas y políticos dedicados a reconstruir lo que ha quedado por los suelos, y una inflación justificada que hará más pobres aun a los que lo han sido siempre, y una serie infinita de procesos judiciales en la Corte europea de los Derechos Humanos en Estrasburgo contra la ira y excesos de los rusos y sus mercenarios. Y no le quepa duda, Oscar, que habrán de levantar uno más en la larga lista de muros y vallas (60) en todo el mundo, un muro casi infranqueable entre unos y otros, porque los muros son ahora tendencia y no podemos negar resuelven un montón de problemas, aunque sean el orígen de otros mucho peores.

Por qué castigar una lengua y sobredimensionar a otra, es algo honestamente que yo no entiendo ni entenderé nunca. Por qué extraña razón pudiendo hablar inglés (o español) que la mayoría conocen o hablan muchos deciden hacerlo en gaélico o en occitano (elija usted con libertad la lengua minoritaria de su elección) por motivos patrióticos más o menos crepusculares y no entender una mierda de lo que digan otros en otros lugares, y si sacrificar una lengua tiene alguna utilidad práctica o patriótica aparte de autoexcluirse de la dinámica de las mayorías y quedarse en el pueblo, en su pueblo, literalmente haciéndose una paja, machacándosela con sus endemicidades y los sonidos familiares de su fonética.

En cuanto al dinero y las ayudas internacionales, será lo de siempre, tres para mí y uno para la causa. Dependerá de la ambición de los políticos insurgentes o surgentes y las ideas particulares de los porcentajes. Lo dicho, un poco para estatuas conmemorativas, un poco para monumentalismo y aeropuertos, algo de vivienda social y buenos sueldos para los servidores del pueblo, y un montón de pasta para el yate y la casa en Alicante, y Montenegro y Estambul para los que no llegan al presupuesto, como el mismo Kurkov.

Pregunta usted por Kurkov, por cierto, que es ruso, y si es lo que parece o es algo diferente. Y qué pasa con Svetlana, que es bielorrusa. Y si el primero se fue antes de que estallará la guerra y se dedicó a viajar por Europa haciendo el marketing del heroísmo y entereza del pueblo ucraniano y la de Z en particular, y Svetlana se quedó en su apartamento en Kiev sin escribir diario alguno (algunos esperamos lo haga en el futuro inmediato y por boca de sus personajes). Uno se pregunta si se puede escribir un diario de la invasión de Ucrania sin haberla presenciado o al hilo del cuento de vecinos y parientes, y en tiempo real. Si Kurkov es en realidad un patriota ruso proucraniano, compleja figura por cierto, o un escritor ambicioso que pasa de abanderarse, y ser él mismo su propia patria, aunque a algunos de sus lectores no nos guste del todo vivir en ella.

Y si ganan los rusos, dios no lo quiera, se convertirá Ucrania en un páramos como los miles de kilómetros cuadrados alrededor de Chernóbil. Si todos los que se fueron ya no regresarán nunca y se buscarán la vida en países menos identitarios y alevosamente lingüísticos. Se convertirá Ucrania en un Port Bou de miles de kilómetros cuadrados, en un lugar no lugar, en un lugar negativo y depresivo que quiso antes y seguirá queriendo ser siempre otra cosa. Que no se necesitan muchos alicientes para suicidarse en Port Bou. Terminaremos todos, aunque solo sea de manera simbólica, como acabó Benjamin en la frontera francesa y en un hotel de nombre Francia, y de español nada, ni la tortilla de patatas, con o sin cebolla. No muertos de verdad si no calladitos o susurrando que es como procede se hable de oficio en los países comunistas o co-capitalistas, híbrido de enorme éxito en el este. Serán los ucranianos los nuevos judíos, y los judíos ucranianos doblemente, en una diáspora nunca lo suficientemente dramática, buscándose la vida en cualquier otra parte, y quizás Polonia sea el más indicado, que en Argentina no están ahora mismo en condiciones de aceptar refugiados, o PDIs en Buenos Aires, salvo que sean coreanos o bolivianos que no están a la última en materia ya no de acrónimos si no de derechos humanitarios.

De esto aprendemos que cuando un país desea ser intensamente el mismo y diferente a otros, hay ocasiones en que termina en tablas o no siendo nada o siendo nada. Y me gustó mucho eso de que la nada tenga su propia identidad, con lo de Ucrania o lo de Siria, Irak o Afganistán, o sin ir más lejos todos los innumerables países que han invadido los británicos en su momento, tanto que el concepto de invasión o el simple hecho de invadir adquiere un especial significado en este contexto, y lo mismo ocurre con la nada.

Por fin, y para terminar, una pregunta de las que a mí me gustan y debo decir muchos habrán notado ya su ausencia en esta cuarta entrega, y Z va ya por el sexto volumen de sus *Discursos de guerra*, que todo se habrá de decir, es un título muy bien hallado. Los libros y las fulanas entonces, Oscar, es evidente que ambos pueden ser llevados a la cama, lo que no lo queda tan claro es que pueda hacerse al mismo tiempo. En lo que a mí concierne tienen que estar estrictamente separados, que allí donde haya un libro no hay lugar para nada más, excepto para aquél que lo está leyendo. No digamos ya un fulana, que si uno es afortunado, llena todos los rincones de una cama, en caso contrario y si la fulana no estuviese a la altura, será mejor hacerlo en el suelo o en el tresillo del salón, y dedicarse a la lectura en su cama de Ikea. Que quede claro por cierto que la elección del vocablo *fulana* es atribuible solo y exclusivamente a Benjamin o a su esforzado traductor o traductora, que ahora mismo no logro recordar, y que la mujer en general bajo ninguna condición habrá de se imputada o condenada por esto. Uno no lee un libro cuando folla. No obstante, nunca olvidaré una anécdota en la que mientras mi amigo estaba ocupado en el lecho con una nacionalista del CDR, ella hablaba por teléfono con su marido. Y eso sí es lo que yo llamo, y llamaba Lacan, una cama de pleno empleo.

*Dr. Frodo,*

*El hijo de mi cuñada tiene un pene tres veces mas grande que el de su marido. Haciendo omisión de cuestiones de edad y complexión, peso y anatomía, condición que se impone fácilmente sobre nimiedades como estas, el tamaño y proporciones del sexo, su grosor y longitud o si adopta una forma recta y elongada o curva y ligeramente ondulada, me pregunto si tiene todo esto alguna relación con la guerra en Ucrania, y el número que calzan los cosacos, que tienen una historia que para mí la querría, siempre se ha pensado la tenían más grande que los rusos. Porque la verdad yo no lo entiendo.*

*Meni, por email*

Otro, y de nombre hebreo, que se apunta a la muy comentada lírica en el mundo masculino (el femenino no sabe, no contesta) del tamaño del pene. No es de extrañar tampoco que se llame usted Meni, nombre hebreo donde los haya, y por la relevancia que judíos árabes o askenazis atribuyen al muy comentado asunto de las proporciones. No sabemos si por buenas y acreditadas razones o por todo lo contrario.

Es muy probable Meni, que los cosacos la tuviesen más gorda. Basta conocer un poco de su jugosa historia. Huestes de mucho valor y moral que estuvieron a un mismo tiempo a favor y en contra de zaristas, rusos blancos y bolcheviques, y fueron guías de geógrafos en la exploración de Siberia y el Lejano Oriente, sin mencionar a las guardias personales que protegieron siempre a sus líderes, sin importar que se tratase del mismísimo Joseph Stalin, el carnicero, o de Nicolás II.

Otra cosa es saber si tiene la importancia que se le atribuye. Puede ser que en el porno interracial o *extreme* o de negratas y jovencitas, la tranca lo convierta a uno en una estrella fulgurante, y puede sea este el único y último lugar en donde morenos africanos bien dotados o caucásicos descerebrados pero pijudos pueden hacerse con un sueldo generoso y un trabajo fijo por lo menos hasta los sesenta, edad en la que ya se hace necesario tirar de perras para marcarse un tanto.

Dudo mucho que en política, que es un espacio muy visibilizado y en el que los muy dotados no pueden mostrarse públicamente con su miembro expuesto, no digamos ya en las sesiones parlamentarias o en sus reuniones en Bruselas, en donde cualquier comportamiento inadecuado que no se ajuste a protocolo sería visto como indecente, al punto que ni siquiera los españoles se portan allí como es habitual en ellos, *de charanga y pandereta,* y Antonio Machado

El caso es, Meni, es que si hubo una guerra entre Honduras y El Salvador, y a falta de más nominativos se le llamó también la guerra del fútbol, que dijo Kapucinski, aunque no tuviese nada que ver con tan ilustre deporte si no más bien con el tema de la pésima reforma agraria de López Arellano y la persecución de los campesinos salvadoreños en Honduras. En cualquier caso una guerra de cuatro días en pleno verano con un montón de muertos y heridos y como muy anticuada, en donde se usaron los viejos Mustang, Corsair y Troyanos de los americanos, y en la que se habría de dilucidar no los derechos de los currantes y la geopolítica si no quien la tenía más grande.

De ser así resultaría muy fácil vincular las guerras con otras cosas por lo general irrelevantes, sea el fútbol, la piscina cubierta en el Kremlin o la altura de Haile Selassie, un bajito con dos cojones y emperador de Etiopía. Por qué entonces no habríamos de relacionar la invasión de Ucrania, la de Afganistán o las guerras machistas del Estado Islámico, que algunos sabemos de buena fuente que los fundamentalistas la tienen pequeña, y ese es el motivo por el que tratan tan mal a las mujeres, por qué no habrían de relacionarse estos tan magnificados asuntos con ciertas y pudendas partes de nuestra más grosera anatomía.

Personalmente tengo una teoría excéntrica que usted no tomará en serio, y dice que cuanto más grande luce su ciruelo o méntula, más pequeño es su cerebro. Y en política exactamente lo mismo, que los de penes grandes ejercen mucha mayor influencia sobre los propios diputados y los de la oposición que caen sumisos y humildes ante la excelencia de sus atributos.

¿Quién la tiene más grande, Putin o Z ? Es una pregunta clave y de su respuesta depende el desenlace de tan inoportuno conflicto. Se diría que Putin presume, como todo el mundo, de lo que no tiene, motivo suficiente para pensar no solo que habrá de perder la partida si no que desde ya debería ir pensando en dejar de montar a pecho descubierto a lomos de su caballo bayo, no tan bonito por cierto que el blanco de Kim Jong-Un.

En cuanto a Z que claramente no la tiene grande o muy grande, de salir triunfante, la historia asumirá inmediatamente que era un cómico y político y general en jefe de las fuerzas armadas extraordinariamente dotado. No obstante si usted, Meni, piensa que el tamaño de su poco comentado artefacto estaba ya de alguna extraña forma implícito en sus *Discursos de guerra*, debería saber que detrás de ellos hay todo un equipo de redactores anónimos, que lo de Z son mucho más los guiones cómicos o no muy cómicos antes que la ciencia ficción militarista, arte muy desarrollado precisamente por los rusos. Dedique también un segundo, si no le importa, a pensar que sería de un un gran país, UK sin ir más lejos, con un tipo como Louis CK de Primer Ministro, y olvídese de gobiernos y dictaduras militares o cívico-militares que ya las conocemos de sobra.

Es lo que hay, estimado amigo judío, olvidándonos de las metáforas, las analogías ridículas, las grandes cosas o eventos relevantes suelen depender muchas veces de sucesos de naturaleza personal e insignificantes, de nuestras mezquindades, pequeños rituales secretos e incluso a veces del tamaño de ciertos órganos, y no necesariamente la cabeza o el cerebro, sino de otros que llevamos por lo general ocultos.

Y si todo esto le parece ridículo piense por un instante en sí las hemorroides de Virginia, el Asperger de Messi, *la pulga*, el trastorno bipolar de Poe, la depresión de Churhill, la psoriasis de Stalin, la ceguera de Borges o el último y desgraciado matrimonio de Vargas, no tendrán que ver de algún modo con la desesperanza y el desastre de las guerras y toda clase de conflictos, piense si la historia universal no tiene acaso su doble tragicómico en la oscura y muy reservada privacidad de nuestras vidas más íntimas y personales.

Vale que el tamaño del pene no es la metáfora más afortunada que podría usted haber elegido, pero así están las cosas, aquellas a las que usted me obliga. Y si lo suyo es un problema de proporciones, teniendo en cuenta que es judío, y por mi experiencia personal puedo dar crédito que la sexualidad en general en Israel alcanza cotas inverosímiles y no suele ajustarse a los patrones habituales, debería ya saberlo. Por lo que me atrevería a decir que, siempre en sentido metafórico, en Israel un buen pene, árabe o askenazi, es el equivalente a ganarle la guerra en algún sentido a sirios y egipcios y la complacencia de las naciones del mundo más poderosas, cuyos políticos, representantes y servidores públicos la tienen con toda seguridad pequeña o estándar o discrecional, como la tenemos muchos profesionales modestos, y por que son precisamente estos la clase valores que estas mismas naciones promueven.

Y lo mismo ocurre en Holywood, el lugar en el que debería aspira a residir Z un día, y en el mundo de los productores independientes y los grandes estudios, y es la única posibilidad que tienen tipos como Harvey Weinstein de mojar el churro, que seguro lo tiene grande si no no se embarcaría en tantas ambiciosas y desiguales aventuras sexuales, porque feo y bien dotado ya le digo yo no augura necesariamente un buen futuro, y no me refiero al cine si no a sus memorias románticas y al libro negro de sus placeres no merecidos.

Cuando hablamos del mundo adolescente al que usted hace referencia hay que mirar las cosas de otra forma. Para los jovencitos que no han tenido aun su primera experiencia amorosa el tamaño es solo motivo de broma con los amigos, sin embargo cuando han pasado por los dulces y las expectativas del primer polvo, es cuando descubren que el arma que tienen entre las piernas puede ser, llegado el momento, una terrible amenaza según cómo y donde se use, y el icono de una atracción magnética que las mujeres niegan por sistema. Y los hombres también, que son ellos los que dicen que las mujeres las prefieren pequeñas o de tamaño estándar pero juguetonas.

Traducido esto al mundo de la política, los conflictos internacionales y sus discursos, sea ya en el metro de Kiev con Letterman o en la Conferencia de Paz en Yalta, que entre tratado y tratado, y a cual de todos peores, los ilustres caballeros, el del puro, el cojo y el bigotes, y las tres mujeres que allí estaban, Sara Churchill, Kathy Harriman y Anna Roosevelt (que de haberlas dejado lo habrían hecho mejor que ellos) tenga usted por seguro que los hombres al menos habrían tenido sus problemas a la hora de orinar sin mojarse los pantalones o por hacerlo despreocupadamente y sin poner mucho cuidado, porque en las guerras, cuando empiezan y cuando terminan y los tratados de paz que se firman, suelen ser permisivos y mear lo que se dice fuera del tarro.

Y para terminar, tenga presente Nemi, que si se diese por alguna razón el caso no deseado de que usted difundiese estos contenidos, negaría todo lo dicho y escrito en respuesta a su consulta, porque la confidencialidad es uno de los pilares de la relación médico/paciente. En lo que a mí atañe diría que los adolescentes la tienen hoy más grande que sus padres y abuelos por un simple caso de macrofalosomia susceptible de ser corregido, o por los efectos de la radiación y la explosión del cuarto reactor en Chernóbil, de cuyos resultados tiene usted una bonita foto en esta caratula, *cover* dirían ellos, los adolescentes, entre los que está mi hijo, y él dice, no yo: *basta de libros, esta guerra se ganará o perderá en el campo de batalla y en redes sociales, y con oficiales petadas como Tatiana Chubar, TikToker.*